LABORATORIO DE SUEÑOS

PAVLO CHAVES

Laboratorio de sueños.

© Pavlo Cháves.
© Harvest Books Ltd. 2022

Publicado por:
HARVEST BOOKS Ltd.
Suite LP58738
20-22 Wenlock Road
N1 7GU -London-United Kingdom
editorialharvest@gmail.com
www.editorialharvest.net

Diseño y composición:
Pixxel Connect Snc.
(www.pixxelconnect.com)

Corrección:
Emisellys Sánchez.

Obra protegida por el derecho internacional de la Propiedad Intelectual.
Safe creative S.L.
Código de registro:

Reservados todos los derechos. No se permite la reproducción total o parcial de esta obra, ni su incorporación a un sistema informático, ni su transmisión en cualquier forma o por cualquier medio (electrónico, mecánico, fotocopia, grabación u otros) sin autorización previa y por escrito de los titulares del copyright. La infracción de dichos derechos puede constituir un delito contra la propiedad intelectual.

Los versículos bíblicos de este libro son tomados de la versión ***"Reina Valera 60"*** Por la Sociedad Bíblica Internacional. Usado con permiso.

CONSIGUE TODOS NUESTROS LIBROS EN:
www.editorialharvest.net

Índice de contenido

Dedicatoria

Mi experiencia

CAPÍTULO I: Sueños espirituales = promesas de Dios

CAPÍTULO II: Los afluentes del gran río profético

CAPÍTULO III: Diferencias y semejanzas

CAPÍTULO IV: Sueños según la ciencia

CAPÍTULO V: Componentes de un sueño espiritual

CAPÍTULO VI: Componentes de un sueño espiritual

CAPÍTULO VII: Tipos de sueño

CAPÍTULO VIII: Éxtasis; el sueño provocado por Dios

CAPÍTULO IX: Arrebatamiento espiritual; Experiencia fuera del cuerpo

CAPÍTULO X: Descodificando los sueños

CAPÍTULO XI: Autoridad sobre los sueños

CAPÍTULO XII: Herramientas de interpretación

CAPÍTULO XIII: Alterantes de los sueños

CAPÍTULO XIV: Aflicciones del sueño

CAPÍTULO XV: Aunque tarde se cumplirá

Sobre el Autor

Bibliografía

Dedicatoria

Quiero aprovechar este texto para reconocer a tres mujeres que han sido muy importantes en mi vida. Seres que el Espíritu Santo puso a mi lado en momentos claves, quienes con su cariño y ejemplo me supieron encaminar cuando fue necesario. Sin duda, gracias a todas ellas hoy puedo escribir un libro como este y, de alguna forma, ellas también lo redactaron conmigo.

La primera de ellas fue mi tía Eli, quien me crio durante mi primer año de vida. Sin que pueda recordar con precisión aquellos días, tengo el testimonio suficiente de que lo hizo con el mismo cariño que si hubiera sido su hijo. No existiendo compromiso alguno decidió ayudar a mi madre a sacar la faena conmigo, mientras ella trabajaba. Con el pasar de los años y las visitas a su casa, siempre me hizo sentir que aquel espacio también era mío. Su respaldo, cariño y fe han sido un baluarte para mí en muchos momentos. No verla claudicar, a pesar de las pruebas, me ha hecho entender que creer en Cristo es más que salvación y éxito, también representa disciplina, entrega y sacrificio. Nunca he dejado de recibir palabras de aliento y aplausos de apoyo cada vez que subí al altar en su presencia. Su existencia en todos los sentidos ha sido una de los aportes más importantes que he tenido en esta carrera de la vida. Y aunque no haya sido parido por ella, quiero que el mundo sepa que sin ella este libro no existiría. ¡Tía este galardón es tuyo!

La segunda de esas mujeres es mi profe Sandrita, una madre que sin necesidad de hacerlo me adoptó como suyo cuando era apenas un niño de escuela. Con mi carácter y mis malacrianzas infantiles, me aceptó mucho más allá de quien soporta «al hijo del pastor». Esta mujer marcó mi vida. Su cariño y paciencia cuando invadíamos su casa con juegos, gritos y carreras, lo valoré como a pocas cosas en la infancia, y mientras tanto, tal vez sin saberlo me vacunó a tiempo contra el deseo de no querer ir a la iglesia. A diferencia del rechazo que muchos en esa edad tienen por la casa del Señor, ella se encargó de convertir los domingos en una aventura. Saber que luego del culto tendríamos tremendo vacilón, me hacía despertar con ganas de ir los domingos bien temprano. Sus sonrisas inagotables, sus deliciosos prestiños y su bondad envidiable, pusieron un gran ladrillo para edificar el muro de mi vida. ¡Mi querida Sandrita, hoy quiero reconocer frente al mundo, que este libro lo ha escrito un hijo tuyo!

La tercera y última de esas mujeres, indudablemente, es mi madre, a quien ya le he agradecido tantas veces muchas cosas, pero considero que nunca será suficiente. Hoy ver lo fuerte que fue y el esfuerzo titánico que hizo por cada uno de nosotros es con probabilidad el mejor regalo que jamás recibiré. Haberlo hecho por tantos años y de manera tan constante sirvió para que cual cincel sobre la roca, mi vida fuera siendo esculpida. ¡Hoy, mami, me urge reconocer que fuiste quien me dio a luz, me formó cuando nací, me envió a volar por el mundo sin limitaciones y siempre me recuerda que las puertas de la casa están permanentemente abiertas!

CAPÍTULO I
Mi experiencia

La mayor motivación que he tenido para la redacción de este libro, la he encontrado en mis propias vivencias. A través de los años y por momentos, de forma casi empírica, he descubierto el enorme poder que radica en los sueños. Desde manifestaciones simples hasta revelaciones complejas me han sido impartidas por el Señor desde mi infancia mientras descanso. Paulatinamente se han ido abriendo mis ojos espirituales al maravilloso mundo del vidente. De forma natural, me he adentrado en una esfera que aún no creo haber descubierto por completo, porque la contemplo tan infinita como la grandeza de Dios. Absorto, por instantes y en otros consciente, he encontrado en este plano de la revelación profética una fuente divina inagotable. Mi más sincero deseo es que a través de este material, desde un plano de humildad, pueda compartirles a todos los lectores del libro lo que he aprendido sobre esta vía mediante la cual el cielo se comunica con la tierra.

Recuerdo muy vívido mi primera experiencia con un sueño espiritual. Estaba en mis catorce años, lidiando con la adolescencia, cuando pude percibir de forma real la presencia del Señor. Para aquellos días, atravesaba una de las crisis existenciales más duras de mi vida, tal vez típica de esa etapa, pero que encontraba asidero en una situación que me tocó atravesar como hijo de pastor. Toda mi vida tuve la bendición de crecer en un hogar cristiano con padres que dedicaron su vida a servir a Dios. Ellos siempre fueron responsables de nuestra educación y de suplir nuestras necesidades. Jamás supimos lo que fue vivir el horror de un divorcio o sufrir algún tipo de violencia doméstica ni cosa parecida. En realidad, el Padre celestial ha sido extraordinariamente bueno con nuestra familia, ya que mis dos padres no tuvieron los mejores modelos de hogar en sus propias casas; sin embargo, supieron sacar adelante la nuestra. A pesar de que la misericordia del Eterno siempre nos ha acompañado, como hijo de ministros, debí hacerle frente a un conflicto en mi interior, que de modo silencioso iba carcomiéndome.

Como le sucede a cualquier hijo de un predicador itinerante, la ausencia paterna es uno de los mayores conflictos con los que se debe lidiar durante la infancia y la adolescencia. Un problema tan frecuente y serio, que muchísimos hijos de pastores terminan aborreciendo el cristianismo por causa de lo que vivieron en sus hogares. A muchos no se les hace fácil tener que enfrentar la vida sin una guía a su lado, que, de forma lamentable en ocasiones, está más preocupado por los problemas de los feligreses, que por los de sus propios hijos.

En nuestro caso particular, mi padre fue, es y será un hombre sumamente apasionado por la obra de Dios. Incansable en todas sus tareas, con un espíritu intercesor impresionante y amante de impartir, sobre otros, la unción que ha recibido. Esas cualidades en su vida lo han llevado a lograr grandes cosas, algunas históricas para cualquier costarricense, como haber sido el primer nacional en llegar a la base del monte Everest y tener a esta altura de su vida cerca de setenta libros escritos. Semejantes tareas lo llevaron a salir del país de manera constante durante toda mi niñez, adolescencia, juventud y, muy probable, hasta que Cristo venga o él sea llevado a la presencia del Señor. Asignaciones como las suyas lo llevaron a estar ausente en muchísimas ocasiones importantes de nuestro crecimiento; como graduaciones universitarias, vacaciones de verano o fiestas de cumpleaños. Poquísimas veces recuerdo, por ejemplo, que me haya ayudado con una tarea o un trabajo del colegio. La que siempre estaba al pie del cañón luchando por nuestro estudio y formación fue mi madre, a quien debo en gran medida la persona y profesional que soy en la actualidad.

Esa realidad con la que me tocó vivir durante mis primeros años de vida fue abriendo una herida muy grande en mi corazón. Poco a poco mis complejos y resentimientos fueron creciendo en mi interior. A diferencia de otros jóvenes, que podrían culpar por la ausencia de su padre a una enfermedad que lo mató, a una amante seductora que lo llevó lejos del hogar o al exceso de trabajo que le consume su tiempo, yo, por mi parte, al único que encontraba responsable era a Dios. Al fin de cuentas, pensaba, la distancia que tenía con mi papá era culpa de su entrega al Señor, idea que fue creciendo a pasos agigantados en mi mente. Durante mi preadolescencia pasé rápido del dolor provocado por la ausencia al odio y el rencor generados por la incapacidad de comprender por qué debíamos vivir tantos momentos importantes sin un papá que nos acompañara, aunque lo teníamos. Era la extraña sensación de estar rodeado de mucha gente y solo al mismo tiempo. Sentimiento que se agravaba cuando íbamos a las actividades de nuestros amigos y familiares. No cabe duda que el tiempo fue creando la costumbre, mas no por ello lo aceptaba. Por instantes esa sensación de abandono emocional era tan intensa, que podía convertirse en una especie de depresión.

Los recuerdos dolorosos son varios y no vale la pena enumerarlos, solo quiero dejarle la sensación correcta. Aquella etapa bajo esas circunstancias fue difícil. Cada ausencia eran memorias que, sumadas a la adolescencia, fueron creando una mezcla explosiva, donde había una constante en mi mente que me aseguraba de que el principal responsable de que mi papá estuviera siempre ocupado, viajando, era Dios. Sin darme cuenta, en silencio se fueron acumulando recuerdos difíciles de digerir para mi entendimiento. Como cualquier hijo de pastor me tocó llorar muchas veces, guardándome de que nadie me observara. Todavía de niño recuerdo tener la idea de que ninguno de mis amigos de la iglesia podía darse cuenta de un problema que tuviera en casa. Con sinceridad, no recuerdo que alguien me hubiera regañado por comentar algo, pero era un pensamiento que tenía siempre en mi mente.

Una de esas tantas noches, durante mis catorce años, recuerdo haber estado jugando basquetbol junto a mi hermano en la parte de atrás de mi casa. Era una noche despejada con un clima perfecto. Después de varios minutos de estar lanzando canastas, empezamos a comentar de forma muy natural la cantidad de momentos importantes en los que mi papá no nos había acompañado. Cada uno sacó sus recuerdos a flote y en la medida en la que nos adentrábamos en la conversación, mis lágrimas se volvieron irrefrenables. Sentía un peso enorme sobre mis hombros, pero, sobre todo, un dolor muy intenso en mi corazón. Al pasar los minutos, la conclusión era obvia: teníamos un papá que amábamos, pero que no estaba lo suficiente con nosotros.

La sensación de tristeza sobre mí era tan inmensa que llegó el momento en el que no podía evitar estallar en llanto. Para guardar las apariencias, delante de mi hermano menor, preferí alejarme sin darle muchas explicaciones. Me dirigí corriendo a mi habitación sin volver a ver a nadie. Ingresé a la casa y rápido busqué mi cama con furia. Cerré la puerta del cuarto detrás de mí y me lancé sobre el colchón, evitando desplomarme en el camino. Con la almohada sobre el rostro solté las lágrimas más amargas que en mi vida había derramado, literalmente podía sentir el palpitar de mi corazón en las venas de mi cabeza. Rugí con violencia, aunque nadie me pudiera escuchar, sentía como si en realidad tuviera una herida abierta en mi pecho que no dejaba de sangrar. En medio de mi arrebato comencé a hablar con Dios. Lo culpé de todo, le dije lo mucho que lo odiaba por haberme quitado a mi padre. Sin recato, maldije con todas las malas palabras que había en mi mente. Le reclamé por qué después de tantos años sirviéndole en familia no entendía cómo era capaz de quitarle a un hijo lo más preciado que podía tener en la vida. Se me ocurrió decirle que, aunque estuviera hablando con él no creía que en realidad existiera. Me parecía imposible que un Dios verdadero fuera capaz de semejantes atrocidades con quien no tenía la culpa de nada.

Fueron minutos en los cuales vacié mis recuerdos, sus ausencias y mis deseos más infantiles. Me fue imposible guardarme nada. Cual veloz película vi pasar delante de mis ojos los momentos en los que mi alma se había roto al saber que una vez más mi papá no estaría presente. Fiestas, juegos de baloncesto, carreras de atletismo, presentaciones de teatro, días del padre. ¡Tantos momentos!

Y al compás de las memorias, venían también los reclamos de un adolescente, que carecía de explicaciones.

Recuerdo como si fuera ayer, que al terminar de sacar lo que tenía dentro, quedé prácticamente sin fuerzas, de tanto llorar, los ojos se me habían hinchado y se me hacía imposible abrirlos. Ya agotado por la violencia de mis reclamos y justo antes de caer dormido, recuerdo que mis últimas palabras fueron: «Si eres real, entonces devuélveme a mi padre», a lo que poco después acabé rendido por el sueño.

Luego de varios minutos u horas, no lo sé con exactitud, sentí una presencia que jamás había percibido dentro de mi habitación. Al no poder mirar con claridad, por la hinchazón de mis ojos, estaba expectante de saber quién era, sin embargo, cuando el tiempo avanzaba y nada sucedía, presentí que algo malo ocurriría. La certeza de saber que había alguien cerca es la que se tiene cuando al cerrar los ojos en la oscuridad se enciende una luz. Es imposible describir lo que hay alrededor con los ojos cerrados, aun así, es evidente que hay luminosidad alrededor. Eso era lo que yo podía percibir.

El transcurrir de los segundos en silencio provocó que mi cuerpo quedara inmovilizado del espanto. No podía mover un brazo ni levantarme de mi cama en medio de aquella experiencia, que hoy comprendo fue un sueño-visión semejante a los que tuvieron Zacarías y Daniel. Mi desesperación por saber lo que sucedería me llevó a pensar que era un ángel de Dios que venía a reprenderme por todo lo que había dicho. Tenía un temor horrible dentro de mí, que me hacía creer que aquellos serían los últimos instantes de mi existencia. Era tanto el pánico que me produjo aquello, que empecé a exclamar dentro de mí una y otra vez: «¡Si has venido a matarme, hazlo ya!».

«¡Por favor, mátame, no alargues más esto!».

De forma inexplicable para mí, aquella presencia comenzó a moverse hacia donde me encontraba acostado. No podía percibir su movimiento con claridad, sin embargo, el calor que irradiaba se sentía con mayor intensidad. Mientras yo insistía con mi súplica por misericordia, de forma desesperada, llegó el instante donde quedé en silencio una vez más. Al no tener respuesta, decidí mejor callarme. De manera intensa, aquel calor me envolvió y, ante la expectación de una reprimenda, escuché unas palabras inmortales, que han quedado grabadas en mi cabeza como si un cincel se diera contra la piedra. Una voz baja y grave me habló al oído con suavidad y me dijo:

«¡Hijo! Yo soy el que quiero ser tu padre». Como una daga que te cruza de costado a costado sentí que esa frase me abrió el cuerpo completo. Me sentí desnudo, y al mismo tiempo un cobijo inexplicable me envolvió. Aquel calor que parecía estar solo a mí alrededor, ahora me sobrecogía.

Jamás me imaginé escuchar palabras semejantes. Volví a soltar el llanto desesperado, pero ahora sentía cómo una catarata caía encima de mí y corría llevando consigo todo mi dolor, mi odio y mis resentimientos. Lo que tanto había acumulado por años, en unos segundos desapareció. Aunque no pude palpar sus manos, pude percibir la fuerza de su abrazo, ¡fue algo extraordinario! Recuerdo haber continuado vaciando mis penas por varios minutos más hasta quedar otra vez dormido.

A la mañana siguiente me desperté con las evidencias en mis ojos de que mis recuerdos no eran solo una fantasía. Intenté encontrar algún rastro que atestiguara lo acontecido esa noche en mi habitación, pero no pude hallarlo para darme cuenta, al final, que el mayor testimonio estaba dentro de mí. Podía sentir la ligereza de mi cuerpo, la alegría de mi rostro al verme en el espejo. Sabía que al contar lo que había pasado, quizá, nadie me creería porque no tenía compañía en ese momento, sin embargo, el más importante sí había estado allí. Desde aquella noche en adelante, nunca más bajé mi rostro para llorar por un resentimiento o un mal recuerdo por la ausencia de mi papá, porque supe, de ese día en más, que tenía otro Padre, uno más alto, más sublime, que estaba sentado en los cielos y me miraba con placer. ¡Él en persona me expresó que deseaba ser mi papá! No hay mayor manifestación de amor que esa, que exista quien aun conociendo tus defectos te diga con esa claridad; que anhela ser tu papi. Es algo tan maravilloso, que mientras lo escribo y lo recuerdo vuelvo a derramar lágrimas. La vivencia fue tan clara para mí, que permanece viva todavía en mi espíritu.

Ante una manifestación como la que experimenté he decidido no quedarme callado, ni ser complaciente con algunos escépticos en un asunto que cambió mi realidad. Estoy en lo absoluto convencido de que los sueños deben ser parte activa y dinámica en la existencia de todo creyente, porque es mediante ellos que muchas veces Dios se manifiesta, expone *su* plan, restaura los corazones y endereza la senda de los perdidos. Mientras algunos quieran seguir insistiendo que los sueños son desecho del descanso y otros los satanicen por los abusos que algunos han cometido, yo preferí anunciar lo que me ha sido mostrado por misericordia.

Los sueños son parte de mi vida, parte de quien soy. Los sueños son para mí una de las fuentes a través de las cuales el Espíritu Santo me ha rescatado del lodo, me ha limpiado el rostro y me ha lanzado hacia su propósito. Los sueños son para mí, en esencia, herramientas a través de las cuales el ser humano logra ser ministrado por Dios y al mismo tiempo tener comunión con él. No son una doctrina vacía ni una vía única para comunicarme con el Creador, pero son parte activa de mi relación íntima con mi Creador. Vivo con la certeza de que, en cualquier momento, quizás el menos esperado, el Señor me visitará de noche y levantará mi cautiverio como lo prometió a través del profeta Sofonías. Aguardo y me atavío cual novia a la espera de su amado, atento al momento en el cual, él entrará por la puerta de mi espíritu y me mostrará cosas inefables que no les es dado a los mortales conocer. Camino bajo esa esperanza, mas, no me afano ni me desespero. Trato de estar atento a cualquier aviso, en disposición permanente a su llamado.

Lo invito a emocionarse, porque este hermoso recorrido que está a punto de comenzar le cambiará su perspectiva de los sueños para siempre. No lo dejará igual, aún el más escéptico lector no quedará impávido, porque lejos de mistificar las experiencias visionarias, caminaremos a la par de la palabra para terminar concluyendo que Dios siempre nos ha querido hablar mediante sueños, pero el eterno problema ha sido que pocas veces lo hemos logrado comprender.

¡Acompáñeme por favor!

CAPÍTULO II
Sueños espirituales = promesas de Dios

Para conceptualizar de forma correcta los sueños espirituales es fundamental entender un principio básico que rige las Escrituras, el cual asegura que estas fueron escritas por personas, pero inspiradas de manera directa por Dios. Esto permite comprender que Adán y Eva no vinieron a la tierra con un libro debajo del brazo, al que posteriormente llamaron Biblia. Es evidente que la redacción de la *palabra* significó mucho trabajo humano, sobre todo espiritual. La pregunta clave que movilizará la lectura de este capítulo es: ¿Cuáles fueron las formas que utilizó el cielo para inspirar a quienes redactarían las palabras del Señor? ¿Cuáles herramientas utilizó Dios para hacerles saber lo que venía de él para sus vidas?

Una de las respuestas posibles a esas preguntas son con precisión los sueños. Si bien se puede leer en la palabra cómo algunos de los citados tuvieron experiencias audibles o cotidianas, a través de las cuales el Señor los ministró, muchos otros tuvieron la impartición del cielo mediante visiones y sueños. Benny Thomas en su libro *Explorando e interpretando sueños* nos transmite esta idea:

Como Dios habla en diferentes formas, y nosotros no sabemos en qué forma se comunicará la próxima vez, debemos observar, escuchar y buscarle en todas las formas posibles en que él habla. Cuando yo tengo esa actitud me mantengo siempre cerca de Dios. Dios quiere que estemos alertas en todas las formas en que él se comunica. Búsquelo en las Escrituras en la mañana. Búsquelo en las circunstancias que afronta a lo largo del día. Escúchelo durante su tiempo de oración. Aún puede aprender a buscarlo durante la noche. Si hace esto, usted le estará agradando. También estará escuchándole, no importa cómo él decida hablarle.

Si tomamos los sueños divinos junto a la Biblia y los comparamos con la rueda y el automóvil, encontraremos una ilustración bastante útil para entender la trascendencia de las experiencias visionarias en la vida de los creyentes. Los primeros —sueños y rueda— existieron antes que los segundos —Biblia y automóvil—, aunque los segundos son más efectivos para alcanzar la meta deseada. Antes de que existieran los carros, primero alguien debió inventar la rueda que moviera el carruaje. Si bien, hoy tenemos la enorme bendición de tener la palabra escrita, primero alguien debió recibirla a través de revelación: «voz audible, experiencias cotidianas, éxtasis, sueños, visiones, etc.». A pesar de que muchos hoy prefieren viajar en auto para ir a sus trabajos o buses para ir al colegio, eso no significa que la rueda que mueve la carreta ha dejado de funcionar ¡Sigue sirviendo igual! Lo mismo acontece con los sueños, aunque muchos, debido a los riesgos de recibir revelación en sueños han decidido aferrarse a la Biblia únicamente, eso no significa que Dios dejó de utilizar el tiempo del descanso para ministrar a cada quien de forma individual.

Algo debe quedar muy claro en su mente para seguir avanzando con el libro y es que Dios continúa ministrando a la humanidad igual, como lo hacía en el principio. El hecho de que existan vías más aceleradas para encontrar una «palabra de parte de Dios», eso no representa que Jehová haya dejado de lado sus primeras formas de manifestación. No podemos olvidar que nuestro Señor, no es solo nuestro Dios, él también es nuestro Padre. Esa conexión tan profunda lo llevará a buscar una comunicación con nosotros cada vez más personal, y qué mayor comunión puede haber con una persona si no es a través de sus sueños.

Vale la pena recalcar que este fenómeno propio de nuestra naturaleza posee cualidades muy particulares, que lo convierten en un proceso fisiológico idóneo para la impartición de los diseños divinos sobre el corazón del hombre, ya que quien duerme tiene sus capacidades humanas reducidas al máximo, y su espíritu al no necesitar descanso está despierto. Esa mezcla de factores convierte al sueño en una vía muy útil para que el Espíritu Santo suministre información celestial hacia los seres humanos.

Chuck Pierce, en su libro *Cuando Dios habla,* explica que un sueño «es una emisión de revelación "ya sea natural o espiritual que llega en un momento en que nuestro cuerpo está en paz y nosotros estamos quietos. Algunas veces, esa es la única manera en que Dios puede comunicarse con usted, porque su alma está lo suficientemente tranquila para que el Señor hable profundamente a su espíritu"».

Ian Hamon explica en su escrito *Dreams and visions* (Sueños y visiones) que las visiones nocturnas «se forman en la mente subconsciente de un hombre o una mujer basados en imágenes y símbolos que son únicos para el individuo, dependiendo de su trasfondo, experiencia y actuales circunstancias. Los sueños pueden comunicarnos verdad sobre nosotros mismos o sobre otras personas que nuestra mente consciente puede que no haya reconocido».

Estos planteamientos junto a lo señalado por las Escrituras, que veremos más adelante, afirman que los sueños siguen vigentes dentro del espectro de posibilidades, a través de las cuales el Espíritu Santo transmite mensajes divinos a la gente. Aunque muchos crean que esta vertiente profética está obsoleta, no hay evidencia bíblica de que esto sea así. Por el contrario, existen promesas concretas que afirman con claridad que los sueños son una forma muy importante y particular mediante el cual el espíritu de la persona es ministrado de manera directa por su Creador.

«Después de esto derramaré mi espíritu sobre todo ser humano, y profetizarán vuestros hijos y vuestras hijas; vuestros ancianos soñarán sueños y vuestros jóvenes verán visiones». Jl 2: 28

El texto del profeta Joel evidencia que ese derramamiento tendría tres manifestaciones claramente establecidas:

1) Profecía.

2) Sueños.

3) Visiones

No hace falta ser un erudito en el estudio de las Escrituras para darse cuenta de que la promesa del Señor es específica y su connotación profética permite entender que las tres van de la mano, enlazadas por el Espíritu Santo. Los sueños, de igual forma que las visiones y la profecía, vienen a ser testimonios fundamentales del derramamiento de su Espíritu. Es por ello importante que aquellos que están siendo llamados a la restauración del movimiento profético no dejen de lado la manifestación del que mira (sueños o visiones) para enfocarse de manera exclusiva en quienes oyen (profecía o palabras audibles). No se puede olvidar que son afluentes distintos; sin embargo, todos provienen del mismo río profético.

Así como un profeta que oyese ejercita en la capacidad de escuchar la voz de Dios, un profeta que mira debe cultivar la madurez para interpretar lo que observa de parte del Cielo, habilidad que permite denominar al profeta como un vidente.

Apunto acá que esta diferenciación no busca levantar un nuevo ministerio, como el que podría ser el del vidente, ya que, según las propias Escrituras, ambos términos (profeta y vidente) son sinónimos (I Sam 9: 9). Al citar por separado al profeta, y por otro parte al vidente, buscaré darle el mismo énfasis que marcó Joel cuando habló del derramamiento del Espíritu Santo mediante tres formas; profecía, sueños y visiones, todas inmersas dentro de la misma unción profética; pero bajo manifestaciones distintas. De igual manera, cuando este libro se refiera al profeta y al vidente, se entenderá que son variantes de la misma unción, unos con mayor facilidad para oír y otros para ver.

Al retomar lo dicho por el profeta Joel, se evidencia que el cumplimiento de la promesa expuesta se manifiesta posterior entre los primeros apóstoles durante el día de Pentecostés. Luego de manifestarse Jesús como el Hijo de Dios, venciendo a la muerte, la venida del Espíritu Santo tuvo lugar. Aquel episodio ocurrido dentro de la Iglesia primitiva dio comienzo a una nueva etapa, donde volvería a correr la profecía, los sueños y las visiones dentro del pueblo de Señor, ya que por aquellos días la tierra estaba ayuna de estas experiencias celestiales.

Hechos 2: 16-18

Pero esto es lo dicho por el profeta Joel: En los postreros días dice Dios, derramaré de mi Espíritu sobre toda carne, y vuestros hijos y vuestras hijas profetizarán; vuestros jóvenes verán visiones y vuestros ancianos soñarán sueños; y de cierto sobre mis siervos y sobre mis siervas, en aquellos días derramaré de mi Espíritu, y profetizarán.

Semejante testimonio público del apóstol Pedro sirve para demostrar que lo anunciado y deseado por el pueblo israelita había llegado para quedarse. Las evidencias proféticas eran palpables dentro de la gente que mediante profecía, sueños y visiones demostraba que la promesa se estaba cumpliendo.

No se puede ignorar que existen posturas teológicas respetables, referentes a que dichos días ya han cesado, aun así, no hay testimonio bíblico alguno que lo corrobore. Son conjeturas humanas las que pueden hacer pensar a alguien que el río profético se ha detenido.

En contraposición con estos estudiosos bíblicos hay una gran cantidad de ministros maduros que afirman mediante pruebas escriturales y vivenciales que el Espíritu Santo se mantiene activo hoy dentro de la Iglesia y que el funcionamiento del ministerio profético es indispensable para canalizar de modo correcto todas estas vivencias.

De lo anterior da testimonio la misma palabra cuando señala la enorme necesidad que tiene todo profeta de moverse en los dones de las visiones y en el que ahondaremos a través de este libro: los sueños. En el tiempo donde se desarrollaba el Antiguo Testamento y aún no se había completado la redacción de las Escrituras, tal como hoy se conocen, Dios se encargó de certificar que una de las fuentes válidas, a través de las cuales traería dirección profética, sería mientras el cuerpo del vidente está descansando.

Números 12: 6

«Y Jehová les dijo: Oíd ahora mis palabras. Cuando haya entre vosotros un profeta de Jehová, me apareceré a él en visión, en sueños le hablaré».

Un principio como este deja bien establecido que la unción de un profeta genuino debe ir, dentro de otras cosas, de la mano con las evidencias visuales que el cielo muestra. No se puede separar el oficio ministerial de las formas de información. Es notorio que durante el tiempo en que estas frases quedaron escritas, el Señor sabía que faltaban muchas palabras por ser dichas, las cuales fluirían hacia la tierra mediante los profetas venideros. En vista de ello, dejó muy en claro que ambas herramientas serían utilizadas para transportar sus mensajes en el futuro. Dios estaba certificando esas formas de revelación, lo cual de forma simultánea zanjaba cualquier posible argumento religioso que intentara anularlas.

A lo anterior hay que sumarle la contundencia del verso, el cual apunta que los sueños y las visiones son parte de la identidad ministerial de cualquier profeta. No son simples accesorios; son verdaderos ejes neurálgicos de su revelación. Sería incongruente que un verdadero profeta no creyera que Dios puede manifestarse mediante sueños o visiones. Tampoco está de más recordar que el ministerio del profeta es el único que sobrevivió a la transición entre el «nuevo y el viejo pacto», por lo tanto, resulta lógico pensar que sus manifestaciones también permanecen vigentes bajo el mismo manto. Resultaría en verdad contradictorio que el Espíritu Santo, por un lado, permita la continuidad de los profetas, mientras que por otra parte cercene las experiencias visionarias. Una idea como esa no tendría sentido alguno.

Con lo expuesto también es correcto aclarar que no se pretende promover la creación de doctrina extraña a través de revelaciones personales. La palabra es contundente en enseñarnos que ninguna experiencia personal puede anular, reemplazar o ampliar la Biblia. Creo con firmeza que toda vivencia debe someterse a las Escrituras bajo cualquier circunstancia. Si en algún momento los sueños de alguien o el mío indujeran a que la gente se aparte de la sana doctrina, deben ser considerados falsos; sin que esto represente que de facto cualquier vivencia de este tipo sea errónea. La mejor regla en estos casos es el balance, no se puede caer en el fanatismo místico ni tampoco en el escepticismo a ultranza.

Ojos bien abiertos.

De forma lamentable, los acontecimientos históricos le han mostrado al cristianismo que una de las formas más comunes en las que se pervierte «su verdad» es, con precisión, a través de los sueños y las visiones. No son pocos los líderes que han perdido la brújula por confiar más en sus vivencias que en la misma palabra. Al haber enseñado mucho sobre este tema y oír toda clase de experiencias, he identificado dos errores muy comunes, que la gente comete a la hora de interpretar sus sueños. El primero es que se intentan ajustar de forma maquiavélica las interpretaciones de las experiencias recibidas para que sirvan en beneficio propio o de un grupo específico. Y el segundo problema es la gente que literalmente inventa sueños o visiones con el fin de mostrarse en un nivel más alto de revelación que el resto, sin importarles si lo que dicen haber visto o vivido daña a terceros. En vista de semejantes riesgos, hay que ser muy honestos en que no le resultará difícil al perverso degenerar la idea central de este o cualquier otro libro relacionado con el tema. Si alguien desea manipular a los demás, no le será difícil engañarlos a través de sueños falsos.

La Biblia se anticipa alertándonos sobre los mismos y con ello generando que sea cada uno el responsable de aceptarlos o no. De esa forma, los saldos pendientes que dejen las gentes malintencionadas no los asume el Espíritu Santo y mucho menos este autor. Soy un fiel creyente de que la enseñanza de la verdad es la mejor arma contra las tinieblas de la ignorancia. No considero que sea saludable transmitir un mensaje, partiendo del temor a las perversiones que se provoquen en el camino. Tampoco desde el pensamiento de aquellos que han crecido en su fe bajo la mezcla de conceptos paganos. Valoro entonces que es neurálgico iniciar el mensaje a partir de la fuente, porque es de ella que brota el agua limpia. Debe crearse un fundamento que no pondré yo, sino la palabra, el cual permitirá desarrollar, a posterior, una serie de ideas más complejas sobre los sueños, algunas que quizá le resulten desconocidas. Acudir a las Escrituras es un requisito indispensable para constituir los cimientos genuinos sobre los que debe transitar un soñador para validar o rechazar sus experiencias.

Nunca se puede olvidar que existe una gran dificultad para diferenciar las manifestaciones visionarias genuinas, de aquellas que están contaminadas, y, por lo tanto, no proceden del Señor. Para dar comienzo a este emocionante viaje del aprendizaje hay que tener presente que más de la mitad del contenido bíblico está basado en experiencias visionarias de diversa índole, como apariciones, éxtasis, visiones, arrebatamientos espirituales y, desde luego, también sueños. Recomiendo tener ese cinturón de seguridad puesto antes de arrancar, porque si pierde de vista esa realidad bíblica, creerá que el libro intenta meterlo en una aventura mística alejada de la palabra. Siempre tenga presente que este texto es el resultado del análisis concienzudo de las Escrituras, el cual se ha realizado con seriedad por varios años. Le pido entonces que me permita ampliarle primero la perspectiva de las Escrituras sobre este fenómeno que ocurre mientras descansamos, para luego adentrarnos en el complejo mundo de la interpretación de los sueños.

Máximas bíblicas sobre el sueño.

Dentro de todas las Escrituras hay conceptos muy importantes que tienen que ver con los sueños. A través de esos principios se puede establecer una línea de pensamiento saludable, que se podría denominar como «la postura bíblica con respecto a los sueños». La palabra establece ideas fundamentales a través de las cuales los creyentes deben interpretar sus experiencias visionarias. Al tener esas bases bíblicas claras, se logran alcanzar dos cosas importantes. Una de ellas es determinar si un sueño proviene o no del Espíritu Santo. Y otra es identificar las falsedades que enseñan otras religiones o las filosofías humanistas en contraposición con las Escrituras.

Al examinar las páginas de la Biblia desde esta óptica se pueden encontrar principios que están manifiestos de forma explícita y otros que se encuentran implícitos. A través de todos ellos se pueden alcanzar conclusiones valiosas, que permiten entender cómo funcionan los sueños desde lo espiritual, y en especial, porqué son tan importantes en la vida de todo creyente. Si bien la palabra no es un documento que enseñe de manera explícita dónde surgen los sueños en las personas, sí testifica del poder de estos y de su interpretación correcta. A diferencia del sicoanálisis, por ejemplo, que no cree en la existencia del espíritu del hombre y tan solo analiza los sueños desde una perspectiva natural, la Biblia revela elementos muy interesantes, que deben ser tomados en cuenta para el correcto estudio de estos fenómenos proféticos.

A continuación, se detallarán diez fundamentos bíblicos referentes a los sueños, que podrían cambiar la perspectiva del lector por completo. Es trascendental que estos aspectos sean estudiados en profundidad y se interioricen, ya que la comprensión de los siguientes capítulos dependerá de forma amplia de que estas bases estén claras.

1) Al dormir la carne está insensible a lo que le rodea.

En las Escrituras hay múltiples ejemplos de cómo mientras una persona está dormida sus sentidos naturales están, por completo, ajenos a la realidad que lo rodea. Aún la misma ciencia coincide en este aspecto, ya que médicamente está comprobado que las respuestas físicas, como la respiración o el palpitar del corazón, se reducen al máximo en tanto la persona duerme. Si bien la perspectiva bíblica no busca enseñar acerca de esto en demasía, sí lo demuestra a través de varios casos. Está registrado, cómo en algunas circunstancias específicas, ciertos personajes al estar descansando se abstrajeron, en su totalidad, de lo que sucedía a su alrededor, ya fuera para beneficio o perjuicio propio o de los demás.

El caso particular del profeta Jonás es ampliamente conocido y demuestra cómo aún en medio del riesgo que había para su propia vida, él no se percataba de lo que sucedía por estar descansando. Quizá evadiendo su responsabilidad o por estar enemistado con la voluntad de Dios permaneció dormido, a pesar de que sus compañeros de barco estaban desesperados, clamando a sus propios dioses y lanzando el exceso de peso que tenían a bordo.

Jonás 1: 4-6

Pero Jehová hizo soplar un gran viento en el mar, y hubo en el mar una tempestad tan grande que se pensó que se partiría la nave. Los marineros tuvieron miedo y cada uno clamaba a su dios. Luego echaron al mar los enseres que había en la nave, para descargarla de ellos. Mientras tanto, Jonás había bajado al interior de la nave y se había echado a dormir. Entonces el patrón de la nave se le acercó y le dijo: ¿Qué tienes, dormilón? Levántate y clama a tu Dios. Quizá tenga compasión de nosotros y no perezcamos.

Un fenómeno muy similar también se registra con Jesús cuando se dirigía junto a sus discípulos hacia Gadara. (Mt 8: 23-27).

Relata la historia que mientras viajaban en barca hacia su destino les alcanzó una tormenta que aparentaba poder destruir la nave. Cristo, mientras todo eso ocurría, dormía con placidez, ante lo que sus seguidores asustados insistieron en despertarle. El Maestro al igual que el profeta Jonás no identificó el peligro que le rodeaba, puesto que sus habilidades auditivas y visuales, humanas, no estaban alertas. Es evidente que hablar de que el cuerpo descansa mientras se duerme no es en absoluto novedoso; sin embargo, este es un punto neurálgico a la hora de comprender los demás conceptos bíblicos con respecto a los sueños. Este primer rubro no intenta ahondar en temas espirituales, sino más bien, fisiológicos al apuntar una condición con la que todos los creyentes deberán lidiar para entender el apasionante mundo de los sueños divinos.

En la misma línea de los ejemplos anteriores de Jonás y Jesús se encuentra el caso de Saúl y su ejército, quienes ante la incursión de David y su escudero Abisai no se despertaron ni siquiera se inmutaron. Aunque su vida corría grave peligro y todos estaban conscientes del estado de alerta en el que se encontraban por la batalla, ninguno tuvo la suficiente sensibilidad auditiva para oír el peligro. David pudo penetrar hasta el lecho del rey de Israel y tomar algunas de sus pertenencias para demostrarle que le había perdonado la vida.

I Samuel 26: 5, 7, 12

«Se levantó luego David y que al sitio donde Saúl había acampado. Observó el lugar donde dormían Saúl y Abner hijo de Ner, general de su ejército. Estaba Saúl durmiendo en el campamento, y el pueblo acampaba en derredor suyo (...) David y Abisai fueron, pues, de noche a donde estaba el ejército. Saúl se hallaba tendido durmiendo en el campamento, con su lanza clavada en tierra a su cabecera; Abner y el ejército estaban tendidos alrededor de él (…) Se llevó, pues, David la lanza y la vasija de agua de la cabecera de Saúl y se fueron. No hubo nadie que los viera, ni se diera cuenta, ni se despertara, pues todos dormían; porque había caído sobre ellos un profundo sueño enviado por Jehová».

Una de las posibles explicaciones de por qué nadie se apercibió de la presencia de David en el campamento es, sin duda, porque el Señor intervino para que «un profundo sueño» estuviera sobre ellos, él se encargó, en directo, de impedir que despertaran, desatando sopor sobre sus cuerpos, un fenómeno en el que ahondaremos más adelante.

Ante las diversas evidencias citadas se concluye que la persona que duerme no va a estar consciente de la atmósfera de peligro que le rodea, empezando porque tiene sus ojos cerrados y pasando por la condición de letargo en la que entra el cuerpo. Es imposible que alguien dormido interprete el mundo natural de la misma forma que lo hace mientras está despierto. La realidad en la que entra la mente humana mientras descansa su físico es de absoluta abstracción del mundo exterior. Durante el sueño el entorno terrenal se convierte en algo irrelevante, mientras va tomando fuerza la atmósfera interna que se construye dentro de cada uno. Esta transformación tan particular que experimentan los seres humanos al dormir no solo tiene una explicación médica, donde el cuerpo descansa por el esfuerzo físico del día, este fenómeno también tiene una fundamentación espiritual a explicar en el punto siguiente.

2) Al dormir el espíritu está sensible al mundo celestial.

A diferencia del cuerpo, el espíritu de una persona no necesita ser regenerado a través del descanso. Como el espíritu de cada uno procede del Eterno, tiene cualidades semejantes, que le permiten estar ajeno al desgaste del tiempo. De esto da testimonio el apóstol Pablo cuando le habla a los corintios sobre el deterioro que sufre el «hombre exterior» por causa de las dificultades terrenales, en contraposición con la renovación constante que vivencia el «hombre interior». (2 Cor 4: 16-17). La contundente alusión de la carne, como el ser externo, y el espíritu, como el ser interno, permite asentar con claridad dos principios fundamentales. El primero reitera lo antes mencionado, donde se señala que mientras dormimos el cuerpo busca regenerarse ante el desgaste natural del tiempo, el cual es inevitable. Frente a esa meta, el propio cuerpo disminuye al mínimo posible las actividades sensoriales durante el sueño, lo cual desemboca en que la persona se abstraiga del mundo exterior. El segundo principio, que se recoge de lo señalado por el apóstol Pablo, es que el espíritu no está compuesto de la misma forma que el cuerpo, ya que puede «renovarse día con día». Eso representa que mientras nuestra carne duerme; nuestro espíritu no lo hace por la simple razón de que no lo necesita.

Esa interesante dualidad de estados —sueño = carne-dormida/espíritu-despierto— tiene una razón de ser muy importante, ya que le permite al Todopoderoso ministrar en otra dimensión a cada persona mientras duerme. De alguna manera, podría interpretarse el sueño como la oportunidad en la que el espíritu de cada uno puede expresarse y captar información por encima de los sentidos carnales, los cuales están fuera del funcionamiento de vigilia. El espíritu humano, mientras el cuerpo duerme, tiene la oportunidad de dominar su entorno interno. Esa condición le facilita el trabajo al Espíritu Santo, quien puede ejecutar una impartición muy distinta a la que se suscita cuando la gente está despierta, ya que sus preocupaciones cotidianas, pensamientos, ideologías político-religiosas y contextos culturales están operando como barreras para la comunicación entre Dios y ellos.

Cuando usted sueña, su mente consciente está dormida. Durante la noche, Dios puede sobrepasar su lógica, sus ideas preconcebidas y otros obstáculos de su mente consciente. Dios puede usar los sueños para comunicarse con usted cuando otros caminos pueden fallar. ¿Ha tratado Dios alguna vez de mostrarle algo, pero usted no estaba escuchando? ¿Ha malentendido usted alguna vez cómo Dios usa las circunstancias, las Escrituras o las inquietudes del Espíritu Santo? Por eso usted necesita estar preparado para escuchar a Dios en los sueños, señala Benny Thomas en su libro *Explorando e interpretando sueños*.

En múltiples ocasiones, las condiciones que rodean a una persona afectan su capacidad de interactuar con Dios. Los seres humanos, en su mayoría, están acostumbrados a captar el mundo que les rodea mediante sus habilidades naturales. Son, en realidad, pocos los que llegan a tener una relación tan íntima con el Espíritu Santo, que les permite sensibilizarse a la esfera sobrenatural de manera amplia. Es por eso que con tanta facilidad ruidos, dolores, imágenes u olores pueden interrumpir o distorsionar el mensaje del Señor diseñado para alguien. Una variable que pone de relieve la importancia espiritual de los sueños, donde la carne está inoperante y el espíritu permanece alerta.

A diferencia de lo que muchos pudieran argumentar, el sueño no solo tiene una función fisiológica, sino también sobrenatural. El descanso se convierte en el espacio temporal, donde las personas están ajenas a los distractores sensoriales. Esa cualidad, inherente del sueño, permite que el espíritu este reposado y listo para captar cualquier mensaje espiritual que el cielo le tenga preparado. Un ejemplo que retrata esta realidad se vivencia cuando alguien intenta profundizar su relación con el Eterno a través de la oración. En un comienzo es sumamente frecuente que las personas se pongan, a sí mismas, metas concretas de tiempo para permanecer en la presencia de Dios mediante adoración o intercesión. Quien haya practicado un ejercicio tan simple como este sabrá que luego de transcurrir los primeros minutos de una oración intensa los principales problemas a franquear son las distracciones de la mente.

Las vicisitudes diarias, los problemas matrimoniales, los conflictos con los hijos y hasta las responsabilidades de la iglesia inundan la mente de la persona para distraerlo de la oración. Una situación que dentro de un sueño divino no sucede, porque esos agentes externos, de forma simple, no están presentes. Al no estar activas las mismas condiciones naturales, que se manifiestan durante el tiempo de vigilia, el dormir abre una ventana de oportunidad para ser impartido por Dios en una dimensión muy especial.

El libro de Cantares hace una aseveración muy interesante con respecto a esta condición que tiene lugar mientras se reposa: «Yo dormía, pero mi corazón velaba». (Cant 5: 2a).

Por la relación que de manera cultural se hace del corazón con los sentimientos, muchos podrían interpretar este verso como algo de carácter poético; sin embargo, no se puede dejar de lado el sentido espiritual del contexto. Estas palabras son expresadas por la novia, tipo de la iglesia, hacia su amado, quien representa a Cristo, en un momento donde la mujer debía estar alerta al llamado de su futuro marido, quien se encontraba a las puertas. Eso revela que el vocablo «corazón» no solo remite a un aspecto emocional, sino más bien espiritual.

La expresión de aquella mujer permite entender que era su espíritu el que estaba atento a la aparición de su amado, aunque sus sentidos humanos fueran incapaces de percibir su arribo. Ella estaba alerta, a pesar de que en realidad se encontraba dormida. Quizá desde un punto de vista racional, este planteamiento resulte ilógico, pero al adentrarse en las páginas bíblicas se pueden encontrar un sinfín de relatos y referencias a esta capacidad del espíritu de permanecer atento, aunque la carne repose.

Otro texto que ilustra esta capacidad lo hayamos en Salmos 16: 7 cuando se cita: «Bendeciré a Jehová que me aconseja; aun en las noches me enseña mi conciencia». En este caso la palabra «conciencia» de manera natural nos remite al espíritu de la persona. El verso revela una capacidad mayor a la de solo estar alerta. Asegura que, mientras se descansa, el espíritu puede ser enseñado por Dios. ¡Increíble! El salmista testifica que, aun durmiendo, el Espíritu Santo puede ministrar la conciencia de cada uno. Eso indica que al igual que la mente capta información cuando se está despierto, mientras dormimos es el espíritu quien está alerta, por lo tanto, puede también seguir recibiendo información desde una perspectiva diferente de la sicología, la cual se ha especializado en el estudio de los sueños, tiene coincidencias interesantes.

Según Sigmund Freud, el padre de esta técnica, el sueño es un periodo de reposo del cuerpo en sus funciones fisiológicas, sin embargo, lo que él denomina *psiquis* permanece funcionando con normalidad. En su concepto humanista de lo que es la interpretación de los sueños, estos no son un estado de «reposo psíquico», ya que durante el descanso los procesos mentales siguen activos, debido a que en ese lapso la «mente manifiesta las acciones inconscientes de su vida cotidiana». De manera notable, la idea de la psiquis no es bíblica; sin embargo, las conclusiones a las que llega Freud tiene relación con lo planteado por las Escrituras. Para el psicoanálisis, la mente es la que se encuentra funcionando durante el reposo, mientras que un cristiano debe considerar que también su espíritu está alerta.

En conclusión, se puede afirmar que todo ser humano al dormir hace descansar su cuerpo, pero a su vez está capacitado para percibir a través de su espíritu la esfera sobrenatural. Eso implica que su hombre interno, según lo describe el apóstol Pablo, está dotado de sentidos semejantes a los del hombre externo para recibir información, solo que en este caso es sobre el mundo invisible. Esta condición puede ser empleada en la vía correcta o ser pervertida mediante prácticas paganas. Solo teniendo una vida de íntima comunión con el Creador se pueden ejercitar esos sentidos espirituales de forma saludable, que al estar durmiendo seguirán encendidos a la espera de cualquier impartición que venga de parte del cielo.

3) El espíritu puede estar despierto, pero también sordo y ciego.

Al exponer los dos puntos anteriores quiero ser categórico al afirmar que todos los seres humanos, sin importar sus convicciones religiosas, son capaces de percibir el mundo sobrenatural. Todos los seres creados a «imagen y semejanza» divina están compuestos por tres partes esenciales: cuerpo, alma y espíritu, por lo tanto, su habilidad para percibir la esfera celestial no proviene de su convicción islámica, hinduista, cristiana o atea, sino de su naturaleza. Lo anterior no quiere decir tampoco que cualquier tipo de espiritualidad conducirá a la vía correcta, solo Jesucristo es el camino, la verdad y la vida; sin embargo, el hecho de aceptarlo o rechazarlo no cercena los sentidos espirituales, aunque sí puede potenciarlos, atenuarlos o distorsionarlos.

Sin excepción alguna, todas las personas mientras reposan mantienen su espíritu despierto, como ya se explicó, pero también hay diversas variables que pueden hacer menguar o pervertir esa capacidad sensitiva. En el campo práctico es notorio que no todo el mundo tiene igual habilidad para captar el universo sobrenatural, un don que en la Palabra se conoce como discernimiento espiritual. El nivel que cada quien posea de esa inteligencia sobrehumana incidirá de manera directa en su facilidad o dificultad para recibir e interpretar cualquier mensaje que provenga del ámbito invisible. Eso representa que entre más estrecha sea la relación con el Todopoderoso, mayor será la facilidad para comprender lo que ocurre en el mundo eterno. Condición que de forma simultánea significa que entre más lejana sea esa comunión con Dios, menor también será la sensibilidad a lo que acontece en la atmósfera invisible.

El apóstol Pablo en su carta a los efesios señala cómo el discernimiento espiritual permite que el hombre interno sea más sensible a los mensajes del cielo. Al igual que el texto citado de Cantares, el antiguo perseguidor de la Iglesia, hace alusión al corazón como el espacio intangible, donde cada uno puede desarrollar una mayor percepción espiritual.

Efesios 1: 17-18 (Nueva Versión Internacional):

Para que el Dios de nuestro Señor Jesucristo, el Padre de gloria, les conceda espíritu de sabiduría y de revelación en el conocimiento de él, para que los ojos de sus corazones sean iluminados, y puedan así comprender cuál es la esperanza de su llamado, y cuál es la riqueza de la gloria de la herencia de él para los santos.

Se reitera a través de estas palabras que la capacidad perceptiva del espíritu humano está presente en todos, solo que algunos tienen «los ojos del corazón» entenebrecidos, como les sucedía a los efesios. Todo ser humano nace con el don para captar el mundo espiritual y sus mensajes, pero terminará siendo responsabilidad de cada uno afinar dicha habilidad. Por ello resulta indispensable ejercitar los sentidos no carnales para que como consecuencia haya una maduración en el discernimiento, tal como se explica en (Hb 5: 14).

Una mención especial, en este punto, merece el pecado, el cual se convierte en uno de los mayores causantes de enceguecer y ensordecer el espíritu humano. La tozudez de mantener un pecado, conlleva a la insensibilización del hombre interior hacia la atmósfera celestial. Aun la misma carnalidad, aunque no sea equivalente a cometer actos incorrectos, tampoco ayuda a tener el discernimiento en su punto óptimo. Ser cristiano no es con necesidad sinónimo de una persona con inteligencia espiritual aguda, para conseguirla no basta con aceptar a Cristo en el corazón; es necesaria una vida disciplinada en la oración, la adoración, el ayuno y la misma vigilia entre muchas otras cosas. Un creyente debe estar claro en ello, porque es necesario trabajar de manera consciente en eliminar todo rastro de iniquidad y de vieja naturaleza, que sea obstáculo para la comunión con el Padre celestial.

Israel es un ejemplo de cómo el pecado puede entorpecer la comunicación de Dios con las personas. Los hebreos eran un pueblo llamado a ser profético, es más, el Eterno les prometió hacer de su descendencia un linaje de esa naturaleza: (Amos 2: 11) y a pesar de ello su propio pecado terminó provocando que sus espíritus carecieran de aquella sensibilidad sobrenatural, que les había sido prometida.

Hechos 28: 26-27

Ve a este pueblo y diles: De oído oiréis y no entenderéis; y viendo veréis y no percibiréis, porque el corazón de este pueblo se ha engrosado, y con los oídos oyeron pesadamente y sus ojos han cerrado, para que no vean con los ojos y oigan con los oídos, y entiendan de corazón y se conviertan, y yo los sane.

Esta profecía originada por Isaías y respaldada por Ezequiel (Ez 12: 2), el apóstol Pablo (Ro 11 :8) y el mismo Cristo en (Lc 8: 10) revela tres consecuencias especificas provocadas por una vida pecaminosa. Primero; la incapacidad de escuchar; en segunda instancia, la de ver y; por último, la de entender todas refiriéndose al ámbito espiritual. Esto permite concluir que una persona cuya vida no es recta delante de Dios tendrá como consecuencia un discernimiento espiritual muy deteriorado o nulo.

En la misma línea de resultados está la exhortación del apóstol Pablo a los romanos cuando les señala que aun aceptando al Señor hay quienes se niegan a vivir de acuerdo a «su palabra», con lo cual vendrán las mismas repercusiones que le sobrevinieron a Israel.

Romanos 1: 21

«Ya que, habiendo conocido a Dios, no lo glorificaron como a Dios, ni le dieron gracias. Al contrario, se envanecieron en sus razonamientos y su necio corazón que entenebrecido».

De nuevo se hace alusión al corazón desde una perspectiva más profunda que la emocional, en este caso, Pablo advierte que una vida alejada del Eterno tiene como secuela inmediata un espíritu lleno de tinieblas, incapaz de percibir lo que acontece en el universo celestial y con mayor razón si este trata de manifestarse mediante los sueños. Hoy ese fenómeno se ve reflejado en la mayoría de países occidentales, los cuales se han amparado en ideas humanistas seculares para construir sus sociedades. Muchos han dejado de lado los valores bíblicos y se han desenfrenado en ajustar sus legislaciones en favor de sus propios caprichos. Han colmado sus naciones de maldad, y aun peor, la han vuelto legal. Eso, por consecuencia, ha generado grandes porcentajes de la población viviendo en el ateísmo y la incredulidad. El escepticismo frente a cualquier fenómeno fuera de lo normal, milagro o revelación divina es prácticamente absoluto. Muchísimos corazones se han engrosado, por lo cual terminan quedando ciegos y sordos frente al mundo espiritual.

El ir entretejiendo todos estos conceptos se logra entender que la capacidad para percibir el mundo espiritual es innata, sin embargo, al no ejercitarse a través del tiempo esta va perdiendo su capacidad original, al punto de parecer inexistente. Un infante, por naturaleza, será capaz de captar la realidad del mundo espiritual y con su crecimiento aquello puede verse debilitado, distorsionado o fortalecido, según influyan sobre él sus padres, la cultura, su educación y, por supuesto, el conocimiento que tenga de Dios.

Ante tantas evidencias bíblicas es indispensable que el creyente adopte una vida de comunión con el Espíritu Santo, ya que sin ella jamás será capaz de entender el mundo invisible y menos el de los sueños. Anhelar de manera permanente la presencia de Dios deparará de forma inevitable una agudización de los sentidos espirituales. Pasar tiempo en «su aposento» es como el ingresar un automóvil al centro de lavado. Literalmente nuestro parabrisas es desempolvado, nuestros retrovisores enjuagados y las ventanas laterales limpiadas, todo con el fin de que ganemos visibilidad dentro del ámbito espiritual.

Es necesario entender que un hijo de Dios no puede desfallecer con facilidad, porque al principio no logre entender todo lo que le es revelado a través de los sueños. En ocasiones, este tipo de experiencias solo van a servir como señuelo para que nos sintamos atraídos a tener una comunión más profunda con el Todopoderoso.

En ciertos momentos, los sueños incomprensibles para la mente van a provocar la búsqueda de respuestas, que para un creyente no pueden darse en la brujería ni la magia, sino en lo más íntimo de su presencia. Al igual que como sucedió con el Faraón y Nabucodonosor, quienes encontraron la solución de sus enigmas en el sitio correcto, de igual manera, los hijos de Dios hallarán respuestas en la casa de su Padre. Nunca se puede olvidar que las experiencias visionarias no son un fin por sí solas, sino el resultado de una vida de intimidad con el Espíritu Santo.

Tener esa meta muy clara llevará a trabajar, de forma incansable, en fortalecer las capacidades espirituales para que la luz del cielo vaya llegando poco a poco a los ojos del corazón. Si hoy se siente incapaz de comprender los secretos que le han sido revelados mediante sueños, no desfallezca. Lo que hoy vivencia pueden ser los rastros de su vieja naturaleza pecaminosa que por momentos prevalece. Como hijo e hija de Dios debe tener la fe de que su estado actual no será el último. Transforme su filosofía de vida para estarse motivando, de manera constante, a ser perfeccionado de acuerdo a la naturaleza de Cristo. Luche con tenacidad por adquirir esa sabiduría y revelación de la que habló el apóstol Pablo para que mediante la misma logre disipar toda tiniebla sobre el mensaje que le expongan sus sueños.

4) Al dormir se pueden construir los diseños del cielo.

El día que la mujer iba a ser creada por Dios para que fuera de compañía para el hombre, Adán fue introducido en «un profundo sueño». Aquel estado sirvió para que Adán no sintiera ningún dolor y al mismo tiempo pudiera ser extraído el material del cual surgiría la vida de Eva.

Génesis 2: 21-22

Entonces Jehová Dios hizo caer un sueño profundo sobre Adán y, mientras este dormía, tomó una de sus costillas y cerró la carne en su lugar. De la costilla que Jehová Dios tomó del hombre, hizo una mujer, y la trajo al hombre.

Durante ese lapso en el que Adán entró en profundo sueño, el Eterno estaba dando forma a un diseño para toda la humanidad, como lo es la familia, y determinó usar la vía del sueño para lograrlo. En este suceso hay tres elementos importantes a tomar en cuenta, que le darán el enfoque correcto al significado profético del sueño dentro de las Escrituras.

El primero de esos elementos es que, al sobrevenirle ese sueño profundo, el cuerpo de Adán no necesitaba descanso físico. Hay que recordar que el reposo es la respuesta de un cuerpo cansado y desgastado por el tiempo, que busca reponer de manera parcial sus fuerzas para continuar sus tareas. La necesidad de dormir para darle descanso al organismo proviene de las consecuencias del pecado, entre las que también se encuentra la misma muerte. Todos los seres humanos saben que de forma inevitable un día llegarán a fallecer, básicamente por el resultado del deterioro corporal que viene con el tiempo, condición que Adán y Eva no conocieron hasta que pecaron. Ese deterioro, que hoy es parte de la vida humana normal, no existía en la época en que vino ese primer sueño. Debió existir una razón de otra índole por la cual el Todopoderoso decidió emplear esa vía para crear a Eva y con ella el propósito extraordinario de la familia.

El segundo aspecto a considerar es muy valioso desde la perspectiva histórica, y, por lo tanto, también de estudio. Esta mención del sueño en Génesis es la primera ocasión en la que la Escritura registra este fenómeno corporal en la vida de un ser humano, una vivencia que no tuvo la más mínima relación con el descanso físico. Es claro que el Señor podría haber utilizado cualquier otra forma de creación, como usó, por ejemplo, con el mismo Adán haciéndolo del polvo; sin embargo, decidió utilizar el sueño del varón como una vía que le permitiría construir su diseño para la humanidad.

Esta participación del sueño dentro del proceso constitutivo de la primera familia lo ligó de manera íntima con lo divino a través de la historia. Las primeras criaturas que habitaron la tierra tenían en su mente una relación directa del descanso con la posibilidad de contactarse con la voluntad celestial. Gracias a esa idea, a través de todo, el Génesis se encuentran muchísimas intervenciones del Espíritu de Dios en la vida de la humanidad, mediante experiencias visionarias. A nadie le resultaba extraño que el Señor se comunicara a través de esa vía, puesto que por aquel tiempo no existía la palabra escrita.

De forma lamentable, con la expansión de las culturas paganas, luego de la creación de la tierra, se fue distorsionando el concepto de los sueños en miles de formas. Algunos casos llegaron a ser tan degenerados que se construyeron falsas doctrinas fundamentadas exclusivamente en sueños. Debido a que muchas civilizaciones carecían de un concepto divino genuino, gran cantidad de esas experiencias han permanecido ayunas de credibilidad. A pesar de ello, la generalizada tendencia de la humanidad en aceptar los sueños como mensajes divinos, demuestra que la conciencia del hombre lo lleva a creer o al menos sospechar que sus experiencias mientras duerme tienen algo especial. El gran cambio de esta idea vino en occidente con la entrada del siglo XX, cuando Sigmund Freud aprovechó una coyuntura histórica, donde se le comenzó a dar preminencia al humanismo.

Sus postulados, muy extendidos después en el hemisferio occidental, han logrado que dentro de muchos contextos se les reste cualquier carácter espiritual a los sueños. Gracias a sus conceptos, muchos profesionales de la sicología han promovido el estudio racional del fenómeno, en lugar de cualquier interpretación profética como las que emitieron Daniel y José.

Listo esto es importante no abrazar el sicoanálisis como base del estudio de los sueños, por el contrario, la palabra siempre debe tener la preminencia. Y, dentro del contexto escritural, queda muy claro que en la mayoría de las oportunidades en las que se registra que alguien experimentó un sueño, tuvo una connotación espiritual, que se plantea desde el propio Génesis.

El tercer rubro a considerar es que durante los días de la creación todo lo que ocurría era de carácter profético y al mismo tiempo simbólico. Esto se observa desde algo tan simple como el número de días en los que cada elemento fue constituido. Una significativa cantidad de estudiosos considera que los hechos citados en cada día de la creación no de forma necesaria se llevaron a cabo en veinticuatro horas. El uso de ese condicionante temporal podría ser la respuesta de un Dios infinito hacia las mentes racionales humanas, las cuales carecen del conocimiento pleno de la dimensión en la que el Eterno opera. Un vivo ejemplo es que el hombre fue creado en el sexto día, un número que luego vendría a representar a la humanidad dentro del contexto bíblico. Al mismo tiempo, dice la palabra que el Señor descansó al séptimo día, cantidad que a posterior transmitiría la perfección del Altísimo. Ambos casos permiten entender que hay una justificación profética para cada acontecimiento de la creación, aún por encima de la propia descripción. Nada de lo descrito es casual, ocurre por una razón muy específica que más tarde Dios reveló.

Basándose en esta línea de interpretación, es que la inducción divina de un «sueño profundo» sobre Adán para formar a Eva tiene más contenido del que en principio parece. El Señor permitió a la humanidad ver un pequeño vislumbre de una revelación poderosísima, a través de la cual se sostendría su pueblo más adelante. Al usar esta herramienta propia del organismo como forma de comunicación, Dios también anticipaba una de las vías proféticas mediante las cuales expresaría su voluntad en el mundo de los mortales. De alguna forma, el Eterno estaba dándole un espaldarazo de apoyo al sueño con el cual lo certificaba como un canal viable para la interacción de la tierra con el cielo, que más adelante afirmaría en su palabra, como ya lo hemos visto y seguiremos viendo en los siguientes párrafos.

Al sumar estos tres elementos sobre la experiencia citada en Génesis se reafirma que cuando el ser humano entra en un estado profundo de sueño es incapaz de percatarse de la realidad que lo rodea, condición que aprovecha el Todopoderoso para rebelarse a las personas. Mientras una persona está dormida y sueña, el entorno natural no puede afectar aquel estado, por lo que, de alguna forma, cualquier posible experiencia se convierte en su realidad, aunque sea por algunos minutos u horas. Los cinco sentidos naturales (oído, gusto, tacto, vista y olfato) no tienen injerencia directa sobre lo que una persona podría estar experimentando. Eso ayuda a que los planes del cielo sean revelados al corazón de cada uno, ya sea para llamarlo al arrepentimiento, restaurar su condición dañada, salvarlo de la muerte o llevarlo hacia el propósito para el cual fue predestinado.

Job 33: 15-18

Por sueños, en visión nocturna, cuando el sueño cae sobre los hombres, cuando se duermen en el lecho, entonces se revela él al oído del hombre y le confirma su instrucción, para separar al hombre de su obra y apartar del varón la soberbia, para librar su alma del sepulcro y su vida de perecer a espada.

Sin lugar a dudas, el sueño es un tiempo especial donde la comunión entre el espíritu del hombre y el Espíritu de Dios se fusionan con intensidad. Ambos seres logran una conexión que mientras el humano vigila es imposible. Eso permite que los diseños del cielo le sean manifiestos a su entendimiento finito.

5) Cuando soñamos Dios ministra.

A diferencia de la naturaleza caída del hombre, el Eterno no tiene necesidad de dormir ni descansar. Su magnificencia le permite ser Omnipresente, Omnisciente y Omnipotente, de lo cual se deriva que esté siempre atento a lo que ocurre sobre la tierra y con detalle a lo que le sucede a su pueblo.

Salmos 121: 3- 5

«No dará tu pie al resbaladero ni se dormirá el que te guarda. Por cierto, no se adormecerá ni dormirá el que guarda a Israel. Jehová es tu guardador, Jehová es tu sombra a tu mano derecha».

Esa hermosa cualidad divina permite que el Padre celestial pueda ministrar de manera directa el espíritu de cada persona mientras duerme. Al no tener necesidad de descanso, porque su condición no sufre desgaste, él aprovecha a la perfección ese espacio para revelar su palabra al corazón de cada uno, así como lo describió Job. Las muestras bíblicas de todo lo que el Eterno puede generar dentro de un sueño espiritual son innumerables. Desde un pacto perpetuo y estrategias laborales, como las que recibió Jacob, hasta advertencias de peligro y cambio de morada, como en el caso de José, el padre de Jesús. Tantas demostraciones de gloria nocturna deberían provocar que todos los creyentes se sientan responsables de estar alertas por la inminente visitación celestial.

Sofonías 2: 7b

«En las casas de Ascalón dormirán de noche, porque Jehová, su Dios, los visitará y levantará su cautiverio».

La promesa del Señor es clara para su pueblo, él aprovechará aún los momentos más insospechados para traer su mensaje y ministración sobre la tierra. Si viéramos el texto anterior únicamente desde una perspectiva natural podríamos asegurar que la referencia es sobre la liberación del pueblo hebreo de sus opresores; sin embargo, para los creyentes del presente, la promesa tiene una connotación espiritual. La «visitación» divina para un hijo de Dios se comprende como un espacio de tiempo en comunión con el Espíritu Santo, donde el individuo es transformado hacia su nueva naturaleza. Al referirse a «levantar un cautiverio», el Padre celestial no solo apunta hacia los grilletes y las cárceles humanas, sino a la condición de opresión espiritual en la que muchos se encuentran. Uniendo ambas ideas del texto, los cristianos contemporáneos comprendemos que Dios busca tener espacios de intimidad a través de los cuales sanará y cambiará nuestras vidas, pero a diferencia de lo que muchos imaginan, esto según Sofonías, sucederá mientras descansamos.

Abrir no solo nuestro espíritu, sino también nuestra mente hacia la posibilidad de ser visitados por el Señor durante la noche es sin duda uno de los primeros grandes pasos, ya que muchos no tienen sueños divinos, porque su razonamiento se lo prohíbe. Hay quienes lo ven como algo demencial o demasiado místico; sin embargo, todos poseemos la naturaleza que nos permite adentrarnos en el mundo sobrenatural. Es cuestión de creer y estar expectantes. De manera lastimosa, no todo el mundo tiene la misma conciencia, y entre los que la tienen no siempre la orientan en el sentido correcto.

Los sueños a través de la historia dentro de los pueblos paganos han tenido toda clase de asociaciones. En el pasado, muchas sociedades consideraban lo que ocurría en los sueños como un mensaje de sus dioses, por lo tanto, buscaban la debida interpretación de acuerdo a sus costumbres ocultistas. Esa práctica terminaba pervirtiendo cualquier posible mensaje. Aquello se convertía en un texto escrito en francés tratando de ser interpretado por un turco, para personas que hablan japonés. De forma difícil, las conclusiones terminaban siendo acertadas, por el contrario, los demonios sacaban provecho de aquello para profundizar las prácticas esotéricas. Ya en el tiempo moderno la concepción de los sueños ha cambiado de manera sustancial. Ahora se han creado técnicas clínicas sobre el estudio de las experiencias oníricas, donde estos son considerados síntomas o reflejos de la conciencia humana.

En ambos casos anteriores no hay un respaldo bíblico que permita tener certeza del resultado de la interpretación y es en medio de esas dos aguas que ha crecido gran parte de la Iglesia. Sin saber con claridad cuál es la doctrina del cielo con respecto a los sueños, muchos divagan confundidos. Mientras unos se adentran en las costumbres místicas de sus antepasados, otros les quitan cualquier posible mensaje celestial a los sueños, reduciéndolos a un producto de la psique. Eso ha provocado un sinfín de trastornos, aún dentro de los mismos creyentes, cómo no poder soñar o que algunos ni siquiera logren recordar lo soñado. A pesar de todo ello, el principal conflicto al que se enfrentan los hijos de Dios es no poder siquiera comprender los mensajes del Señor, como lo explica Job: «Aunque lo cierto es que de una u otra manera habla Dios, pero el hombre no lo entiende», Job 33: 14. Por esta razón es importantísimo que los cristianos se sensibilicen y adiestren en la comprensión de sus sueños desde una perspectiva espiritual sana. No basta con verlos como consecuencia del descanso o como un lenguaje incomprensible para la mente racional.

Es necesario advertir que las semillas del Espíritu Santo son sembradas en el corazón de hombres y mujeres, tanto de día como de noche. La obra que el Señor realiza sobre cada uno no se detiene a pesar de la hora. De manera continua, el plan del Eterno es revelado al espíritu de las personas, que en realidad están interesadas y deseosas de hacer su voluntad. Es por ello que Jesús comparó el establecimiento del Reino, en otras palabras, la constitución de los diseños divinos sobre la tierra, con la labor de un sembrador.

Marcos 4: 26-29

Decía, además: Así es el reino de Dios, como cuando un hombre echa semilla en la tierra. Duerma y vele, de noche y de día, la semilla brota y crece sin que él sepa cómo, porque de por sí lleva fruto la tierra: primero hierba, luego espiga, después grano lleno en la espiga; cuando el fruto está maduro, en seguida se mete la hoz, porque la siega ha llegado.

Desde una perspectiva muy sencilla, la alegoría de Cristo explica cómo el plan del Padre celestial en cada uno se desarrolla sin detenerse. En el transcurso, el Señor empleará diversas maneras para fortalecer esa obra para que nunca se detenga. Al mantenerse en la senda correcta los hijos de Dios le permiten al sembrador desatar de forma constante esas semillas sobre su terreno, así en el día como en la noche. «En Dios solamente descansa mi alma; de él viene mi salvación», (Sl 62: 1). En tanto la humanidad reposa de su obra, el Todopoderoso no se detiene, su obra es infinita y nunca se interrumpe.

6) Los sueños son mensajes codificados.

Los sueños, al igual que la profecía y las visiones, son palabras vivas progresivas, no mensajes finitos. Esto significa que el código con el que se expresan no puede ser humano, sino celestial. Al ser un mensaje eterno, el Espíritu Santo tiene que usar herramientas especiales para desarrollar su mensaje, como, por ejemplo; la participación de símbolos. Cuando se emplean signos en lugar de palabras para transmitir una idea, como con frecuencia sucede en los sueños, se crea un gran universo paralelo de información, que se va a derivar de las múltiples interpretaciones posibles. Esto se debe en un principio porque las palabras encierran conceptos muy limitados, mientras que los signos pueden poseer incontables significados, los cuales se llegan a multiplicar aún más cuando se les asocia con otros. Una excelente representación de esto son los seres vivientes descritos en Apocalipsis. Según las Escrituras había cuatro de ellos con seis alas y llenos de ojos; sin embargo, cada uno tenía una figura distinta. El primero, era como un león; el segundo, como un becerro; el tercero, semejante a un hombre y, el último; como un águila. Esto representa que si bien las alas y los ojos tienen un significado profético hay que asociar también esas características con las de los animales para llegar a una posible interpretación de su significado, y si a ello le siguiéramos añadiendo otros símbolos como colores o formas aumentarían todavía más las interpretaciones.

A la hora de intentar conocer los lenguajes con los cuales Dios se comunica con la tierra, hay una constante que nunca debemos perder de vista: es imposible para nuestras mentes limitadas entender todo el conocimiento que habita en Elohim, quien es Omnisciente. En el momento en el que el Señor decide revelarse también tiene presente esa condición limitada de nuestras mentes, por ello es que decide hacerlo muchas veces a través de mensajes codificados, como en el caso de los sueños. Los diversos simbolismos empleados testifican de la naturaleza profética de esos comunicados, los cuales son entendidos de manera parcial, pero nunca en toda su plenitud. El ejemplo anterior de Apocalipsis lo refleja, donde muchos interpretan que los seres vivientes son ángeles y otros los consideran figuras representativas de Cristo. Cuando nos referimos a las posibles lecturas que cada uno hace de un signo, también hablamos de que no se puede tener una certeza absoluta. Al entregar sus mensajes de forma codificada el soberano está diciéndonos: Les revelo una parte del plan, porque jamás podrán entenderlo todo.

Podremos comprender de forma parcial sus proyectos, pero nuestras mentes limitadas nunca lo abarcarán todo, necesitamos una gran dosis de fe para caminar con la guía de lo que se nos ha revelado. La cantidad de dimensiones en las que se pueden asimilar sus palabras siempre serán una bendición, pero al mismo tiempo una limitación.

Sabedores de que los sueños son mensajes codificados o simbólicos, es importante destacar las razones que justifican esta forma divina de operar. Entre ellas podemos recalcar las cuatro más trascendentes, que nos permiten comprender por qué el Todopoderoso encripta sus mensajes mediante sueños, visiones o la misma profecía. La primera; es demostrar su gobierno, la segunda; revelar los tiempos perfectos de su voluntad, la tercera; evidenciar que su conocimiento es infinito y, en cuarto lugar; pero no menos importante, revelar quiénes son en realidad sus discípulos, dotándolos de la capacidad de interpretar sus misterios. De manera evidente, todas las razones serán explicadas con amplitud a continuación.

Las dos primeras razones citadas acerca de la demostración de su gobierno y los tiempos perfectos de su voluntad son sumamente valiosas y están entrelazadas. Cuando él se adelanta al «cronos» —palabra griega que significa 'tiempo'— humano, revelando sus diseños a través de profecía, sueños o visiones, de manera simultánea evidencia su soberanía sobre lo que ocurre en el mundo de los mortales. Él está diciendo: «¡Yo estoy en control!», tanto de los acontecimientos, como de los tiempos en los que estos suceden. A pesar de los vaivenes que puedan tener los gobiernos terrenales, Dios sigue sentado en su trono. Al anunciar previamente lo que va a ocurrir a través de cualquier herramienta profética el Todopoderoso da testimonio contundente de su dominio sobre el mundo.

Una particularidad de este tipo de mensajes codificados —profecía, sueños y visiones— es que siempre llegan antes de que ocurran los acontecimientos. También pueden considerarse como anuncios divinos de lo que está por venir. Debido a ello, muchas veces su mensaje no siempre es creído y en ocasiones ni siquiera comprendido, como le sucedió a Nabucodonosor con sus sueños. Él tenía revelaciones del futuro, mas era incapaz de interpretarlos y con ello darles un sentido lógico para su presente. Muchas veces el motivo por el cual es enviada una profecía, ya sea en forma de sueño o visión, no es para que sea interpretada al instante, sino para que quede como un testimonio en tanto llega la hora de su cumplimiento, como ocurrió con tantas profecías dadas sobre la venida del Mesías. Cuando Jesús caminó por la tierra cumplió todas las palabras, sueños y visiones proclamadas por los profetas que le antecedieron. Jesús, de manera constante, se remitió a las profecías que le precedieron, puesto que ellas son el testimonio incuestionable de su mesianismo.

Algunos quizá podrán pensar que el tiempo es capaz de borrar una profecía o desactualizarla, como sucede con la mayoría de las palabras proferidas por los seres humanos; sin embargo, las Escrituras demuestran que cuando un veredicto salió en realidad de la boca del Eterno, tarde o temprano, se cumplirá. Aunque transcurran muchos días sin que una profecía, visión o sueño se cumpla o al menos sea interpretado, llegado el momento predestinado por Dios para su manifestación será notorio que es también en el tiempo perfecto de su voluntad. Una profecía puede permanecer vedada por largo tiempo, pero cuando algún acontecimiento permite traer luz sobre aquello, se denota que ha llegado el momento anunciado para el cual fueron creados los sueños, las visiones o la misma profecía.

Un caso en verdad sorprendente que impactó mi vida y representa a la perfección esta idea es la profecía de Juan Huss, uno de los pioneros del movimiento de la Reforma. Según relata la historia, momentos antes de ser sumergido en una hoguera como castigo por sus enseñanzas en contra de la Iglesia católica y el Papa, el predicador de Bohemia exclamó a su verdugo: «Vais a asar un ganso "el apellido Huss" en lengua bohemia significa 'ganso', pero dentro de un siglo vendrá un cisne al que no podréis asar ni cocinar».

Muy probable, en su momento aquel comentario fue visto como una frase delirante de un hombre a punto de morir; sin embargo, no será sino hasta el tiempo del cumplimiento que aquel mensaje sería interpretado de manera correcta, y es con precisión gracias a los simbolismos empleados que aquellas palabras pudieron mantenerse con vida a pesar del tiempo. Fueron ciento dos años después de su muerte en las llamas romanas que aparecería Martín Lutero, un monje sajón, quien tenía en su escudo de armas familiar; un cisne. Aquel alemán daría comienzo a la Reforma Protestante con sus noventa y cinco tesis en contra de la doctrina católica. Tal como fue anunciado, su voz no pudo ser silenciada.

Al analizar las palabras de Huss es notable la precisión con la que la profecía fue cumplida, y al mismo tiempo nos sirve hoy para entender cómo gracias al uso de los simbolismos una palabra profética puede mantenerse viva. Sin usar los signos del ganso y el cisne es probable que para Huss habría sido imposible dar en el clavo. Al igual que el caso descrito, muchas otras experiencias visionarias pueden ser tan elevadas espiritualmente, que nunca llegarán a ser entendidas sino hasta siglos después, como le ocurrió a Daniel con su experiencia sobre la estatua con la que soñó Nabucodonosor. Nadie en sus días llegó a comprender con plenitud lo que le había sido mostrado, ni siquiera él mismo. Viene a ser la generación del «Nuevo Pacto» la que ha podido disfrutar de las riquezas de su mensaje profético, poniéndole nombre a cada elemento que le fue mostrado. Gracias a esa particularidad, el mensaje transmitido por un sueño o una visión profética puede sostenerse con vida a través del paso del tiempo, ya que su interpretación puede ir madurando, dependiendo de la cultura, el contexto temporal y los nuevos acontecimientos que presente la historia.

En otras palabras, la interpretación de una profecía dada a través de un sueño espiritual puede irse clarificando conforme avanza el tiempo, puesto que se van añadiendo nuevos elementos a considerar, que amplían el panorama. Las dos últimas razones de porqué los mensajes divinos vienen codificados es debido a que permiten demostrar la inmensidad de su conocimiento, y por el otro, se evidencia la intención del Señor de reservarle sus secretos a quienes son verdaderamente sus discípulos. A pesar de que más adelante haré diversas menciones sobre la simbología profética dentro de los sueños; es necesario ahondar un poco en la naturaleza de los signos para explicar más con profundidad estos puntos. Primero; hay que recordar que la interpretación de los mismos puede variar casi de forma infinita, característica propia de la sabiduría del Padre, ya que los símbolos dependen de múltiples factores, que le pueden dar una u otra interpretación.

Benny Thomas en Explorando e interpretando sueños señala que:

Dios puede usar un símbolo para representar lo mismo cada vez que aparece en sus sueños. Sin embargo, él puede usar un símbolo para significar una cosa cada vez, y otra cosa la próxima. De la misma forma que algunas palabras tienen más de un significado, algunos símbolos tienen significados múltiples. En otras palabras, todos los símbolos no necesariamente representan la misma cosa cada vez que son usados. Usted no puede simplemente referirse a una lista de símbolos y sus significados y, presto, ¡ahí tiene su interpretación! ¡No! Debemos darle al Espíritu Santo libertad para trabajar. Buscar y encontrar es una parte importante del proceso. Aunque interpretar algunos símbolos será repetitivo, seguir a Dios siempre conllevará buscar y encontrar.

Al captar este principio con el cual operan los símbolos, y, por lo tanto, también los sueños, se cae en cuenta de que una de las principales razones de porqué las experiencias visionarias vienen codificadas a través de diversa simbología es debido a que el enorme conocimiento divino no puede ser limitado a simples conceptos retenidos en palabras. El lenguaje celestial de manera inesperado necesita reflejar la inmensidad de su sabiduría.

Un ejemplo muy ilustrativo sobre este rubro es la figura del león en las Escrituras, la cual representa dos significados en lo absoluto antagónicos. Por una parte, Jesús se nos presenta como «el león de la tribu de Judá» (Ap 5: 5), mientras que también se nos denuncia que el diablo es «como león rugiente, anda alrededor buscando a quien devorar», (I Pe 5: 8). Ante una dualidad tan drástica dentro de un mismo signo, no se puede pretender interpretarlo en una sola dirección, se necesita tener todo un contexto para explicar en el sentido espiritual cuáles su significado. Esta condición hace comprender que la interpretación de un sueño o visión no se limita a una relación simplista entre símbolos y determinados significados; Dios permite que se entienda de manera parcial el mensaje dentro de un sinnúmero de otras posibles interpretaciones. Debido a su grandeza, él le da acceso a la humanidad para percibir o vislumbrar algo de sus planes, como ya se acotó, puesto que las mentes finitas jamás podrán comprender todo ese conocimiento inigualable que, en ocasiones, ni las palabras proferidas en un idioma humano logran transmitir.

Por otra parte, y derivado del punto anterior, está la incuestionable necesidad de ser un seguidor de Cristo para darle una traducción fidedigna a los mensajes celestiales. Es imposible comprender los distintos códigos simbólicos que el cielo emplea para expresar sus ideas sin ser un genuino discípulo de Jesús. Esta cuarta razón de porqué los sueños son mensajes codificados y no explícitos, la podemos ampliar cuando retomamos el tema de la simbología dentro de los sueños. Para ello, es importante profundizar aún más en la diferencia que existe entre una palabra y un signo. Por definición, una palabra siempre tendrá un concepto limitado, sujeto a factores naturales de toda índole como la cultura, su uso o su desarrollo histórico. Por su parte, los símbolos poseen un sinfín de posibles interpretaciones, una particularidad que le impide a sus significados ser sujetos a un diccionario o una regla de oratoria.

Por ejemplo, no es lo mismo hablar hoy del concepto del transporte o la comunicación con tantos avances tecnológicos, como lo hubiera representado hacerlo durante los tiempos bíblicos, donde ni siquiera se tenía una idea de lo que sería un teléfono o una motocicleta. Habría sido en verdad muy difícil transmitirle a un profeta o vidente una idea concreta respecto a esto. A pesar de ello, estudiosos de las Escrituras señalan que los profetas Nahúm e Isaías pudieron haber predicho la existencia futura de los automóviles y los aviones respectivamente. Esto se asegura mediante textos como: «Los carros se precipitan a las plazas, con estruendo ruedan por las calles; su aspecto es como de antorchas encendidas, corren como relámpagos», (Nah 2: 4) y, «¿Quiénes son estos que vuelan como nubes y como palomas a sus ventanas?». (Is 60: 8).

De manera notable, ambos textos pueden ser empleados para traer otros mensajes de índole profética, pero de igual forma, para muchos su aplicación calza con el desarrollo tecnológico de la humanidad, que por esos días no tenía la menor idea de los inventos que hoy nos son comunes. El uso de los simbolismos en estos casos, les permite a los mensajes que fueron dados hace miles de años, mantener vigencia en la actualidad y hasta con una renovada interpretación. Las representaciones simbólicas y proféticas dentro de los sueños pueden manifestarse a través de diversas formas; por ejemplo, a través de animales como el águila, la serpiente o el leopardo cada uno con un significado distinto. Esos signos también pueden ser elementos de la naturaleza como el agua, el sol o el desierto. De igual manera, puede ser mediante colores, números, oficios, plantas u objetos inanimados, entre muchos otros.

Al ser los sueños mensajes codificados, con frecuencia las personas no los comprenden, ya que la mayoría intenta entenderlos a través de su intelecto, tal como lo plantea Job 33: 14-17. La gente sin comunión con el Espíritu Santo ignora que los sueños pueden ser mensajes espirituales, que deben ser asimilados desde esa perspectiva. Por estar encriptados, para el razonamiento lógico, los sueños pueden compararse con las lenguas angelicales o también llamadas lenguas espirituales, ya que estas por sí solas no producen edificación para la Iglesia, puesto que son incomprensibles para la mente humana. En otras palabras, ambos tipos de mensaje pertenecen al mismo género, puesto que necesitan de la debida interpretación para ser comprendidos de manera racional. Nadie cuestiona que en los dos casos —sueños y lenguas— encontramos mensajes espirituales. Sin embargo, al ser las personas seres limitados en conocimiento, el Espíritu utiliza estas herramientas para revelar lo desconocido y en el caso de las lenguas interceder ante el Padre según conviene.

Romanos 8: 26-27

De igual manera, el Espíritu nos ayuda en nuestra debilidad, pues qué hemos de pedir como conviene, no lo sabemos, pero el Espíritu mismo intercede por nosotros con gemidos indecibles. Pero el que escudriña los corazones sabe cuál es la intención del Espíritu, porque conforme a la voluntad de Dios intercede por los santos.

Si bien las lenguas y los sueños poseen distintos propósitos por los cuales son enviados, su naturaleza profética es idéntica. Dios en su incomparable sabiduría determinó que luego de la manifestación de Cristo sobre la tierra, el velo que separaba a los seres humanos de su presencia sería rasgado. Sin embargo, él se reservaría un lenguaje particular para transmitirle sus ideas a quienes de verdad le busquen. Es por lo mismo que Jesús muchas veces les enseñaba a través de alegorías o parábolas. Mediante ellas le podía dar una enseñanza sencilla a la gran multitud, pero de manera simultánea estaba dando otro mensaje mucho más complejo, que solo les revelaba a sus discípulos en la intimidad. Es más, hubo enseñanzas que en su momento ni sus seres más cercanos comprendieron, fue tiempo después, con su muerte y resurrección que obtuvieron sentido.

Marcos 4: 10-12

Cuando quedó solo, los que estaban cerca de él con los doce le preguntaron sobre la parábola. Y les dijo: A vosotros os es dado saber el misterio del reino de Dios; pero a los que están fuera, por parábolas todas las cosas, para que, viendo, vean y no perciban; y oyendo, oigan y no entiendan; para que no se conviertan y les sean perdonados los pecados.

El concepto tan común en la enseñanza cristiana de las parábolas es al mismo tiempo una profecía milenaria, que Dios expuso a través del salmista y que luego Jesús vino a evidenciar.

Salmos 78: 2

«Abriré mi boca en proverbios; hablaré cosas escondidas desde tiempos antiguos».

Bajo el mismo principio de las lenguas angelicales, las visiones y los sueños; las parábolas expuestas por Cristo muestran cómo el Señor puede hablarle a cualquiera, sin embargo, no todos podrán interpretar esos mensajes por completo. Aquellos que anhelen de manera genuina interpretar esos comunicados, primero deberán acudir al Espíritu Santo para que él les guíe «a toda la verdad, porque no hablará por su propia cuenta, sino que hablará todo lo que oiga y os hará saber las cosas que habrán de venir», (Jn 16: 13). La esencia de porqué el Señor emplea esta forma de comunicación codificada radica en que el verdadero conocimiento queda reservado de manera exclusiva para sus discípulos. A pesar de que el Rey de Reyes anhela con fervor tener comunión con las personas, no es cualquiera el que puede tener acceso a la información del trono. Dios reserva para sus íntimos los secretos del cielo para que luego estos puedan revelarlos en la tierra.

Marcos 4: 33-34

«Con muchas parábolas como estas les hablaba la palabra, conforme a lo que podían oír. Y sin parábolas no les hablaba; aunque a sus discípulos se lo explicaba todo en privado».

Un texto tan hermoso denota cómo el Espíritu Santo se guarda una revelación íntima para los que en realidad siguen al Señor de corazón. Para quienes se han convertido de forma genuina a Cristo y se han transformado en sus seguidores, él les tiene preparadas palabras que ningún otro será capaz de comprender. Aunque muchos, a ello, le llamen locura, hay un linaje escogido por el Eterno no solo para servirle, sino para tener comunión directa con el cielo. Esa interacción no se llevará a cabo mediante un lenguaje terrenal, sino celestial. Algunas veces será mediante lenguas angélicas, visiones, enseñanzas simbólicas o sueños. Literalmente este código encriptado es el que Dios mismo diseñó para sus íntimos. A pesar de que muchos hoy pervierten la frase: «Dios me habló», usándola para justificar sus malas acciones, malacrianzas y rebeliones, el Eterno se mostrará en su contra. Sus frutos por sí mismos testificarán de su maldad. Aunque intenten manipular o tergiversar sueños, visiones, profecía, hablen en lenguas o empleen mensajes rimbombantes no podrán acceder a la revelación genuina del Espíritu. Los sellos para obtener la información real están cerrados para quienes no son en realidad sus discípulos.

Isaías 29: 10-11

Porque Jehová derramó sobre vosotros un espíritu de sopor, cerró los ojos de vuestros profetas y puso un velo sobre las cabezas de vuestros videntes. Y os será toda visión como las palabras de un libro sellado, el cual, si lo dan al que sabe leer, y le dicen: Lee ahora esto, él dirá: No puedo, porque está sellado.

Como conclusión, se entiende que la naturaleza del mensaje profético es ser codificado. Dios usó, emplea y seguirá utilizando esta clase de lenguaje encriptado para que sus profetas y videntes sean capaces de transmitir luego mediante la inspiración del Espíritu Santo la revelación, que edifique a la Iglesia. A pesar de que el Altísimo en su grandeza pudiera mostrar la verdad tal cual es no lo hará de esa forma. Él se reserva lo santo y sus perlas para los hijos, no para los perros ni los cerdos. Toda visión, sueño, lenguaje angelical o parábola viene siempre condicionada para su interpretación. Debe ser gente alineada al propósito la que sea capaz de descubrir los hermosos misterios divinos.

7) Los sueños necesitan ser descodificados.

Igual que un idioma extraño que antes de ser comprendido necesita ser traducido, el lenguaje de los sueños primero necesita ser descifrado de manera correcta para poder ser entendido por la mente humana. No hay forma de que una mente racional logre comprender un sueño espiritual a menos que este sea explícito, lo cual de por sí es excepcional. La información expuesta en un sueño, primero, debe ser pasada por un instrumento interpretativo, que puede ser la misma voz o revelación del Espíritu, un ministro profético o una persona de autoridad con sabiduría. Es muy importante tomar en cuenta que no siempre la explicación sobre un mensaje de estas características viene de parte del mismo soñador. En realidad, las respuestas a los enigmas de un sueño pueden venir de formas insospechadas, por ello, hay que tener siempre presente que la descodificación no puede ser racional, sino a nivel espiritual.

A lo largo de la Biblia hubo varios hombres que recibieron mensajes codificados a través de sueños y necesitaron de interpretación, que les pudiera dar su verdadero significado. Para citar, están los casos del copero y el panadero del Faraón egipcio, quienes conocieron a José estando en la cárcel y él les pudo ayudar a entender el mensaje de sus sueños: (Gn 41: 9-13). También se encuentra el caso del rey babilónico Nabucodonosor, quien en su corte real recibió al profeta Daniel para que le diera la explicación sobre su enigma: (Dn 5: 11-12). Se concluye entonces que ningún sueño es suficiente por sí mismo, necesita de manera inevitable de una herramienta llamada interpretación, que le permita alcanzar su destino.

Si retomamos la comparación de los sueños con las lenguas angelicales se recae en la misma conclusión. Para que ese idioma celestial cumpla el propósito para los seres racionales, primero debe ser interpretado. Tanto los sueños como las lenguas espirituales son una impartición del cielo, pero para ser comprendidas necesitan indefectiblemente una traducción hacia un idioma terrenal. El apóstol Pablo plantea un principio bastante interesante con respecto a las lenguas espirituales en comparación con la profecía, y aplicable también al tema de los sueños.

I Corintios 14: 5

«Yo desearía que todos vosotros hablarais en lenguas, pero más aún que profetizarais, porque mayor es el que profetiza que el que habla en lenguas, a no ser que las interprete para que la iglesia reciba edificación».

Después de leer este texto podría pensarse que Pablo está menospreciando el don de las lenguas en beneficio de la profecía, no obstante, lo que en verdad está transmitiendo es una ecuación espiritual. En ella se plantean tres elementos básicos: lenguas (que podrían ser también visiones o sueños), interpretación de las mismas y profecía. El apóstol de los gentiles equipara la suma de las dos primeras con la profecía:

Lenguas + interpretación = profecía.

Se entiende entonces que lo primero no es inferior a lo último, solo que las lenguas son la fórmula condensada que necesita ser descompuesta por la interpretación, con el fin de que pueda ser ingerida por los espíritus humanos y les sea edificante a su mente racional. La misma ecuación puede ser aplicable en el caso de los sueños y las visiones debido a la semejanza de su naturaleza espiritual con las lenguas angélicas:

Sueño o visión + interpretación = profecía.

En vista de las formas, ya descritas, en las que se comunica el cielo con la tierra, viene a ser trascendental el establecimiento de un don como el de la interpretación dentro de la Iglesia. El Espíritu Santo mejor que nadie señala que a la misma altura de otras capacidades espirituales está la habilidad para traducir los idiomas eternos. Si bien en las Escrituras se hace mención específica de la interpretación de las lenguas angélicas, es natural que, siendo todos mensajes codificados, de igual manera exista la necesidad de que se les interprete bajo la misma unción.

I Corintios 14: 26

«Entonces, hermanos, ¿qué podemos decir? Cuando os reunís, cada uno de vosotros tiene salmo, tiene doctrina, tiene lengua, tiene revelación, tiene interpretación. Hágase todo para edificación».

En las congregaciones modernas que han entrado bajo la reforma del ministerio profético es frecuente observar el fluir espiritual mediante lenguas, visiones, éxtasis, profecía, parábolas o voz audible, pero paralelo deben caminar siempre quienes buscan la debida interpretación de todo ello. Quizá por la emoción que producen sobre algunos, en ocasiones se olvida de que las manifestaciones no son suficientes; deben existir personas conscientes de la operación del don interpretativo dentro del pueblo. Gente que esté tomando nota y buscando respuestas, no con un mal espíritu, sino con el hambre de entender lo que el Señor está diciendo. Tiene que haber gente madura presente en esos exquisitos momentos de las reuniones para aprovechar al máximo la bendición que envía Jehová. No se puede permitir que las palabras de la boca del Eterno sean desaprovechadas, lo cual sucede cuando se les ignora o no se las entiende de manera correcta. Sin duda, la interpretación sana es la llave fundamental que abre la ventana de la revelación, la cual acompaña a todos los sueños espirituales. Sin esa herramienta las experiencias genuinas del Espíritu podrían ser mal canalizadas, y, por lo tanto, desencadenar confusión, destrucción, ruina y devastación.

8) La interpretación correcta de un sueño es de Dios.

La correcta traducción del lenguaje de los sueños debe provenir de forma exclusiva del Señor. Su infinita sabiduría es el único recurso válido para comprender un mensaje de estas características. No puede haber otra fuente para la interpretación, de lo contrario, el resultado será adulterado. La misma lógica permite entender que el «codificador» será al mismo tiempo el mejor «traductor», ya que conoce las claves con las que fue diseñado el mensaje. Por la misma razón, un verdadero intérprete nunca se vanagloriará de su conocimiento, sino que pondrá siempre su mirada sobre el Señor. Así lo hizo José cuando fue solicitado por faraón para que le ayudara a entender el mensaje que ninguno de sus magos ni sabios podía descifrar. No permitió que la gloria recayera sobre su cabeza por más que anhelara salir de la cárcel, él estaba bien ubicado.

Génesis 41: 15-16

El faraón dijo a José: Yo he tenido un sueño, y no hay quien lo interprete; pero he oído decir de ti que oyes sueños para interpretarlos. Respondió José al faraón: No está en mí; Dios será el que dé respuesta propicia al faraón.

Igual que José, el profeta Daniel estaba en una condición precaria porque su vida y la de sus amigos se encontraban en peligro de muerte. Daniel decidió introducirse en un tiempo intenso de oración para que el Espíritu le revelara el contenido y mensaje del sueño de Nabucodonosor, ya que este último ni siquiera lo recordaba. Cuando llegó la respuesta del cielo no se enalteció, sino que el príncipe israelita decidió rendirle alabanzas al Creador.

Daniel 2: 20-23

Habló Daniel y dijo: Sea bendito el nombre de Dios de siglos en siglos, porque suyos son el poder y la sabiduría. Él muda los tiempos y las edades, quita reyes y pone reyes; da la sabiduría a los sabios y la ciencia a los entendidos. Él revela lo profundo y lo escondido, conoce lo que está en tinieblas y con él mora la luz. A ti, Dios de mis padres, te doy gracias y te alabo, porque me has dado sabiduría y fuerza, y ahora me has revelado lo que te pedimos, pues nos has dado a conocer el asunto del rey.

En ambos casos es notorio que los intérpretes pudieron sacar ventaja del don que poseían; sin embargo, la humildad fue la constante. No permitieron que sus corazones se llenaran de orgullo ni intentaron sacar ventajas injustas por ello. Prefirieron poner en primer lugar al Eterno, quien más adelante les honraría con grandeza delante de los hombres, al ser colocados en esferas de eminencia. También es válido rescatar que dos de los intérpretes más famosos de la historia bíblica: José y Daniel fueron al mismo tiempo gente de gobierno y, por causa de su don, fueron ascendidos. De este hecho se extrae que el complemento perfecto para un soñador siempre será su habilidad para entender lo que observan los «ojos de su corazón», lo cual logrará únicamente si es el Espíritu Santo el guía, de otra forma, es imposible darle al blanco. Un hijo de Dios no puede buscar la interpretación de sus sueños o visiones alejado de Dios.

Caer en la tentación de buscar respuestas en adivinos, tarotistas, brujos o hechiceros generaría que aquella experiencia en lugar de ser bendición se transforme en una maldición. El creyente debe ser paciente y aprender a esperar en él para que la debida traducción de su sueño o visión vengan a su vida, ya sea de manera personal o a través de algún intérprete responsable.

El acceso a la información en este tiempo es fácil en realidad, a través de un medio como Internet se puede conseguir muchos puntos de vista acerca de un mismo tema, sin embargo, el riesgo de conseguir información errónea también es elevadísimo. Internet es un arma de doble filo en cuanto a la interpretación de sueños y visiones, es mejor dedicarse a traducir el mensaje mediante las herramientas espirituales que nos enseña la palabra para que el resultado sea fidedigno.

9) No cualquier persona puede interpretar sueños.

Debido a que los sueños son una de las formas directas en la que el Señor se comunica con los seres humanos, los intérpretes no pueden ser aquellos que actúan en contra de la voluntad de Dios o que usen prácticas antibíblicas para ello. Es incompatible la interpretación de los mensajes celestiales con ejercicios ocultistas. No hay manera en la que personas impías logren comprender de manera correcta lo que el Señor está intentando decirle a alguien, a tal grado que puedan ser intérpretes confiables. Carece de sentido y aún va en contra de las propias Escrituras. De forma reiterada, el Altísimo mandó a su pueblo a estar en contra de quienes practicaban la adivinación, la hechicería, el hablar con muertos y gran infinidad de ejercicios paganos entre los que estaba también la falsa interpretación de sueños por vías incorrectas. El propio Daniel señaló con claridad, que el conocimiento del enigma detrás del sueño de Nabucodonosor sería imposible para todos sus sabios babilónicos.

Daniel 2: 27-28a

Daniel respondió al rey diciendo: El misterio que el rey demanda, ni sabios ni astrólogos, ni magos ni adivinos lo pueden revelar al rey. Pero hay un Dios en los cielos que revela los misterios, y él ha hecho saber al rey Nabucodonosor lo que ha de acontecer en los últimos días.

La descripción bíblica hacia estas «alternativas» de interpretación es muy clara y contundente, no es válido para un creyente buscarlas bajo ninguna circunstancia. Sumado a ello, los propios cristianos deben ser conscientes de que no todos van a poder interpretar sueños. Al ser esto un don del Espíritu Santo, esta habilidad se encuentra sujeta a quienes el Señor se las ha entregado. No basta con ser un buen creyente para argumentar que se es un descodificador de sueños, el Eterno debe impartir esa capacidad sobre quienes él tenga misericordia.

I Corintios 12: 29-31a

«¿Son todos apóstoles? ¿Son todos profetas? ¿Son todos maestros? ¿Hacen todos milagros? ¿Tienen todos dones de sanidad? ¿Hablan todos lenguas? ¿Interpretan todos? Procurad, sin embargo, los dones mejores».

Una de las herramientas de interpretación, que se expondrán más adelante, señala que entre las claves para entender un sueño está la prudencia para compartirlo. Andar desesperado buscando quién pueda traer luz sobre lo desconocido puede provocar el efecto contrario al deseado. Esa «comezón por oír» descrita por Pablo a Timoteo también aplica en estos casos, ya que la gente termina siguiendo a quienes pueden alimentarles sus deseos y necesidades carnales. Personas hambrientas por descubrir los enigmas de sus experiencias pueden terminar atrayendo a la gente incorrecta, aun dentro del mismo pueblo de Dios. No todos pueden interpretar, y especial cuidado merecen quienes se autoproclaman con ese don, ya que algo que procede del Espíritu no necesita publicidad, porque él mismo es el que se encarga de honrar a los suyos.

10) El «sueño profundo» que cae sobre los hombres.

Si bien no hay ningún elemento bíblico que permita saber con certeza por qué algunas personas tienen mayor facilidad que otras para permanecer en un sueño profundo, a pesar de las distracciones o ruidos a su alrededor, sí hay dos pistas recurrentes en las Escrituras que ayuda a dar respuesta a algunos casos.

La primera de esas posibilidades es la carnalidad del durmiente, en especial cuando la persona debe estar alerta en lugar de estar descansando. En otras palabras, cuando una persona tiene que estar despierta y en lugar de ello duerme, existe un problema espiritual de fondo. En las Escrituras encontramos muchísimos casos que nos confirman esta idea. Por ejemplo, en dos casos citados en el primer rubro de esta lista; tanto Jonás como Saúl, no estaban dentro del plan perfecto del Eterno. Su actitud rebelde y su espíritu insensible a la voz del Altísimo podrían dar una posible explicación al fenómeno. Dentro de esa misma idea está el asesinato de Is-boset, quien fue víctima de la imprudencia de su sierva. Ella debía estar atenta a cualquier ingreso de extraños a la casa de su señor, no obstante, se quedó profundamente dormida al punto de que ni se percató de lo que sucedía. Con notoriedad, ella no tenía ningún sentido de alerta o protección por el sitio a su cargo. Logró darse cuenta de lo ocurrido, solo hasta que el asesinato ya había sido consumado.

II Samuel 4: 6-7

La portera de la casa se había quedado dormida mientras estaba limpiando el trigo; y fue así como Recab y Baana, su hermano, se introdujeron en la casa. Cuando entraron en la casa, Is-boset dormía sobre su lecho en la alcoba; lo hirieron y lo mataron; luego le cortaron la cabeza y tomándola caminaron toda la noche por el camino del Arabá.

La guardiana de la puerta incumplió su deber a un alto costo. Su vagabundería se transformó en el momento oportuno que los enemigos de Is-boset encontraron para asesinarlo. De manera simbólica, ese espacio de oportunidad fue creado por la misma portera al darse el lujo de dormirse.

Otro ejemplo que refuerza esta posible explicación de porqué la condición espiritual pecaminosa de una persona puede impedir que se despierte con facilidad es el caso de Sansón. Según está documentado, su novia Dalila repetidas veces le pidió que le confesara el secreto de su fuerza. En los primeros casos, que fueron engaños de Sansón a su mujer, es notorio que ella logró atarlo primero con siete mimbres secos, luego con cuerdas nuevas y la tercera vez hacerle un entretejido con su cabello y los hilos de un telar, que posterior debía asegurar con una estaca. Resultaría casi inimaginable creer que una persona con un sueño normal no pueda darse cuenta de ninguno de estos actos mientras descansa. Y si a todo esto se le añade que al final Dalila mandó no solo a cortarle el pelo a Sansón, sino a raparlo, es todavía más difícil de explicar. Lo único que podría traer una respuesta es la hipótesis que acá se expone, la cual plantea que la persona tiene una fuerte insensibilidad espiritual. A pesar de que Sansón era el escogido por Dios para rescatar a su pueblo era muy notorio que ya había perdido la brújula. Sin recato alguno se había dejado seducir por mujeres impías, lo cual a posterior le pasó una alta factura.

Otro dramático ejemplo es el del joven que cayó en un «sueño profundo» mientras el apóstol Pablo predicaba de manera prolongada, (He 20: 9). Según está explicado en la palabra, aquel muchacho no se dio cuenta de que a raíz de su sueño estaba cayendo en un abismo, error que luego le produciría la muerte. Desde un punto de vista natural, este suceso podría explicarse diciendo que el joven estaba a lo sumo cansado o quizá aburrido, mas desde una perspectiva espiritual lo que este varón reflejó fue una profunda inmadurez. Para quien haga un estudio superfluo de la Biblia, una conclusión como esa podría resultar ingrata, pero para quien alguna vez ha tenido que ministrar en público esto es una gran verdad. En realidad, es frecuente encontrarse personas en las congregaciones, que solo unos segundos después de que el predicador ha tomado la palabra empiezan a bostezar y en el peor de los casos hasta cabecear. Junto con la enorme falta de respeto que esto significa para quienes han tenido que soportar a un público en esta condición, resulta notorio que la actitud soñolienta nada tiene que ver con la velocidad del predicador o el calibre del mensaje, sino con la insensibilidad espiritual de la persona. Apartando problemas físicos o de edad, que algunos podrían aquejar, es raro que quien tenga esta clase de problemas con el sueño durante los cultos sea uno de los líderes principales del ministerio o de la gente más activa dentro de la iglesia. Por lo general, quien padece de soñolencia durante las reuniones, también la tiene de manera espiritual.

Aunque quizá haya quienes se molesten por sentirse identificados, es muy posible que tales problemas con esa clase de sueños tengan una raíz en el campo espiritual, más que en el natural. El apóstol Pablo refuerza esta teoría cuando exhorta a los efesios con firmeza y compara su condición de letargo espiritual con el permanecer dormido.

Efesios 5: 14-17

Por lo cual dice: Despiértate, tú que duermes y levántate de los muertos, y te alumbrará Cristo. Mirad, pues, con diligencia cómo andéis, no como necios sino como sabios, aprovechando bien el tiempo, porque los días son malos. Por tanto, no seáis insensatos, sino entendidos de cuál sea la voluntad del Señor.

La interpretación que podría tener la expresión del apóstol Pablo, fácil puede ser entendida como una condición espiritual de adormecimiento, pero según lo expuesto en los ejemplos anteriores, también podría ser aplicable en el ámbito natural. Permanecer sumergido en el sueño a pesar de que se esté en peligro o se ponga en riesgo la vida de otros no es un buen síntoma. Es saludable y bíblico tener un descanso plácido; sin embargo, el sueño que persiste a pesar de los peligros o distracciones no es una buena señal. Es más, Salomón relaciona ese «sueño profundo» con la vagancia de una persona irresponsable.

Proverbios 19: 15

«La pereza hace caer en profundo sueño y la persona negligente padecerá hambre».

El caso más dramático entre todos los citados quizá sea el de Abraham, a quien le sobrevino un «profundo sopor», traducido también como «sueño profundo». Según está documentado, mientras el hombre de Dios protegía su ofrenda a Jehová, aves de rapiña rodearon los cuerpos muertos buscando comérselos, y a la caída del sol Abraham cedió al cansancio. Aquello provocó una sentencia negativa de parte de Dios, quien le anunció que su descendencia sería esclava en tierra lejana. A muchos las palabras del Eterno les podrían parecer en extremo drásticas; sin embargo, son también reveladoras. ¡Cuánta gente por pestañear en un momento incorrecto pierde un trabajo, una oportunidad valiosa o la riqueza de toda una familia! Estar dormido en un momento incorrecto puede traer nefastas consecuencias.

Dormitar cuando hay que permanecer velando, puede acarrear una maldición, como le sucedió a Abraham, por lo tanto, hay que estar apercibidos siempre.

Basado en los conceptos esbozados, se puede ampliar la perspectiva de lo que retrata el profeta Isaías con respecto a los profetas y videntes de la nación israelita. Él argumentó que por culpa de «un espíritu de sopor» enviado del cielo, estos personajes fueron impedidos de recibir los diseños del Señor para ser expresados (Is 29: 10). En este caso, al igual que en el de Abraham, algunas traducciones dicen que este fenómeno espiritual era algo semejante a un «profundo sueño», lo cual hace recaer en la misma idea.

Al leer sobre esos soñadores difíciles de despertar, quizá la incomodidad o hasta molestia embargará a más de uno, por lo tanto, es válido reiterar que no se busca con esto crear una doctrina radical, ni una persecución en contra de los dormilones, pero sí darle explicación bíblica a algunos fenómenos que le ocurren a muchos en la cotidianidad. Nunca está de más revisar con minuciosidad delante del Señor el estado espiritual en el que cada quien se encuentra, ya que algunas veces los síntomas físicos no son otra cosa que el reflejo de lo espiritual. Como es lógico, habrá miles de explicaciones médicas de porqué una persona es soñolienta, gusta de permanecer dormida o le cuesta despertar cada mañana. Sin embargo, es responsabilidad de quienes son hijos de Dios examinarse en su presencia para que sea él quien escudriñe los corazones y haga a cada uno apartarse de su error. De manera lamentable, algunos usan los dictámenes médicos para justificar acciones, que con la mano del Señor y un esfuerzo disciplinado podrían superar. En definitiva, el sueño es una hermosa herramienta empleada por el Espíritu Santo para hablarle al corazón de las personas, como antes se mencionó, gustar del descanso en exceso o ser soñoliento no es un reflejo de una vida cristiana saludable.

Por otra parte, al retomar la segunda explicación posible para los «sueños profundos» nos encontramos que también podrían ser el resultado de la voluntad divina. Según se puede extraer de ciertas experiencias en las Escrituras, alguien logra sostener el sueño a pesar de lo que sucede a su alrededor como parte de un diseño celestial, que está siendo desarrollado. Hay tres casos muy puntuales donde el Padre celestial intervino de manera directa para evitar que alguien despertara haciéndolos entrar en un «sueño profundo» Uno de ellos ya ha sido mencionado en esta misma sección. Saúl siendo rey de Israel fue impartido con un profundo sueño para que no se despertara, mientras David hurgaba entre sus cosas. Si bien el plan de Dios no tenía que ver con Saúl, sí involucraba a David, debido a eso el Señor impidió que su vida corriera peligro.

El segundo ejemplo también ha sido mencionado con anterioridad, el Eterno provocó un «sueño profundo» en Adán para crear a su futura mujer. Es claro que esta clase de descanso no era normal, debido a que se estaba produciendo un proceso quirúrgico. El Señor se mostró como el principal interesado en llevar al hombre a ese estado de absoluta hibernación. No oía, ni miraba ni sentía nada como resultado de la inducción de Dios. En tercer lugar, está el caso del profeta Daniel quien cayó también en un «profundo sueño» luego de escuchar la voz del Altísimo; (Dn 10: 9). De acuerdo a la narración bíblica, justo después de caer en ese estado, el vidente fue levantado para recibir una revelación del cielo. Es válido interpretar que aquella clase de sueño intenso era permitido con el fin de impedir que alguna distracción natural obstaculizara el mensaje. Relacionado también con esa clase de vivencia están los denominados «éxtasis», de los que la Biblia retrata varios ejemplos. Este fenómeno espiritual tendrá más adelante en este libro un capítulo completo, ante lo cual podemos resumir que estos podrían concebirse como: los sueños provocados de forma directa por el Señor.

Frente a esas dos posibles explicaciones sobre el «sueño profundo» o «profundo sopor» se puede deducir que dicho estado es el reflejo de una condición espiritual. Esa conclusión no varía por causa de la aparición de algún síntoma fisiológico; aquello puede evidenciar un conflicto espiritual o un trato directo del cielo con esa persona. En dado caso que el problema tenga relación con el consumo de medicamentos, tendría que valorarse desde otra perspectiva, no obstante, darles paso a las justificaciones médicas en lugar de valorar las razones espirituales puede perpetuar un padecimiento o causar una adicción farmacéutica innecesaria. Si cae usted de manera frecuente en esta condición, lo invito a que escudriñe su vida con honestidad. ¿Es usted una persona perezosa en el sentido espiritual? ¿Acostumbra usted a leer la palabra, orar, ayunar o vigilar? Si todas sus respuestas fueron negativas y con frecuencia sufre usted de soñolencia durante las reuniones de iglesia no se engañe usted mismo. Deje de buscar justificaciones patológicas y sincérese con el Espíritu Santo, pídale que le ayude a salir de ese estado para dar paso a un avivamiento en su corazón. Si es usted lo bastante humilde para hacerlo, le garantizo que le será de gran ayuda para luego dar los primeros pasos en el descubrimiento del tipo de experiencias que usted está teniendo.

11) Dormir eternamente es sinónimo de plenitud.

De forma muy constante, las Escrituras hacen alusión a un sueño que va más allá del descanso diario. De forma recurrente, en los libros históricos de Reyes se expresa que cada gobernante israelita «dormía con sus padres» para manifestar que había fallecido. Esa expresión, como se ahondará en este rubro, no es solo una forma elegante de hablar de la muerte, es un principio espiritual asociado al descanso eterno, pero que al mismo tiempo refleja otro muy importante, el sueño diario.

Cuando la palabra hace mención al descanso o el sueño en relación con la muerte, lo hace para expresar el estado previo del espíritu antes de la resurrección. Ya fuera porque esa persona sería levantada en breve o porque esa resurrección estaba diseñada para el tiempo de la segunda venida de Cristo. Del primer caso mencionado, hay varios ejemplos bíblicos como el de Lázaro: (Jn 11: 11-15) o la hija de Jairo en (Mr 5: 39), de quienes Jesús dijo que solo estaban descansando, aunque la sintomatología decía que habían fallecido. En torno a ambos existía todo un ambiente de desespero en los familiares. Llanto, lamento y aflicción rodeaban las repentinas desapariciones, y para algunos sería normal la actitud de Jesús de intentar aquietar las aguas al asegurar que estaban durmiendo. Sin embargo, el hecho de que lo haga en situaciones diversas debe despertar la reflexión. ¿Sería posible que los dos se encontraran realmente en una condición espiritual semejante al sueño del cual debían ser levantados? ¿Era solo una alegoría de Jesús o su comparación testificaba que el estado previo a la plenitud es un fenómeno semejante al sueño? Es probable que las dos posibilidades sean correctas, pero para efectos de este libro abrazaremos la última alternativa, ya que en las Escrituras existen otros textos que nos permiten afirmar esta idea.

I Tesalonicenses 4: 13-15

Tampoco queremos, hermanos, que ignoréis acerca de los que duermen, para que no os entristezcáis como los otros que no tienen esperanza. Si creemos que Jesús murió y resucitó, así también traerá Dios con Jesús a los que durmieron en él. Por lo cual os decimos esto en palabra del Señor: que nosotros que vivimos, que habremos quedado hasta la venida del Señor, no precederemos a los que durmieron.

El apóstol Pablo intenta explicarles a los tesalonicenses los misterios que ocurren cuando el espíritu termina su cautiverio carnal para desplazarse a la eternidad. El hombre de Dios plantea que la fase en la que los santos permanecen mientras Cristo se manifiesta en gloria es similar al sueño. Es evidente que no se refiere a un descanso carnal, sino integral de sus espíritus, porque hay una promesa profética expresa de resurrección. Si bien este documento no pretende entrar en controversias sobre la condición en las que las almas esperan la llegada del Día de Jehová, sí quiere plantear la posibilidad de que el sueño diario es un proceso creado por el Señor con un fin supremo.

Cuando el apóstol Pablo compara la vida después de la muerte con el dormir, podría ser más que el intento de hacerle entender a nuestra mente lo que sucede en el más allá. De manera clara, esta relación abre una puerta de interpretación para pensar que el sueño diario podría ser una de las vías naturales que le permite al espíritu de cada persona volver a un estado primario de formación. Dicho de otra forma, el descanso nocturno permite las condiciones necesarias para que el espíritu humano retome su estado más elemental, ya que sus capacidades sensoriales naturales no están operando, solo está funcionando el espíritu. Esa realidad, solo se presenta cuando dormimos. A causa de esta situación podemos estar más receptivos hacia el universo invisible, que hacia el mundo visible.

Es evidente que, al plantear esta idea, parto desde un punto a lo sumo primitivo, puesto que, en la actualidad, las sociedades, en su mayoría, rechazan la asociación del sueño con un mensaje divino, y a su vez, existe un sinfín de alterantes que imposibilitan esa conexión. A pesar de ello, no es descartable que el sueño cotidiano no solo sirva para reposar el cuerpo, sino también como una especie de anuncio de la condición en la que se encontrará el espíritu humano cuando su carne haya muerto. Así como las distracciones sensitivas no están en juego cuando soñamos, el día que hayamos partido a su presencia tampoco «habrá más muerte ni habrá más llanto, ni clamor, ni dolor» (Ap 21: 4b), así como «no habrá más noche, ni tienen necesidad de luz de lámpara, ni de luz del sol» (Ap 22: 5a). ¿Sería el propósito que impulsaría a Dios para permitir algo así? Uno simple y complejo al mismo tiempo. La razón tendría fundamento en la interminable pasión que mueve al cielo para tener comunión con la tierra.

Al hacer un análisis de todas las Escrituras se logra entender que cada movimiento celestial se realizó en base al interés supremo de reconectar a los hombres con su Creador. Usando esa perspectiva, no es descabellado imaginarse que, al establecer el sueño en las personas, el Señor pretendiera reservarse un espacio de tiempo en la vida de cada uno para que el ruido diario, las voces alrededor y los recuerdos no existan, permitiendo de esa forma que la atención del espíritu humano pueda estar enfocado de manera exclusiva en él. De forma evidente, esto es posible solo cuando hay una vida íntegra, de oración, ayuno, adoración y entrega al Padre. En otras palabras, cuando los sentidos espirituales han sido ejercitados esto es algo posible, de lo contrario, esa ministración es en realidad difícil a menos que exista una verdadera determinación divina.

Un concepto como el planteado debe abrir la conciencia del lector para entender que la hora de dormir para el creyente tiene dos objetivos: el primero; es descansar, pero el segundo; es ser ministrado por su Padre maravilloso. De ello es que el apóstol Pablo plantea la importancia de que el descanso del creyente debe ser concebido desde una perspectiva muy distinta a la del impío. El siervo alerta a los hijos de Dios para que se preparen de forma debida antes de acostarse.

I Tesalonicenses 5: 6-8

Por tanto, no durmamos como los demás, sino vigilemos y seamos sobrios, pues los que duermen, de noche duermen, y los que se embriagan, de noche se embriagan. Pero nosotros, que somos del día, seamos sobrios, habiéndonos vestido con la coraza de la fe y del amor, y con la esperanza de salvación como casco.

Como los demás y luego hacer alusión a la vigilia, lo que Pablo está planteando lo hace en varios sentidos espirituales. El primero que expone es que el creyente necesita preparar su descanso. ¿Cómo? A través de un devocional nocturno o vigilia. Los hijos de Dios no pueden dormir como el resto, porque su naturaleza redimida les da la posibilidad de ser impartidos por el cielo mientras sueñan. Lo segundo que plantea Pablo es que el sueño del creyente debe hacerse estando revestido de la armadura de Cristo, que, en este caso, está representada en la coraza y el casco. Ambos elementos no son citados de forma casual, remiten a dos factores que podrían alterar los sueños divinos: el cuerpo humano o el alma (coraza) y la mente (casco). La instrucción del apóstol de los gentiles es clara:

«Prepárense para el descanso, porque gracias a su misericordia esta noche podrían ser ministrados por el Altísimo».

Romanos 13: 11-12

Y esto, conociendo el tiempo, que es ya hora de levantarnos del sueño, porque ahora está más cerca de nosotros nuestra salvación que cuando creímos. La noche está avanzada y se acerca el día. Desechemos, pues, las obras de las tinieblas y vistámonos las armas de la luz.

Elohim no tiene problema alguno para hablar en cualquier instante, ya sea a través de la voz de un niño o un asno, sea de día o de noche; el deber de sus siervos es estar apercibidos y preparados para captar el mensaje de manera idónea. Desde la caída de la humanidad en el Edén, el Padre celestial diseñó vías para tener comunión con sus hijos, lo que corresponde a cada uno es habilitar esos canales y luego emplearlos. El sueño dentro de un contexto cristiano no puede ser visto solo como un medio de reposo, representa mucho más que eso.

Desde una perspectiva bíblica, el sueño es la oportunidad cotidiana premeditada por el Creador para ministrar a los seres humanos de manera constante. Enmarcar este tipo de vivencias o el período donde son mostradas dentro de un contexto de descanso tan solo logrará que se atenúen como manifestaciones divinas. No deja de ser importante mencionar también que este concepto no pretende hacerle pensar al creyente que todas las noches de su vida va a recibir sueños divinos. Ese pensamiento tampoco es saludable, sin embargo, sí deseo hacerle consciente de que puede suceder en cualquier momento. Debemos comportarnos como la novia que está a la espera de la visita de su enamorado. Ella mientras se arregla se fija permanentemente por la ventana para ver sí él ya llegó y no dejarlo esperando en la puerta. Esa misma pasión debe mover a los creyentes cada vez que se acuestan, debemos prepararnos todas las noches de nuestra vida, porque cualquiera de ellas podría convertirse en la temporada de nuestra visitación.

Alguna vez oí a un predicador que enseñaba diciendo: «La unción que reconoces será la que te ministre». Un mensaje que aplica también en el caso de los sueños, puesto que, si somos capaces de reconocer que el Espíritu Santo puede hablarnos a través de ellos, él lo hará. Y como todo principio, también puede ser invertido..., la unción que seas incapaz de reconocer jamás podrá ministrarte.

CAPÍTULO III
Los afluentes del gran río profético

A través de toda la palabra hay diversas maneras en las que el oficio del profeta es descrito. Dependiendo de sus funciones y características, el idioma hebreo remite a distintos conceptos según la forma en la que se recibe o se expresa la profecía. En los textos originales hay una diferencia conceptual cuando alguien recibe la palabra profética por voz audible, sueño o visión. Eso permite comparar al mover profético con un gran torrente de aguas, que podríamos denominar «el gran río profético» del cual se desprenden diversos afluentes. Algo semejante a la corriente que salía del huerto del Edén, que luego se transformaba en cuatro brazos que se extendían por distintas partes, con diversas formas y aun con diferentes nombres: Pisón, Gihón, Hidekel y Éufrates. Según se explica, todos esos ríos pertenecían a la misma corriente primaria, pero al mismo tiempo eran cinco aguas distintas entre sí.

En el recorrido que los ríos debían atravesar, iban tomando características propias gracias a los minerales encontrados a su paso, la naturaleza de los suelos que les canalizaban y hasta las condiciones topográficas que debían enfrentar. Al terminar en el mar, cada uno de esos afluentes lo hacía con características muy distintas unos de otros, como hermanos nacidos de una misma madre, pero que al madurar van dejando aflorar sus particularidades. Ninguno de los cuatro afluentes que provenían del principal podría subsistir sin el primero, aunque los cinco eran distintos en su totalidad. Esas corrientes, de manera evidente, en su camino tomarían múltiples composiciones y caudales, mas seguían perteneciendo en su nacimiento al mismo río. En otras palabras, eran cinco ríos, aun así, también eran uno solo.

El profeta Chuck Pierce en su libro: *Cuando Dios habla* expone las cinco variantes del oficio del profeta, de las cuales hay referencia bíblica en el hebreo original. Esa peculiaridad del oficio profético nos permite recaer de nuevo en la comparación del mover profético con un gran río del cual se abastecen diversos brazos de aguas:

1) Afluente Nabi o Nabiy.

Es la palabra que con mayor frecuencia se utiliza para describir a un profeta. Según Pierce el concepto va relacionado con «revelar» y significa que «alguien proclama, anuncia, declara o pronuncia comunicaciones, o que es un portavoz o heraldo». Jim W. Goll en su libro *El vidente* plantea que: «un profeta nabiy es una persona que habla en representación de un superior», quien sin duda es el propio Dios. Entre los ejemplos bíblicos se encuentran los siguientes:

Deuteronomio 34: 10

«Nunca más se levantó un profeta (nabiy) en Israel como Moisés, a quien Jehová conoció cara a cara».

Jeremías 1: 5

«Antes que te hormara en el vientre, te conocí, y antes que nacieras, te santifiqué, te di por profeta (nabiy) a las naciones».

De alguna forma, esta manifestación del «Gran río profético» es la más popular dentro de la Iglesia moderna. Las herramientas con las que recibe la profecía el naiby, con regularidad, son más fáciles de asimilar, ya que, por lo general son activadas a través de la fe. Esa particularidad sobre la que opera el profeta nabiy lo convierte en un mensaje que de forma humana es más sencillo de transmitir, si se le compara con otros casos que citaremos más adelante. Esta tendencia de la unción profética tiende a revelarse tanto de manera verbal como audible. Goll detalla que:

Los profetas de este afluente trabajan frecuentemente en la pluralidad del liderazgo. Individuos maduros, tanto hombres como mujeres de Dios, ministran con imposición de manos, y dan profecía en forma personal o corporativa, según les sea revelado. Este ministerio utiliza los dones de lenguas y la interpretación de ellas, profecía y palabra de ciencia.

En síntesis, el naby es aquel que logra agudizar su oído espiritual a tal punto que puede entender las palabras que el Cielo está declarando para la tierra y luego comunicarlas mediante dones verbales.

2) Afluente Roeh o Ra'ah.

Es la perfecta traducción de la palabra: «vidente», oficio que se caracteriza porque Dios se revela de forma gráfica. Para Pierce es «el más malentendido de los tipos proféticos, los videntes son quienes tienen visiones o impresiones visuales». Una advertencia acertada, ya que al vivir dentro de una cultura paganizada el término «vidente» está distorsionado en su totalidad. Para una amplia mayoría, aún de creyentes, el vocablo está relacionado con la adivinación. En parte por ignorancia y otra por temor, la Iglesia ha dejado de lado esta hermosa manifestación profética, la cual echa mano de los sueños y las visiones para expresarse.

Por su parte, Goll asegura que este término significa textualmente «ver» y señala que «los verdaderos videntes son profetas, pero no todos los profetas son videntes». Si el profeta nabiy se desarrolla en una esfera «comunicativa» el vidente roeh se desenvuelve en una «receptiva». Para el Ra'ah es importante concentrarse en la experiencia visual o el medio (sueños, visiones, impresiones del Espíritu, etc.), a través de las cuales percibe el mensaje celestial ya que es un «visualizador» por antonomasia, mientras el naby debe enfocarse en la palabra activa que recibe, para luego compartir el mensaje de Dios, porque su primera responsabilidad es ser un excelente escucha y posteriormente un perfecto comunicador. Pierce añade sobre esta corriente profética que «pueden mirar algo y recibir un mensaje sobrenatural por medio de esa imagen».

Un texto que ejemplifica a la perfección las dos manifestaciones en las que se mueven profetas y videntes está en Is 30: 9-10 que dice: «Porque este pueblo es rebelde, son hijos mentirosos, hijos que no quisieron oír la ley de Jehová; que dicen a los videntes: No tengáis visiones, y a los profetas: No nos profeticéis la verdad, sino decidnos cosas halagüeñas, profetizad mentiras». El verso evidencia con claridad la variante en la que se movían en la antigüedad profetas y videntes. Los primeros mencionados fluían en la esfera visual, mientras que los segundos desarrollaban la exhortación verbal.

«La unción del vidente enfatiza las visiones y los dones de revelación mezclados con el don de discernimiento de espíritus, en vez de los dones audibles o verbales», explica Goll. Eso representa que el fluir de este caudal profético será más lento que el anterior.

Debido a que el roeh primero debe digerir lo que observa para luego trasmitirlo, puede ser que, dependiendo de lo complejo del sueño o la visión necesite algún tiempo para comunicarlo. Una marcada diferencia si se compara con el nabiy, el cual puede fluir casi de forma simultánea mientras recibe la profecía. A criterio personal, lo mejor que le puede suceder a un profeta es lograr moverse con facilidad entre estos dos afluentes, ya que son complementarios; sin embargo, hay testimonios vivenciales que aseguran que esto no es tan fácil. Así como cada persona nace con un tipo distinto de memoria, donde algunos la tienen gráfica y otros auditiva, de igual forma hay quienes poseen facilidades innatas para nadar en la vertiente visual y otros en la corriente verbal. Lo expuesto quizá libere la carga de muchos profetas roeh, quienes se pueden haber visto obligados a fluir en la esfera verbal sin que esa sea con necesidad su facilidad, puesto que en la mayoría de las iglesias es la unción naby la que predomina. Esto de manera notoria no es un pecado, solo una particularidad, ya que los roeh tienen en las visiones y los sueños su fuente primordial de revelación profética. Con esto tampoco se está planteando que es imposible lograr ser roeh y naby de forma simultánea, un ministro maduro debe «ambicionar los mejores dones», como motivó Pablo a los corintios. Eso significa que sin importar la naturaleza del afluente profético a través del cual Dios nos habla con mayor frecuencia, por ser todos de la misma naciente debemos saber movernos en cada uno sin distinción alguna.

Esta perspectiva del afluente roeh debe ampliar el entendimiento espiritual de muchos mentores proféticos naby, que deberán lidiar con hijos espirituales videntes. Cuando un discípulo con frecuencia recibe visiones o sueños no necesariamente es un mal síntoma. Puede ser solo el reflejo de la forma en la que Dios se revela en su vida. Lejos de regañarle o desalentarle sus experiencias, el maestro responsable buscará la manera de canalizar esa corriente profética de la mejor manera, aunque no sea la suya propia.

3) Afluente Chozeh.

Puede traducirse igual como vidente, pero en este caso tiene una connotación de guardián. Según Goll la traducción es «un observador en visión» o «contemplador u observador de estrellas». En los escritos originales, este vocablo es, en su mayoría, asociado con el servicio al rey que gobernaba. Era normal que los reyes israelitas, que amaban la voluntad de Dios, tuvieran sus propios videntes o *chozeh* y en el caso de los gobernantes que se paganizaban, el Señor se encargaba de enviárselos. Como ejemplos están Gad, quien servía a David (I Cr 21: 9); Samuel quien estuvo junto a Saúl y David (I Sam 9: 9-18; y I Cr 9: 22); Hemán de David (I Cr 25: 5); Iddo quien estuvo delante de Roboam y Jeroboam (II Cr 12: 15; y II Cr 9: 29); Hanani para con Asa (II Cr 16: 7-10), Jedutún para David (II Cr 35: 15). La relación entre los profetas *chozeh* y los gobernantes bíblicos siempre fue muy estrecha, ya fuera para alentar o exhortar.

Goll explica que:

La dimensión del vidente describe otro aspecto en que la operación profética ocurre. Hablando en términos generales, los videntes son personas que ven visiones de una manera consistente y regular. La mayor parte del tiempo su unción profética es más visual que auditiva. En vez de recibir palabras que puedan repetir o con las que puedan "fluir", frecuentemente ve imágenes que describir. Esas imágenes pueden venir en forma de visiones estando despiertos, o sueños mientras duermen.

Es muy probable que la transmisión de esas «fotografías» espirituales les permitían a los gobernantes tomar decisiones sabias y apegadas a la voluntad divina. Vivo ejemplo ocurre cuando el Señor habla a Gad, el vidente de David, el cual interviene en la constitución de levitas dentro del Templo de Jehová (II Cr 29: 25). De igual forma, Gad alerta al monarca sobre lo que sucedería en la nación por culpa de su pecado (II Sam 24: 11-15). El Eterno le dio tres opciones para que el rey escogiera una, aunque era una represión, el aviso de Jehová mediante el vidente le permitió apercibirse de lo que sucedería sobre el país.

En definitiva, la capacidad de ver los acontecimientos del cielo abrirá puertas en la tierra, que nadie podrá cerrar. De igual manera, como Daniel y José se sentaron sobre los tronos de los imperios más grandes de su época, sin duda, hoy Elohim está aguardando para colocar a sus videntes en las esferas de gobierno de las naciones modernas. ¡Aleluya!

4) Afluente Shamar.

Es una palabra hebrea que puede traducirse como «vigilante, vigía o atalaya». En la descripción de Pierce sobre este concepto se explica que este vocablo «tiene una connotación tanto defensiva como protectora, y una aplicación ofensiva o agresiva, siendo más prominente el aspecto defensivo de las Escrituras. Esos profetas vigilaban la palabra de Dios y tenían una sabiduría tremenda para caminar en la vida», explica Pierce. De esta clase de función profética hay varias descripciones en las Escrituras, por ejemplo; ocurre cuando Daniel revisó «atentamente en los libros el número de los años de que habló Jehová al profeta Jeremías, en los que habían de cumplirse las desolaciones de Jerusalén: "setenta años"», (9Dn 9: 2). Registra la palabra que al darse cuenta el profeta de que el tiempo del cumplimiento de la profecía había llegado, volvió su rostro hacia su Hacedor mediante oración, clamor, ayuno y luto (Dn 9: 3). En otras palabras, el vidente no se sació con que la hora señalada de la liberación estaba llegando, él intercedió en oración para que la manifestación se acelerara. «Un vigilante o atalaya velo que se acerca y lo vincula a la promesa de Dios, intercediendo hasta que sea logrado», añade Pierce.

Con frecuencia la función del shamar es dar una voz de alerta, ya sea para proteger, exhortar, salir a la batalla o celebrar la victoria. Su responsabilidad es tan importante como en los tiempos antiguos, donde el culpable de un ataque inesperado era quien vigilaba. No era válido dormirse ni siquiera cabecear, porque en el instante menos esperado el enemigo podía estar a las puertas de la ciudad. El testimonio de lo anterior se ve reflejado cuando Dios sienta sobre los hombros de Ezequiel la obligación de ser vigilante profético para Israel (Ez 3: 16-21). Su deber era estar atento a la voluntad del Eterno para luego comunicarla sin reparo ni tardanza a los hebreos.

5) Afluente Nataph.

Esta palabra de origen hebreo significa 'predicar', «caer como el rocío del cielo», «hablar por inspiración divina». Según se podría entender en nuestros días esta clase de manifestación profética es de carácter público y masivo. «Este tipo de profecía generalmente se hace desde un púlpito o en un lugar abierto, o es una palabra profética dada en forma de exhortación», detalla Pierce. En alusión a esta manifestación profética, las Escrituras documentan en varias ocasiones que del cielo «destilaría» la manifestación del Todopoderoso.

Isaías 45: 8

«Rociad, cielos, desde arriba, y las nubes destilen la justicia; ábrase la tierra y prodúzcanse la salvación y la justicia; háganse brotar juntamente. Yo, Jehová, lo he creado".

Joel 3: 18

«Sucederá en aquel tiempo, que los montes destilarán mosto, de los collados huirá leche y por todos los arroyos de Judá correrán las aguas. Saldrá una fuente de la casa de Jehová y regará el valle de Sitim».

Amós 9: 13

«Ciertamente vienen días, dice Jehová, cuando el que ara alcanzará al segador, y el que pisa las uvas al que lleve la simiente; los montes destilarán mosto y todos los collados se derretirán».

En todos los casos, este tipo de evidencia profética cae sobre las multitudes. «A medida que nos acerquemos a la restauración del Tabernáculo de David, comenzaremos a ver los cielos abiertos cada vez más y al pueblo de Dios viviendo en revelación», concluye Pierce.

Los distintos afluentes del río profético no revelan nuevos ministerios por ser establecidos, sino manifestaciones en las que deben crecer los profetas. En lo que atañe a este libro es destacable que varios de los torrentes proféticos están de forma íntima ligados a la unción del vidente. Eso plantea que los sueños junto a las visiones son herramientas valiosísimas para el fluir profético integral. Es responsabilidad de todas las partes amalgamarse bien; sin embargo, hay una carga especial sobre los profetas nabiy maduros, quienes deben velar para que las demás esclusas —roeh, chozeh, shamar y nataph— no se cierren. Deben ser conscientes de que la palabra: vidente y lo que esto implica se ha satanizado de forma generalizada en la Iglesia, por lo tanto, unirse a las voces de la ignorancia podría ser lo más sencillo, pero en definitiva no es lo mejor. Eso continuaría perpetuando una cultura de oscurantismo que en muchos ámbitos ha agobiado al cristianismo y mantuvo a muchos creyendo que los milagros cesaron, que el Espíritu Santo se había esfumado y que las manifestaciones de júbilo eran cosa herética. Por estos días la unción visionaria está en esa misma etapa, vista de reojo por la mayoría a pesar de que las Escrituras la documentan a la perfección.

Los sueños como herramientas proféticas no son una revelación nueva, ni muchos menos, es con simpleza una verdad aletargada en medio de una reforma integral, que implica muchas áreas. Por ello, los profetas deben ser los principales abanderados en defender la manifestación de los sueños espirituales, que es bíblica e indispensable para sus oficios. No se le puede regalar terreno al diablo, quien sin duda ha tergiversado el trabajo del vidente. El Cuerpo de Cristo ante la avanzada no puede retroceder, por el contrario, la meta debe ser reconquistar, tanto los conceptos como las manifestaciones proféticas visionarias.

CAPÍTULO IV
Diferencias y semejanzas

Como se ha expuesto en los primeros capítulos, las visiones y los sueños pertenecen a una misma línea profética: la videncia.

Las Escrituras, por lo general, involucran ambas manifestaciones de forma conjunta; sin embargo, para efectos de este libro es importantísimo trazar una línea clara para determinar los fenómenos que serán tomados en cuenta como sueños y cuáles quedarán fuera de este estudio por ser visiones. Sin duda más adelante, Dios dará la oportunidad de redactar un material que ahondará en el rubro de las visiones, pero para este caso el enfoque será exclusivo de los sueños.

Existen algunos casos bien explícitos dónde la denominación de sueño o visión es contundente, no obstante, hay otras que según el relato pueden divagar entre ambos fenómenos. En el caso de Jacob que observó una escalera por la cual subían y bajaban ángeles está, con claridad, entendido que fue un sueño, porque así es descrito (Gn 28: 12). Lo mismo ocurre con el profeta Daniel, quien testifica que miró en visión a un carnero y a un macho cabrío, lo cual se comprende de esa forma porque así lo manifiesta de manera puntual (Dn 8: 1-12). Bíblicamente hay momentos en los cuales la línea divisoria entre un sueño y una visión es tan delgada que podría resultar imposible distinguirlos. Dicha facilidad para confundirlas permite entender que lo importante no es la forma en la que llega el mensaje, sino la capacidad para descifrarlo. Ejemplo de ello es el propio Daniel, quien durante una de sus visiones se sintió tan extenuado que terminó dormido, tiempo en el que continuó la experiencia.

Daniel 10: 8-9

«Quedé, pues, yo solo ante esta gran visión, pero no quedaron fuerzas en mí, antes bien, mis fuerzas se cambiaron en desfallecimiento, pues me abandonaron totalmente. Pero oí el sonido de sus palabras; y al oír el sonido de sus palabras caí sobre mi rostro en un profundo sueño, con mi rostro en tierra».

Vale señalar que a diferencia de lo que muchos imaginarían, el descanso de Daniel no anuló su experiencia, por el contrario, la potenció. Caer rendido en un profundo sueño le permitió al Espíritu de Dios intensificar lo que le estaba mostrando. Algo similar ocurre con el profeta Zacarías. En medio de una experiencia mixta, que se trasladaba entre la visión y el sueño dio una explicación interesante:

Zacarías 4: 1

«Volvió el ángel que hablaba conmigo, y me despertó como a un hombre a quien se despierta de su sueño».

Quizá determinar si era un sueño o una visión sea irrelevante para muchos, pero para efectos de este estudio la meta es ahondar en temas como esos, ya que de ello depende parte del análisis por realizar. Cuando Zacarías da esa explicación acerca de su vivencia queda la duda en el aire si se refería a ser despertado de forma genuina o si fue despertado dentro del sueño, pero en la realidad seguía durmiendo. Patrones semejantes reflejan las palabras de Job cuando cita las «visiones nocturnas» (Job 4: 13; 20: 8 y 33: 15) o las «visiones de noche» de Jacob (Gn 46: 2-4), Daniel (Dn 2: 19); Zacarías (Za 1: 8) y Pablo (He 16: 9; 18: 9). Resulta bastante difícil asegurar que una experiencia es un sueño o una visión, si esta tiene lugar mientras la persona está acostada o como lo llama las Escrituras: «cuando el sueño cae sobre los hombres». La misma referencia de «visión nocturna o de noche» remite a un estado de sueño o al menos soñolencia en el individuo. Es por ello, necesario marcar primero las similitudes para luego separarlos en sus diferencias. Ese análisis ayudará a establecer los patrones sobre los que trabajará el resto del libro, abocándose a enmarcar lo que es una visión y lo que puede ser considerado un sueño. Entre las principales semejanzas que se pueden encontrar están las siguientes:

-Lenguaje del cielo:

Como se ha expuesto en líneas atrás, los sueños y las visiones están dentro del mismo rubro de las lenguas angélicas y las parábolas, son consideradas como parte del lenguaje codificado que emplea el cielo. Por el infinito conocimiento que las experiencias visionarias reflejan se permite a la mente humana tener pequeños vislumbres de su gloria. Transmiten conceptos a través de un idioma, que no es para todos comprensible, solo para quienes guardan una relación de comunión con el Espíritu de Dios.

-Carencia de lógica:

Debido al carácter simbólico de los sueños y las visiones, estas no guardan relación alguna con la realidad. A raíz del lenguaje en el que estos se manifiestan, sus mensajes siempre contienen signos multiformes. Pueden ser ángeles o demonios, números, bestias como las que observó el apóstol Juan, materiales con formas extrañas u objetos desconocidos. En ambas manifestaciones lo imposible puede volverse «real». Verse volando, caminando en la Luna o nadando en las profundidades marinas sin oxígeno no es descabellado si alguien se encuentra en medio de una experiencia visionaria.

Es a lo sumo normal que cuando una persona decide relatar algún sueño o visión, quienes le escuchan asumen de manera inconsciente que cualquier cosa puede suceder. Nadie les pregunta: ¿Cómo es posible que eso ocurra? ¿O por qué elegiste la derecha en vez de la izquierda?, o, ¿si sabías que te iban a perseguir por qué no huiste antes? Se sobreentiende que, dentro de los mensajes de este tipo, nada es inalcanzable ni raro. Cosa distinta sucedería si antes de comenzar el relato, la persona señala que aquello sucedió en realidad. El razonamiento humano haría aparición con cuestionamientos de todo tipo. En palabras sencillas, los sueños y las visiones carecen de toda lógica posible y esa cualidad es preciso la que les permite ejercer una función maravillosa dentro de la Iglesia. ¡Imagínelo! Un mensaje del cielo carente de la cordura humana. ¡Piénselo!

Dios compartiendo sus pensamientos sin que le pongamos obstáculos racionales a sus ideas. ¡Increíble! Y pensar que todo eso es posible a través de las visiones celestiales y los sueños que tenemos cada noche. Medite en el deseo que puede tener el Señor para expresarse en su propio idioma, dejando de lado nuestros códigos tan limitados. La pasión que puede tener el Eterno por mostrarles a sus hijos un pedazo de su grandeza es tan poderosa que decidió transmitirla a través de un lenguaje, donde no le puedan colocar barreras de ninguna especie.

-Mensajes encriptados:

La perspectiva bíblica considera que ambos son mensajes codificados del cielo para los hombres. En definitiva, ninguno de los dos, por más sencillo que parezca, es un lenguaje explícito. Como lo veremos en otro capítulo, es posible que la forma en la que se transmite el comunicado tenga una parte explícita a través de palabras comprensibles; sin embargo, su estado encriptado impide interpretarlo de manera superficial.

Todas las experiencias visionarias poseen elementos que podrían implicar un mensaje oculto. Sin importar si en la vivencia se oyen o no indicaciones concretas, cualquier símbolo puede darle una variante significativa a lo que a la mente humana le parece obvio. Ese símbolo puede ser algo tan simple como estar sentado o de pie, caminar o correr;

es infinita la posibilidad de signos que aparecen en una experiencia como esta. No es igual tener una vivencia donde la persona se encuentra frente a un hoyo y escucha una voz que nace del interior del hueco, a verse dentro de un agujero oscuro, escuchando una voz que viene desde lo alto. Aunque esa voz emita las mismas palabras, en los dos casos el contexto varía por completo una posible interpretación. Sin duda es una de las características más fascinantes que comparten ambos fenómenos y por la cual se pueden considerar, de manera práctica, hermanas de un mismo padre: el gran río profético.

-Necesitan ser traducidas:

Las dos necesitan una debida interpretación para ser comprendidas de forma racional, de lo contrario, es imposible entenderlas. Si alguien desea asimilar el mensaje que transmite un sueño o una visión necesita primero traducirlos a un idioma terrenal para que puedan edificar a quien lo escucha. Pretender que una vivencia como esta «hable por sí sola» es difícil, en especial porque al regirse por un código simbólico, la comprensión del mismo puede ser imposible o tan variada como la cantidad de mentes que la intenten procesar.

-Sujetos de alteración:

Los sueños y las visiones pueden ser alterados de forma externa por elementos alucinógenos, la alimentación del individuo, sus necesidades fisiológicas, sus deseos, los traumas del pasado o sus sentimientos románticos. Un aspecto en el que profundizaremos más adelante en el capítulo sobre los alterantes de los sueños, y que implica riesgo, es la facilidad con que ambos fenómenos pueden ser gravemente distorsionados. Creer que cualquier experiencia visionaria es divina es un grave error. Al tener una condición caída los seres humanos están sujetos a toda clase de fallas y limitaciones. La infalibilidad es una característica única del Eterno, por lo tanto, es bueno cuidarse de seguir de manera alocada los sueños o creer en toda visión que se recibe.

Algo que confunde mucho a las personas es la mezcla que ocurre dentro de sus vivencias. En ocasiones la gente tiene visiones, pero en especial sueños combinados, donde hay elementos proféticos fusionados con elementos alterantes. Cuando la persona es inmadura, en lo físico o espiritual, es fácil que estos casos aparezcan. El recurrente deseo en las mujeres por casarse, tener un auto nuevo en los varones o realizar un viaje al exterior puede provocar que sueños emocionales envuelvan de misticismo un asunto trivial. Sería conveniente que si alguien desea cambiar de trabajo y se sueña una noche con que le ofrecen un cargo de gerencia en otra empresa de gran prestigio, al día siguiente no renuncie de forma loca. Un caso como este podría parecer un sueño profético, ya que tiene relación directa con las peticiones de la persona, sin embargo, se estaría obviando que esa oración fervorosa también construye una expectativa en el alma, que podría distorsionar el sueño.

En resumen, las semejanzas que existen entre sueños y visiones son muchas: ambas se expresan mediante un mismo lenguaje, en ninguna de las dos se aplica la lógica para su desarrollo, tanto sueños como visiones son mensajes codificados que necesitan una debida interpretación para ser comprendidos, y, por último, ambas experiencias pueden ser alteradas o manipuladas por factores externos. En todo caso es notorio que las dos pertenecen a una misma naturaleza, como ya se describió con anterioridad. Como es normal, a la par de las semejanzas también se encuentran las diferencias, que son igual de valiosas que las primeras. Analizar estas otras variables nos permite enmarcar de una forma más específica cuáles serán los fenómenos de estudio en lo que ahondaremos durante el libro. Entre las variantes más destacadas encontramos las siguientes:

a.- El sueño es dormido, la visión despierta:

En un sueño la persona está en un estado de inconciencia absoluta; (dormida), mientras que en la visión los sentidos humanos están funcionando con normalidad; (despierta). Esta es sin duda la diferencia más importante que existe entre ambos fenómenos, porque los factores que las afectan y las componen pueden variar de manera significativa por esta razón. Mientras una persona está descansando sus capacidades sensoriales disminuyen al mínimo para sostener la vida, mientras que durante una visión todas ellas están trabajando con normalidad.

Eso abre un espectro enorme para que elementos que alteran a uno no lo hagan con el otro y viceversa. Está el caso del televisor, por ejemplo, tal como se verá en un capítulo posterior, este es uno de los agentes distorsionantes del sueño más importante que las sociedades modernas tienen. Es en realidad frecuente que la gente hoy duerma con la televisión encendida toda la noche hasta que amanece. Esa costumbre no solo afecta el descanso fisiológico. Basados en la idea, ya expuesta, que asegura que durante el sueño la carne reposa y el espíritu está alerta esto es una atrocidad. Mientras la noche transcurre, el aparato puede proyectar toda clase de imágenes, desde películas de terror hasta pornografía y, sin poder impedirlo, el espíritu es ministrado por todo ese material. Ese poder que llega a tener el televisor sobre el descanso no aplica igual de día, ya que puede ayudar a excitar la imaginación; sin embargo, al aparecer una imagen inapropiada, la persona tiene el libre albedrío para quitarlo, no la inconciencia propia del dormir.

En el sentido inverso está la imaginación, por ejemplo. Durante una visión las fantasías pueden hacerse presentes.

Por tratar de impresionar o tener algo relevante qué decir en una reunión, una persona puede simular tener una visión. ¿Cómo lo logra? Usando su imaginación. Puede parecer infantil, pero es en realidad frecuente escuchar personas durante tiempos proféticos intensos declarar palabras movidos por espejismos, que ellos mismos crean en sus mentes. Quizá sea atrevido decir que son falsas, porque tal vez para estas personas sean visiones reales, sin embargo, el testimonio dentro del pueblo también tiene que estar presente para validar una profecía basada en una visión.

b.- La visión es una enfermedad y el sueño algo normal:

La segunda gran diferencia está basada en la ciencia. Según los estudios clínicos certificados, el sueño es considerado un fenómeno natural, que se da mientras el organismo descansa.

Por su parte, las visiones son parte de los síntomas que una persona experimenta cuando entra en un estado alterado de su conciencia, según la psiquiatría. Como parte del estudio de este libro se tomará en cuenta lo que diga la medicina, no de forma determinante, pero sí como un punto de vista adicional que en muchos casos arrojará luz sobre lo que acontece de manera física cuando se duerme. Dadas las circunstancias en que alguien tuviera problemas para entender el significado de sus sueños y busque auxilio de la ciencia, el psicoanálisis, por ejemplo, podrá ayudarle de manera parcial. Como esta rama médica se ha dedicado a investigar los sueños, de forma metódica, quizá pueda darles explicación parcial a algunos de sus agobios; no obstante, en el caso de las visiones estas son consideradas alucinaciones, una enfermedad de la mente. Decirle a un psiquiatra que oímos la voz del Altísimo o vimos a un ángel en la reunión del domingo implicaría que parte de su respuesta sería darnos una receta médica, lo cual lleva a la conclusión de que un tema como las experiencias visionarias no pueden ser interpretadas ni médica ni de forma racional. Es evidente que las visiones, desde una perspectiva cristiana, no las podemos tratar como síntomas de una enfermedad mental por lo que concluimos que en este caso las explicaciones médicas serán insuficientes.

c.- El sueño es incontrolable, pero las visiones sí lo son.

Según la idea tradicional que se ha manejado, tanto dentro como fuera de la Iglesia, los sueños no pueden ser manipulados por el soñador. Aunque este tema se abordará más adelante, es un argumento que prima en la opinión pública. Cosa distinta ocurre con las visiones, las cuales sí están sujetas a la manipulación de una mente que intenta ver algo o está a la expectativa de algún acontecimiento.

Es difícil que alguien no tenga en sus memorias infantiles los cuentos de miedo tradicionales de las «noches de pijamas». Nunca faltaba algún amiguito que comenzara a relatar anécdotas de la aparición de demonios, generando la histeria colectiva. Conforme iba avanzando la noche algunos añadían cuentos y mentiras, y los más atrevidos aportaban ruidos fantasmagóricos con los cuales todos entraban en pánico. Faltaba que alguien se levantara al baño o apareciera la madre deseando las buenas noches para que la audiencia brincara del susto. Cualquier cosa se volvía objeto de temor, pero también de «visiones».

Algunos empezaban a observar seres que no estaban ahí, las sábanas mal puestas o la ropa colgada se convertían en los espíritus de turno, que visitaban a los pequeños atemorizados. De no tener cuidado, este mismo contexto se podría trasladar a una reunión de avivamiento y los mismos factores podrían entrar en juego. Los niños cámbielos por feligreses, los cuentos de terror por oraciones y cánticos, la despedida de la madre por una frase exótica del predicador y tendrá una mezcla muy parecida a la de su infancia. Con la alegoría no pretendo desvirtuar la experiencia visionaria, pero sí ser realista. Las visiones son con facilidad manipulables o creables por una imaginación excitada, mientras que los sueños, según el entender popular, no pueden ser alterados de manera consciente.

d.- Frecuencia de los sueños es mayor que las visiones.

El concepto del sueño es mejor comprendido por la población en general, que el de una visión. Podría decirse que lo normal es que la mayoría de personas, sin importar si son o no cristianas, hayan soñado alguna vez en su vida, condición que no se repite si se consulta por las visiones. La frecuencia de los sueños en comparación con las visiones no tiene paralelo. El ser humano es más propenso a soñar que a tener visiones, de eso no hay duda. La razón es relativamente simple, tal como se mencionó con anterioridad, el dormir provoca que la persona entre en un estado de abstracción, por lo tanto, cualquier cosa que sueñe «no es su culpa». La gente no tiene problema en compartir sus sueños porque se asume que no será juzgado por lo que haya experimentado mientras duerme. Como la mente no está activa se le puede achacar la responsabilidad a esa inconciencia o a la falta de razonamiento. En palabras simples, los sueños son parte de la vida normal de cualquier persona, mientras que las visiones las envuelve un tema más místico, y, por lo tanto, son consideradas en muchos contextos como un tema tabú.

Vistas las diferencias más significativas, podemos puntualizar que los sueños tienen lugar cuando las personas están dormidas y las visiones cuando están despiertas. También se debe contemplar que la medicina ve las visiones como el resultado de una enfermedad siquiátrica y en el mejor de los casos como síntomas de un estado alterado de la conciencia temporal, mientras que el sueño se considera un fenómeno normal del cuerpo humano. De manera adicional, se apuntó que mucha gente piensa que los sueños son producto de la inconciencia y por ello son incontrolables para la mente, y, por otro lado, las visiones al ocurrir mientras el individuo está consiente sí son susceptibles de manipulación. Como último aspecto encontramos el hecho de que los sueños son más frecuentes que las visiones. Es a partir de estos puntos señalados que se puede crear una línea divisoria para catalogar los diversos tipos de fenómenos que registran las Escrituras. En este libro de estudio se trazará una separación basada en el descanso de la carne. Si el individuo está yaciendo en una mecedora, a punto de dormir en su cama, tumbado en el suelo por el Espíritu Santo o dormitando plácido, aquella experiencia será considerada como un sueño. Esto porque al revisar todos los elementos expuestos no existe otra diferencia más trascendente que separe a una y otra vivencia como el reposo del cuerpo.

Hay muchos ejemplos bíblicos, como ya se explicó, donde no existen suficientes elementos para determinar de forma contundente si es una visión o un sueño. Por lo tanto, en esos relatos aplicaremos esta línea divisoria. Cuando la historia bíblica denote que el personaje estaba reposando de cualquier forma, ya fuera porque de manera explícita estuviera soñando, teniendo una «visión nocturna», hubiera caído el sueño sobre él o cabeceando sobre su lecho (Job 33: 15) será considerado como un sueño divino. Si la crónica no detalla ninguno de estos elementos ni evidencia que la persona estuviera descansando de alguna manera, no será contemplada dentro del estudio de este texto. Será considerada entonces como una visión y abordada en una edición exclusiva sobre esos fenómenos. Casos como las apariciones angélicas de Gabriel a María y Zacarías no pueden ser analizados como sueños, porque ninguno de los dos personajes que interactuaron con el enviado de Dios estaba en reposo alguno. Es probable que una aseveración como la anterior pueda despertar el debate, sin embargo, hay que recordar que la intención no es crear una doctrina radical entre sueños y visiones, sino el deseo de facilitar la investigación de ambos fenómenos de manera independiente.

CAPÍTULO V
Sueños según la ciencia

El sueño es un estado de reposo uniforme de un organismo. En contraposición con el estado de vigilia —cuando el ser está despierto—, el sueño se caracteriza por los bajos niveles de actividad fisiológica; presión sanguínea, respiración, etc., y por una respuesta menor ante estímulos externos.

De acuerdo a los estudios físicos que se han hecho acerca del sueño, se han encontrado distintas fases dentro del mismo, que se identifican por la existencia o no de un movimiento rápido de ojos conocido como REM *Rapid Eye Movement*, que es visible para cualquier observador. Solo necesita mirar los ojos cerrados de una persona, que tiene varias horas dormida para notarlo. El globo ocular se mueve con relativa agilidad dentro de la cuenca, evidenciándose en la superficie del párpado. Para quien nunca ha observado este fenómeno en otra persona puede resultar un tanto extraño, pero les ocurre a todos los seres humanos. Es tan normal como la respiración.

La primera fase del sueño carece de dicho movimiento, por lo tanto, se le conoce como no-REM (NREM) denominado por algunos como «sueño lento» el cual se ha dividido en otras cuatro etapas:

1º etapa:

Considerada de transición entre la vigilia y el sueño. Son esos minutos donde alguien dormita antes de entrar de lleno en el descanso. Puede ser el mismo espacio de tiempo que la Biblia denomina «cuando el sueño cae sobre los hombres». Equivale solo al 5 % del tiempo del sueño en adultos sanos y presenta un enlentecimiento del latido cardíaco. En el transcurso de esta fase el sueño es con facilidad interrumpible. Hace falta un ruido leve o la voz de alguien llamando para salir del descanso. Si alguien llegara a tener una experiencia visionaria en este ínterin, podría encontrar dificultad para determinar si lo que vivió fue un sueño o una visión. La línea que separa el dormir de la vigilia es, en realidad, leve en esta fase. Los ojos se mueven con lentitud y la actividad muscular se enlentece. Muchas personas experimentan contracciones musculares repentinas precedidas de una sensación de estar cayendo.

Un elemento a tomar muy en cuenta para no estarle buscando un significado espiritual innecesario, ya que esta expresión de «estarse cayendo» es usada de manera recurrente por muchas personas para describir sus experiencias.

2º etapa:

Representa más del 50 % del tiempo total de sueño. El tono muscular se hace algo más débil y se eleva el umbral del despertar. Corresponde al principio del sueño propiamente dicho. El movimiento de ojos se detiene y las ondas cerebrales se vuelven más lentas con sólo un estallido ocasional de ondas cerebrales rápidas.

3º y 4º etapa:

Corresponden al sueño más profundo. El tono muscular es débil y la frecuencia cardíaca y respiratoria disminuye. Durante ellas ocurren los sueños, así como los episodios de terror nocturno en el niño y los de sonambulismo. Cuando una persona entra en la tercera etapa, las ondas cerebrales se vuelven en extremo lentas. En la cuarta etapa; el cerebro produce ondas lentas casi de forma exclusiva. Durante estas etapas es muy difícil despertar a alguien. En este tipo de sueño profundo no hay movimiento ocular o actividad muscular. Después de pasar por estas cuatro etapas, durante unos setenta a ciento veinte minutos, suele presentarse la primera fase REM. El sueño REM ocupa el 20 % del tiempo total del sueño en el adulto, aunque varía con la edad, siendo mayor en los niños y en él se observan descargas de movimientos oculares rápidos y el tono muscular se reduce al máximo, la frecuencia respiratoria y el pulso se hacen más rápidos e irregulares. Los músculos de los miembros se paralizan de manera temporal. Las ondas cerebrales durante esta etapa aumentan a niveles experimentados cuando una persona está despierta. También el ritmo cardíaco se incrementa, la presión arterial sube, los hombres experimentan erecciones y el cuerpo pierde algo de la habilidad para regular su temperatura.

A posterior, las diferentes fases del sueño se alternan de manera cíclica a lo largo de la noche. Durante la primera parte del sueño predomina el sueño NREM y durante la segunda los períodos REM se van haciendo más largos.

Una curiosidad sobre el sueño es que los estudios clínicos han demostrado que durante un período normal de descanso ocurren breves momentos de vigilia, que pueden ser tan cortos que ni siquiera llegan a ser recordados. Cada ciclo concluye con un despertar tan pequeño, que algunas veces ni siquiera se siente. Esta realidad representa que puede haber gente que crea haber tenido un sueño vívido, cuando lo que en realidad experimentó fue una visión o una aparición. Si intentáramos buscar un paralelo bíblico, encontramos el caso del profeta Elías, quien en reiteradas ocasiones fue despertado por un ángel del Señor para ser alimentado.

I Reyes 19: 4-8

Luego de caminar todo un día por el desierto, fue a sentarse debajo de un enebro. Entonces se deseó la muerte y dijo: Basta ya, Jehová, quítame la vida, pues no soy yo mejor que mis padres. Y echándose debajo del enebro, se quedó dormido; pero un ángel lo tocó, y le dijo: Levántate y come.

Miró y vio a su cabecera una torta cocida sobre las ascuas y una vasija de agua; comió, bebió y volvió a dormirse. Regresó el ángel de Jehová por segunda vez, lo tocó y le dijo: Levántate y come, porque largo camino te resta. Se levantó, pues, comió y bebió. Fortalecido con aquella comida anduvo cuarenta días y cuarenta noches hasta Horeb, el monte de Dios.

En esta historia el hombre de Dios tenía muy claro que en medio de su descanso había existido la intervención angelical; sin embargo, no siempre se puede tener esa lucidez. Saber que de forma constante nos despertamos durante la noche, nos permite evaluar desde otro punto de vista cualquier experiencia, puesto que no todo lo que se percibe durante ese tiempo es un simple sueño, podría ser una verdadera manifestación sobrenatural. También vale la pena recalcar que despertar y volver a dormir durante una noche también puede ser por culpa de las necesidades fisiológicas, que no es lo mismo. El período REM es el lapso en el que suceden la mayoría de los sueños y si la persona es despertada en esos momentos logra acordarse de lo que observó. Cálculos científicos estiman que con normalidad se experimentan de tres a cinco intervalos de sueño REM cada noche. En los niños el 50 % de su sueño es REM. Los adultos transcurren la mitad del tiempo que duermen en la segunda etapa; cerca del 20 % en REM, y el otro 30% se divide entre las otras tres etapas. Los adultos mayores de forma progresiva, pasan menos tiempo en el sueño REM.

Diferencias en los sueños de las distintas fases:

Los estudios clínicos realizados han demostrado que cuando alguien se despierta en la fase REM del descanso sus sueños son de un modo típico más largos, más animados de forma motora, más cargados en lo emocional y menos relacionados con nuestra vida normal que los que se narran cuando nos despertamos en la fase NREM. Por el contrario, los que surgen del despertar en las fases NREM contienen más representaciones de nuestras preocupaciones cotidianas y son más de tipo pensamiento y menos como imágenes.

Las siguientes características de los sueños REM, se dan en ellos casi siempre y de forma rara en los sueños NREM:

-Las imágenes cambian con rapidez, son raras y estrafalarias.

-La reflexión racional en los sueños está ausente o muy reducida.

-El soñador, de un modo extraño, considera la posibilidad de controlar los acontecimientos. El que sueña solo lo puede ganar en lucidez por pocos segundos.

-A los sueños les falta estabilidad en la orientación, así los lugares, las épocas y las personas se fusionan de forma plástica incongruente y discontinua. Los sueños crean historias para integrar todos los elementos de este en una narrativa más lógica. Una de las razones por las cuales las descripciones de los sueños REM son más largos es que tienen que explicarse las imágenes raras que lo componen.

-Se incrementan e intensifican las emociones, en especial el miedo y la ansiedad, que parecen integrarse en las características más raras del sueño y pueden incluso marcar su narrativa.

-Aparecen reacciones instintivas de supervivencia, en especial las relacionadas con luchar o huir.

-Tienen poca relación con lo que pensamos o hacemos antes de dormir, por lo que no se puede pensar en dirigir los sueños para resolver problemas.

-Durante la fase REM disminuye mucho el tono muscular, pero el resto de las funciones corporales y vegetativas se vuelven a activar. En el sueño REM la tensión arterial, la frecuencia cardíaca, la respiratoria, la temperatura corporal y cerebral, y el consumo de oxígeno tienen niveles similares a los del estado de vigilia. Todo lo contrario, sucede durante la fase NREM del sueño, en la que hay mayor relajación y un descanso más profundo.

-Cuando una persona se despierta mientras su sueño está en fase REM, suele estar lúcido y reacciona con rapidez a los estímulos. En cambio, cuando una persona se despierta mientras está en las fases tres o cuarta del sueño NREM sus reacciones suelen ser de confusión, además de que resulta más difícil despertarla. Todo esto explica por qué tras el sueño REM se recuerdan a menudo los sueños. En cambio, al despertarse tras el sueño NREM —sobre todo después del sueño de fases tres y cuatro de ondas lentas— la cantidad y calidad del contenido mental que se recuerda es bajo.

-La actividad mental recordada de cada uno de los dos estados del sueño es distinta. Los contenidos mentales del sueño NREM suelen ser parecidos al pensamiento normal en período de vigilia, aunque más fragmentados. Muchas veces se refieren a temas de la vida cotidiana. Por el contrario, los contenidos del sueño REM tienen un carácter más fantasioso, un poco alucinatorio, con significados extraños y con una importante carga emotiva. Durante el sueño REM es cuando suelen aparecer las pesadillas. Como seres tripartitos debemos ser conscientes de que dentro de nuestros sueños están involucrados procesos fisiológicos, que en múltiples oportunidades explican lo que vivimos, aunque por supuesto no siempre. Quizá desde una perspectiva espiritual, aprender las diferencias entre las características de los sueños en la fase REM y NREM carezca de trascendencia, pero contar con esta noción permite ver cómo la ciencia testifica de sueños cuyo significado no es simple ni están asociados a la cotidianidad. Frente a eso resulta evidente la necesidad de interpretarlos a través de herramientas «no tradicionales» para la medicina, pero de la cual hay constancia en las Escrituras desde hace miles de años.

Opinión del psicoanálisis sobre el sueño:

Dentro del psicoanálisis, el estudio de los sueños tiene un lugar trascendente. Para quienes se han dedicado a examinarlos no existe ningún otro fenómeno de la vida psíquica, (hay quienes traducen la palabra «psiquis» como alma o espíritu, lo que podría representar la forma secular en la que se entiende el área espiritual y almática de todo ser humano) que enseñe con tanta facilidad y transparencia los procesos mentales inconscientes. Para Sigmund Freud, creador de estas teorías, los sueños son la vía natural hacia el inconsciente, en especial de aquellos contenidos mentales reprimidos o excluidos por alguna causa de la conciencia. Este científico propuso la idea de que los sueños son la fórmula que encuentra la mente para liberarse delo que consideraría un daño potencial para el «yo».

Algo así como una válvula de escape para los eventos traumáticos, las pérdidas emocionales o los deseos cohibidos. Es más, uno de los supuestos descubrimientos más populares de Freud es que las emociones enterradas en la superficie subconsciente de la psique suben al consciente durante los sueños. Un patrón incuestionable en algunos casos, y que al generalizarse pierde absoluta consistencia. La teoría psicoanalítica acerca de los sueños se fundamenta en que los pensamientos relacionados con las preocupaciones y cotidianidad del soñador se mantienen activos en su mente de manera inconsciente mientras descansa. En ese tiempo de reposo se cree que el aparato de percepción se mantiene conectado a esa información mental gracias a que los órganos de los sentidos se la continúan suministrando. Al partir de este tipo de planteamientos, Freud se distancia de manera amplia de las enseñanzas bíblicas de las que se infiere que los sueños poseen un contenido espiritual del cual el psicoanálisis nunca hace referencia. Al comportarse como una técnica científica, los alcances de esta rama médica siempre estarán limitados al razonamiento. Pretender interpretar siempre todos los sueños de una forma metódica antagonizaría con la naturaleza de nuestra fe.

No cabe duda de que hay elementos básicos en los que sí se coincide con lo expuesto en la palabra, pero en el campo de la interpretación esta técnica es en verdad reducida. Es probable que, en áreas grises, donde las Escrituras no profundizan, el psicoanálisis pueda ayudar a entender ciertos fenómenos, aunque la forma tajante en la que manejan el tema sus teóricos impide ir más allá. Una característica muy importante y a la vez limitada de esta rama médica es que asume que la mayoría de los sueños poseen una referencia de la infancia, cosa que en el ámbito espiritual no siempre aplica. Si bien no es descartable la idea de que en algunos casos esto suceda, no es la constante. Elohim puede decidir hablar a través de sueños del presente y del futuro, no solo del pasado. Según la explicación dada por el psicoanálisis, los sueños representan momentos de la niñez debido a que son una especie de válvula de escape para los recuerdos, pensamientos o acciones que fueron reprimidos en esa primera etapa de la vida. Por tal razón, explica Freud, los sueños angustiosos son el síntoma de aquellos deseos infantiles que se castigaron o corrigieron, aspecto que no coincide con lo expuesto en las Escrituras.

Amparado en sus teorías acerca de los sueños, Freud albergó la idea de que al recordar fragmentos de estos se podía ayudar a destapar las emociones y los recuerdos enterrados. Un postulado que lo llevó a crear una terapia fundamentada en recordar lo soñado para luego trabajar con ese resultado psicológicamente a favor de sus pacientes. Desde un enfoque bíblico, esta práctica no tiene fundamento. No existe en ninguna parte de las Escrituras, terapeutas de los sueños o cosa parecida. Aunque a través de todas sus páginas, la Biblia cita muchísimas veces la palabra sueño, nunca lo hace con una intención sanadora del alma o de los vacíos existenciales. Cuando las experiencias visionarias ocurren con un propósito divino siempre son enviadas para un direccionamiento profético.

Si bien en lo personal considero que toda experiencia onírica (sueños) puede enriquecernos, aunque no sea divina es a lo sumo peligroso emplearlas para buscar terapias regenerativas de la psique, como plantea el psicoanálisis. Sustituir las herramientas interpretativas que enseña la palabra por prácticas humanistas es bastante fácil cuando se intenta encontrar el significado de un sueño, por tal razón, es bueno estar alerta y no dejarse atrapar con facilidad. Intentar darle significados almáticos a los sueños proféticos no solo nos mete en un callejón sin salida, sino que nos esteriliza en lo espiritual. Además, al adentrarse en el estudio meticuloso de las vivencias oníricas, Freud creó una categorización de los elementos que aparecen en ellos. Por ejemplo, a la experiencia consciente durante el sueño, que el soñador tal vez recuerde o no al despertar la llama: «contenido manifiesto». A los pensamientos y deseos inconscientes que amenazan con despertar al soñador, Freud les puso: «contenido latente». Y, por último, a los acontecimientos mentales inconscientes por las que el «contenido latente» se transforma en «contenido manifiesto» las nombró como «trabajo del sueño».

Debido a la gran fuerza que poseen los sueños, puesto que intentan representar la realidad, estos amenazan con interrumpir el descanso. Es por ello que la mente, según el psicoanálisis, busca canalizar de forma parcial, por medio de imágenes fantasiosas satisfacer el deseo de volver aquello en realidad. Esas imágenes, que en ocasiones son primitivas y carnales, representan el «sueño manifiesto». En otras palabras, un sueño para la teoría de Freud, provoca cierta satisfacción o la sustitución de un anhelo inconsciente a través de una ilusión, porque la gratificación total está imposibilitada. Eso sí, el psicoanálisis advierte que las imágenes mostradas no son representaciones literales de sus contenidos, algo en lo que coincide con la palabra, porque los sueños son un lenguaje simbólico. La teoría freudiana asegura que los sueños están compuestos por «complejas deformaciones que, pese a todo, siguen determinadas leyes».

Otro elemento en lo que también concuerda con las Escrituras, es que estos mensajes están regidos por parámetros establecidos, que en el caso del creyente están dispuestos por el Cielo. La ciencia lo que intenta explicar con esto es que el «contenido latente» del sueño es censurado por las acciones defensivas de la mente y es entonces que la única manera de liberarlos se da mediante «fantasías ejecutoras del deseo», de manera falsa representadas con el fin de engañar a la psiquis. Dicho de forma simple, los sueños según explica Freud, son reflejo del pasado o de deseos reprimidos que se presentan distorsionados para engañar a la propia mente, ya que esta de manera consciente no sería capaz de aceptarlos. Acá se abre una brecha enorme con la teoría bíblica, puesto que las Escrituras enseñan de forma contundente que los sueños son o pueden ser mensajes de Dios, o sea surgen de él, mientras que el psicoanálisis asegura que todos los sueños son producto de la imaginación. La única forma de aplicar estas ideas a la vida de un creyente es cuando el sueño no es divino, si ese es el caso, las ideas de Freud podrían arrojar cierta luz, pero de otra forma estarán muy limitadas.

Bajo esta línea de pensamiento, la última etapa del sueño consiste en la «elaboración secundaria», que es el intento de la mente por brindarle al «sueño manifiesto» una apariencia racional y coherente. Si bien es cierto que las defensas de la mente no impiden que se reprima el deseo, es verdad también que, gracias a la labor del sueño, dicho deseo no aparece tal cual, sino disfrazado. De nuevo, la posición de las Escrituras se aparta del psicoanálisis, ya que la razón por la que el lenguaje empleado es simbólico radica en elementos trascendentes, como ya se apuntó, y no por ser un simple cobertor de los anhelos del alma.

Otra gran diferencia con las técnicas utilizadas por Freud tiene que ver propiamente con la interpretación de los mismos. Según sus principios humanistas, la forma para descubrir el significado es recorrer de regreso los hechos que dieron lugar para la creación de un sueño. El psicoanálisis enseña que las experiencias oníricas están compuestas por recuerdos ocultos, ya sean deseos establecidos en algún momento o hechos reales del pasado. Fundamentado en ese concepto, Freud supone que la forma para interpretarlos es haciendo asociaciones libres entre esos recuerdos y los posibles disfraces que pueden utilizar dentro de los sueños. Ante lo expuesto es notable la diferencia con respecto a las ideas bíblicas. Para la interpretación genuina de los sueños hay que fundamentarse en la palabra. Crear asociaciones libres y en ocasiones con relación a otros sueños de la misma persona va a crear un círculo de errores. Para entender un mensaje hay que conocer el lenguaje de quien lo envía, no el del receptor.

En cuanto a la interpretación de sueños, el psicoanálisis antagoniza de forma violenta con la palabra, a menos que esa experiencia sujeta al análisis no sea espiritual, sino carnal. En esos casos y solo en esas oportunidades es que la interpretación del psicoanálisis puede arrojar una posible interpretación. Esas bases sobre las que trabajó Freud han cambiado de manera significativa, en la actualidad hay diversas posturas con respecto al porqué de los sueños. Si bien se sabe que, en el aspecto fisiológico, el sueño juega un papel trascendental, se conoce también que durante este estado hay toda clase de experiencias cognitivas a las cuales cada quien da una distinta interpretación.

Erich Fromm, un psicoanalista que se abocó a esta clase de investigaciones durante el siglo pasado, señaló una importante limitación para el estudio de los mitos y los sueños: la rigidez de las escuelas psicoanalíticas, que pretenden todas ellas poseer la única explicación auténtica para entender el lenguaje simbólico. A raíz de esta arrogancia existente en cada uno de los líderes de estas posturas, indica Fromm; se descuidan las numerosas ramificaciones interpretativas que estos pueden tener. La pretensión de establecer significaciones fijas para símbolos considerados como universales, siempre llevarán al error. Al profundizar en las distintas ideas que han surgido dentro del psicoanálisis, sobre la interpretación de los sueños, es fácil darse cuenta de los abismos que separan cada una de las tendencias. Entre las posiciones más comunes que han surgido con el tiempo acerca del significado de los sueños están las siguientes:

1º Postura: Deseos reprimidos.

Algunos estudiosos mantienen y fundamentan de manera fisiológica la teoría de Freud acerca de que son deseos reprimidos que surgen en momentos en los que baja la censura. Freud mantiene que todos los sueños representan la realización de un deseo por parte del soñador, incluso los sueños tipo pesadilla. Hay sueños negativos de deseos, donde lo que aparece es el incumplimiento de un deseo. Para esto se dan varias explicaciones, entre las cuales está la satisfacción de una tendencia masoquista. No obstante, sigue en pie la conclusión general de Freud: los sueños son realizaciones disfrazadas de deseos reprimidos. Según su teoría, la censura de los sueños produce una distorsión de su contenido.

2º Postura: Referenciados en la mitología.

Carl Gustav Jung reconocido psiquiatra suizo, por el contrario, consideró los sueños como revelaciones de una sabiduría inconsciente que es anterior al individuo, y que se plasma en las imágenes observadas durante sus experiencias. Para determinar la naturaleza de los mismas, Jung se valió de una explicación basada en teorías evolucionistas y de índole biológico, pero también hizo hincapié en la necesidad, por parte del investigador, de conocer con suficiencia los motivos mitológicos, para analizar los sueños, que según Jung señaló son «remanentes arcaicos de la psique». Esta teoría es la que más abre la posibilidad de la intervención divina en los sueños, no obstante, la referencia del fenómeno se plantea desde una perspectiva en lo absoluto atea.

Así como el cuerpo humano representa todo un museo de órganos, cada uno con una larga historia de evolución tras de sí, igualmente es de suponer que la mente esté organizada en forma similar. No puede ser un producto sin historia como no lo es el cuerpo en el que existe. Por «historia» (...) me refiero al desarrollo biológico, prehistórico e inconsciente de la mente del hombre arcaico, cuya psique estaba aún cercana a la del animal. Esa psique inmensamente vieja, forma la base de nuestra mente, al igual que gran parte de la estructura de nuestro cuerpo se basa en el modelo anatómico general de los mamíferos.

El psicólogo no sólo debe tener una experiencia suficiente acerca de los sueños y otros productos de la actividad inconsciente, sino de la mitología en su sentido más amplio.

Sin esos conocimientos, nadie puede descubrir analogías importantes.

3º Postura: Entre la primera y la segunda:

Fromm se para en un punto medio entre los dos anteriores, donde señala que los sueños son concebidos como «la expresión de las funciones mentales más bajas e irracionales y también de las más elevadas y valiosas».

Según Fromm, los mitos guardan similitud con los sueños en tanto que ambos participan de un mismo tipo de lenguaje: el lenguaje simbólico.

Muchos de nuestros sueños son, tanto en su tono como en su contenido, similares a los mitos. Claro que pueblos diferentes crean mitos distintos, lo mismo que diferentes personas sueñan distintos sueños. Pero a pesar de las diferencias, todos los mitos y todos los sueños tienen algo en común, y es que todos ellos son escritos en el mismo idioma, el lenguaje simbólico. Los sueños del hombre antiguo y los del moderno están escritos en el mismo idioma que los mitos cuyos autores vivieron en los albores de la historia.

4º Postura: Negación absoluta.

Como en los sueños hay un alto contenido emocional, a los que muchas veces se les da muy diversas interpretaciones. Algunos autores como el psiquiatra Allan Hobson lo consideran como un producto fisiológico que debería ser olvidado cuanto antes, como así sucede en realidad.

5º Postura: Consolidación de la memoria.

La función psicológica que más consenso ha despertado, ha sido que el sueño consolida nuestra memoria y que la recuperación de nuestros recuerdos es más efectiva después de un buen sueño. Frente a tanta divergencia entre los criterios de los profesionales y la poca certeza que permite el estudio e interpretación de los sueños se ha llegado a cuestionar al psicoanálisis como una verdadera ciencia médica. Es por ello que el creyente debe ser muy cauteloso a la hora de asumir cualquiera de estos postulados como certero, ya que ninguno tiene la verdad absoluta en este campo ni siquiera a nivel fisiológico. Por lo tanto, la máxima preocupación de un cristiano debe ser reconocer primero si aquella experiencia pertenece al mundo natural o contiene un mensaje del Señor. Sin la capacidad de discernir resultará imposible determinar qué tipo de herramientas emplear para interpretarlo.

CAPÍTULO VI
Componentes de un sueño espiritual

A pesar de la forma en la que el psicoanálisis ha decidido categorizar los componentes de un sueño, para efectos de este libro, nos abocaremos a dividirlos de una manera más simple. Dentro de una experiencia visionaria distinguiremos solo dos partes: el contenido explícito y el simbólico. No siempre el componente explícito estará presente; sin embargo, el simbólico nunca dejará de aparecer. Por más simples que aparezcan los signos dentro del sueño siempre habrá que analizarlos e interpretarlos primero antes de llegar a una conclusión sobre el mensaje del sueño. El contenido explícito es aquel que no está encriptado. Son las palabras habladas o escritas en idioma humano que no necesitan traducción alguna. Su mensaje es claro y contundente. No hace falta pedir ni buscar ninguna interpretación, es la voz o ideas del Señor expuestas de tal manera que nuestro intelecto puede comprenderlas. Un ejemplo de este tipo de contenido explícito es el sueño que recibió Labán, el suegro de Jacob cuando había un conflicto familiar de por medio:

Génesis 31: 24

«Pero aquella noche vino Dios en sueños a Labán, el arameo, y le dijo: Cuídate de no hablarle a Jacob descomedidamente».

El Todopoderoso le hizo una advertencia concreta a aquel hombre. El Padre celestial le había permitido avanzar mucho en contra de su escogido, pero ya no se lo continuaría aceptando. Puso un freno a las malas acciones que venía ejecutando Labán contra Jacob de una forma puntual. El arameo pudo comprender la señal porque le fue mostrado de forma explícita en un idioma comprensible para él. Dios no buscaba que interpretara sus intenciones, le daba una orden clara. Esta característica del contenido explícito permite concluir que cuando el Altísimo revela sus intenciones de forma específica lo hace porque hay razones de peso, como pueden ser el apremio del mensaje o la alerta por alguna emergencia. Vivos ejemplos son los sueños de José, padre de Jesús, quien fue visitado por ángeles en al menos tres oportunidades con mensajes bastante explícitos y en todos los casos se cumplía alguno de los dos factores mencionados.

En primera instancia; cuando urge que José tome a María como esposa frente a su inminente alumbramiento, en segunda instancia; cuando debe huir hacia Egipto por la matanza que se avecinaba sobre los infantes, y, por último; cuando Dios re redirecciona su rumbo hacia Galilea. Queda entonces claro que cuando se recibe un mensaje tan directo de parte de Dios, hay un imperativo del cielo que no podemos obviar. Por otro lado, también es importante recalcar que a pesar de que un sueño aparente ser por completo explícito, siempre van a existir componentes simbólicos que deben ser estudiados. Benny Thomas en su libro *Explorando e interpretando sueños* nos advierte sobre esto:

Cuando usted comience a recibir sueños, tendrá la inclinación natural a interpretarlos literalmente. Muchas veces, los sueños parecen muy reales, especialmente cuando usted acaba de despertar. Después de que pasen unos días, se le hará más fácil entender los símbolos e interpretar el sueño simbólicamente. ¿Puede Dios darnos un sueño literal? Estoy seguro que sí. He escuchado testimonios al respecto. Sin embargo, la mayoría de los sueños requieren interpretaciones. En mi opinión, la regla más segura es pensar simbólicamente (...) A veces, si el mensaje se da en palabras (en lugar de símbolos), ese mensaje puede ser literal. (...) De otra manera, es mejor pensar en términos simbólicos.

Al retomar el caso de Labán, donde en apariencia todo el mensaje es claro y puntual, nos deberíamos preguntar: ¿Cómo concluyó este hombre que había sido Dios quien le habló? ¿Fue una voz de trueno que venía del Cielo? ¿Dentro del sueño, Dios se presentó a sí mismo? Con seguridad existieron elementos fuera de las palabras exhortativas, que le permitieron a Labán inferir que aquel era un mensaje divino, y no de otra naturaleza. En vista de estas características, nos damos cuenta de que un sueño siempre va a tener algún contenido simbólico por más simple que parezca. Esta condición no se repite con el contenido explícito, puesto que no siempre está presente dentro de los sueños. Es muy importante que las experiencias visionarias sean estudiadas con minuciosidad por más nítido que parezca el mensaje, ya que, sin el correcto estudio de los signos, la interpretación va a estar errada.

El segundo tipo de componente, el simbólico, es al mismo tiempo el más complejo. Las posibilidades para interpretar un signo son casi infinitas, ya que para darle una correcta traducción deben tomarse en cuenta todos los detalles, como, por ejemplo, los números y los colores; aún el contexto donde se desenvuelve el símbolo es importante. Para entender mejor lo anterior, se puede analizar el símbolo del caballo. Según las Escrituras, este puede representar diversas cosas como riqueza (Gn 47: 17; Is 2: 7), fuerza de hombre o humanismo (Sl 20: 7; 33: 16-19; 76: 6), espíritu irrefrenable, indómito o incontrolable (Sl 32: 9; Pr 26: 3-4), adulterio, fornicación y desenfreno sexual (Jr 5: 8; Ez 23: 11-12. 20), pero cuando se asocia con algún color cambia por completo de significado (recomiendo que si desea ampliar su conocimiento sobre símbolos específicos consulte el manual de mi autoría: *Manual elementos proféticos*). Por ejemplo, un caballo blanco representa santidad, majestuosidad, es el animal sobre el cual monta Cristo en su segunda Venida y también los ejércitos celestiales ((Ap 6: 2; 19: 11.14). Un caballo rojizo denota muerte, destrucción derramamiento de sangre (Ap 6: 4). El caballo negro es justicia y juicio (Ap 6: 5). Un caballo amarillo representa muerte, enfermedad, hambre, plagas (Ap 6: 8). Queda claro entonces que la interpretación de un signo requiere más que manejar un diccionario de significados rápidos, y es por ello que en un capítulo posterior ahondaremos en las diversas herramientas que existen para interpretar sueños de acuerdo a la palabra.

Según se entiende, un símbolo es la representación perceptible de una idea, cuyo significado es aceptado por un grupo de personas. Lo que esto quiere decir es que no se puede asegurar que algo es simbólico solo porque se le antojó a alguien y menos darle un significado según ocurrencias. Tiene que existir una colectividad que acepte la asociación entre el signo y el significado. Para efectos de una interpretación espiritual válida, el eje siempre deben ser las Escrituras, ningún otro elemento da garantía. Cualquier relación trazada en base a culturas antiguas, costumbres modernas o prácticas esotéricas está sujeta al error. Es mejor hacer un análisis exhaustivo del símbolo en base a la palabra y pedir en oración la revelación del mensaje, que caer en las garras de la brujería o alguna religión pagana para resolver un enigma de sueños.

En el pasado, al igual que hoy, los paganos acostumbraban a consultar magos, adivinos, astrólogos, encantadores y supuestos sabios impíos para descubrir los mensajes ocultos de los sueños, sin que esto les diera respuestas verdaderas. Así como Faraón y Nabucodonosor terminaron buscando soluciones en otros lugares; de igual manera sucederá en nuestros días. La gente buscará resolver sus enigmas para lo cual habrá hijos del Altísimo escogidos para responderlos, pero para ello es necesario cuidarse de esos símbolos tergiversados que muchos grupos emplean. Nuestras sociedades modernas están repletas de signos a nivel cultural, artístico, religioso, político, comercial y deportivo, mas ellos no con necesidad están basados en la Biblia. Por tal razón, emplear la simbología profética correcta es la clave.

La simbología con carácter profético se basa en la habilidad espiritual de asociar signos bíblicos con términos concretos. La simbología profética nos permite conceptualizar, de modo racional, elementos desde un punto de vista celestial, usando como parámetro básico las Escrituras. Debido a que la palabra representa un mensaje con multiplicidad de interpretaciones y no siempre se puede entender literalmente. La mente humana necesita relacionar conceptos o elementos aparecidos en la Biblia con el mensaje profético característico de Jehová. Es imposible entender el lenguaje bíblico sin la debida interpretación de su simbología. Una y otra vez los siervos del Señor emplearon alegorías o signos proféticos para comunicar su mensaje, aún el mismo Cristo usó de forma incansable la simbología profética para transmitir su enseñanza. A raíz de esa hermosa naturaleza con la que cuenta el texto bíblico, lo expuesto no es solo aplicable para interpretar sueños propios, sino también para comprender todos los textos de las Escrituras. Es fundamental señalar que no se puede considerar simbología profética a aquello que de manera empírica o experiencial se relaciona con elementos no bíblicos. Es posible que una persona con sabiduría o que conozca el contexto del soñador pueda trazar una asociación fuera de la Biblia para interpretar un sueño, no por eso se está cayendo en adivinación; sin embargo, no se puede enmarcar dentro de la simbología profética. Aquello sería más aplicable dentro del discernimiento espiritual, herramienta válida para interpretar experiencias visionarias.

Es normal que quienes viven fuera de la cultura hebrea estén ajenos a muchos de los símbolos bíblicos y su significado, por lo tanto, es muy posible que en sus sueños estos no se presenten. Por tal razón, es necesario contextualizar esos elementos no bíblicos para poder entender el mensaje. Una forma sencilla de contextualizar los símbolos de los sueños, a través del discernimiento, es creando relaciones de similitud cultural entre el entorno del soñador e Israel en los tiempos en que fue escrita la palabra.

Examine este caso; en América no existen camellos, animal de gran ayuda en los desiertos africanos y asiáticos, pero en el contexto andino existe la llama que pertenece a la misma familia y cumple una función semejante. Sería válido crear un paralelo de relación de este animal con un camello, el cual sí aparece con mucha frecuencia en las Escrituras; sin embargo, esa asociación no puede ser considerada simbología profética. Ese tipo de relaciones son consecuencia del discernimiento más que de otra cosa. La simbología profética está relacionada de forma estricta con las Escrituras. Los pasos que en lo personal recomiendo para relacionar de manera correcta un símbolo bíblico con un signo no bíblico serán desglosados en el capítulo sobre las «Herramientas de interpretación» más adelante. Combinaciones simbólicas y explícitas. También existen casos donde los sueños combinan ambos componentes mencionados (explícito y simbólico), esto por ejemplo ocurre cuando Jacob tiene un sueño donde el símbolo principal es una escalera de la cual descendían y subían ángeles entre la Tierra y el Cielo. La palabra muestra que primero vino el contenido simbólico y luego el explícito. El Señor le mostró a Israel un destello de su gloria y luego le explicó por qué lo hacía:

Génesis 28: 12-15

Y tuvo un sueño: Vio una escalera que estaba apoyada en tierra, y su extremo tocaba en el cielo. Ángeles de Dios subían y descendían por ella. Jehová estaba en lo alto de ella y dijo: Yo soy Jehová, el Dios de Abraham, tu padre, y el Dios de Isaac; la tierra en que estás acostado te la daré a ti y a tu descendencia. Será tu descendencia como el polvo de la tierra, y te extenderás al occidente, al oriente, al norte y al sur; y todas las familias de la tierra serán benditas en ti y en tu simiente, pues yo estoy contigo, te guardaré dondequiera que vayas y volveré a traerte a esta tierra, porque no te dejaré hasta que haya hecho lo que te he dicho.

Muchas veces la complejidad simbólica de un sueño puede significar que la persona no lo entienda y le sea en realidad difícil interpretarlo. A raíz de ello, Elohim interviene con su misericordia, permitiendo que el razonamiento natural pueda procesar el comunicado celestial. El Señor desnuda sus intenciones traduciéndole al soñador el mensaje profético. Un relato curioso, que en lo personal todavía sigo tratando de digerir por su riqueza espiritual es el del profeta Zacarías, quien en medio de una vivencia compleja observa un candelabro de oro y junto a él dos olivos (Za 4: 1-6). La interpretación que a posterior transmite el ángel que participaba de la experiencia es en verdad hermosa, y al mismo tiempo desconcertante, porque resulta difícil llegar a esa misma conclusión, utilizando las herramientas bíblicas tradicionales de interpretación. Al explicar aquellos signos, donde se advertía que ya no se pelearía más con ejército, sino con su Espíritu, el Señor estaba comunicando una verdad difícil de interpretar a través de otra vía que no fuera tan directa. Sabemos que Dios es soberano absoluto, por lo tanto, el no entender algo que se recibe por una experiencia visionaria no debe causarnos extrañeza. No es un pecado no comprender, el problema es quedarse con la duda. Así como Zacarías buscó el conocimiento dentro de la misma experiencia a través de un agente externo, de igual forma nosotros tenemos la licencia divina para preguntarle al Padre, buscar su conocimiento y con ello lograr comprender su plan por completo.

Saber que dentro de un sueño existen componentes distintos que en ocasiones se entrelazan, se confirman en lo mutuo o se separan es trascendental para encontrar un significado saludable de cualquier experiencia visionaria. Para muchos no será suficiente comprender los contenidos explícitos de un sueño y necesitarán ir más allá en la interpretación. Cuando hay madurez espiritual detrás de una experiencia del Señor habrá componentes que marcan un significado propio, al que se debe estar atento. El Espíritu Santo emplea dos vías dentro de un sueño para comunicar su mensaje, el simbólico siempre estará presente y en ciertos casos mostrará su diseño de modo explícito; captar ambos será la clave para encontrar respuestas concretas.

CAPÍTULO VII
Tipos de sueño

Los sueños pueden ser divididos de diferentes formas, asumiendo que transmiten un mensaje divino, los separaremos de acuerdo al mensaje que transmiten. Vale advertir que si la experiencia que se ha tenido no proviene del Todopoderoso no se puede aplicar ninguna de estas categorías. Han existido casos, aun bíblicos, donde la información implicada es tan amplia que abarca varias de las categorías por mencionar. Es recomendable que antes de afanarse en la búsqueda de una interpretación aprendamos a reconocer la clase de mensaje que se está transmitiendo. Caminar con esa certeza permitirá enfocar de manera correcta la búsqueda, pero sobre todo la oración para que la interpretación venga.

Por lo general, cuando se tiene un sueño celestial, aunque no se entienda por completo, hay un testimonio del Espíritu que le hace saber a la persona que ha sido visitada por el Señor durante su descanso. Aunque la persona sea inconversa y desconozca el ámbito espiritual puede llegar a vivenciar una sensación que al llegar la mañana no le abandona, por el contrario, permanece actuando como evidencia de que algo especial ocurrió durante la noche. Una referencia sobre esto la encontramos en el caso de Faraón, quien «se despertó y vio que era un sueño. Sucedió que por la mañana estaba agitado su espíritu, y envió llamar a todos los magos de Egipto y a todos sus sabios», (Gn 41: 7b-8a). A pesar de que el gobernante no podía descifrar su experiencia, sabía que algo singular había sucedido mientras dormía. Con grandes similitudes está el caso de Nabucodonosor de quien se registra que «se turbó su espíritu y se le fue el sueño», (Dn 2: 1b), luego de haber sido visitado por Dios durante la noche para revelarle el porvenir. Ambos al ser paganos carecían de la naturaleza profética que permite interpretar este tipo de experiencias; una condicionante que se repite hasta la fecha con aquellos que no conocen al dador de esos sueños.

De igual manera, los hijos de Dios son capaces de captar una especie de huella que queda en sus espíritus, la cual de manera inevitable los llevará a reflexionar sobre la procedencia de aquel sueño. Los creyentes con una sensibilidad más desarrollada logran identificar esas sutiles señales en sus corazones, mediante las cuales el Eterno denota estar involucrado en la experiencia. El rey Salomón es un ejemplo de ello. Luego de que el monarca israelita fue intervenido por Jehová a través de sueños se «despertó» y «comprendió que era sueño», (I Re 3: 15a), dejando claro con esa expresión que el sueño había sido tan vívido que parecía real. Al terminar la visitación del Señor sobre Salomón, su espíritu no quedó indiferente, sabía que lo soñado no pertenecía a su imaginación, sino que era la voluntad del Eterno siéndole revelada. La gran diferencia entre este gobernante y los anteriores es que él sí sabía qué hacer. Tanto Nabucodonosor como Faraón tuvieron que pedir la interpretación de los sabios paganos, mientras que Salomón supo con exactitud cómo reaccionar, fue directo al trono, actuando en fe con su ofrenda, y con ella profetizaba que aquella palabra se cumpliría sobre él.

Un creyente después de recibir esta clase de impronta debe recoger la mayor cantidad de información posible que le permita luego interpretar qué clase de sueño es, y, por ende, comprender el mensaje. A continuación, se describirán los tipos de sueños que registra la Biblia de acuerdo al mensaje que transmiten:

1) Proféticos personales.

Son anuncios inspirados por el Espíritu, que van dirigidos hacia una persona o familia en particular. Dentro de este tipo de sueños existen dos opciones básicas; la primera, es que vaya dirigida al propio soñador y; la segunda, que apunte hacia alguien externo. Cada vivencia por sí misma debería mostrar a quién va dirigida la profecía. Por ejemplo, si fuera un sueño de carácter personal, los hechos podrían llevarse a cabo en primera persona, en otras palabras, el soñador es el protagonista de los sucesos. También podría mostrarse que es un mensaje personal cuando la persona logra verse a sí mismo en una visión panorámica de los acontecimientos. El sueño lo tiene a él o ella como el eje sobre el que giran los sucesos. En caso de que el mensaje fuera dirigido para otro individuo existe, por lo general, alguna relación directa con esa persona durante la experiencia. También puede suceder que haya un contacto indirecto, por ejemplo, que los eventos ocurran dentro de la casa de esa persona o el viaje sea en su automóvil, a pesar de que su rostro no aparezca. Hago hincapié en que las ideas anteriores no son reglas herméticas, son pistas que por causa de la recopilación de decenas de experiencias extrabíblicas puedo darle.

En este caso, tenga presente que las reglas del cumplimiento de un sueño profético de carácter personal son las mismas cláusulas que se establecen para cualquier profecía hablada. Hay que ser conscientes de que cuando el Eterno le entrega una promesa a alguien, por sueños, es responsabilidad de quien la recibe, ajustarse a lo que el Padre está mostrando para que vengan sobre su vida las bendiciones prometidas. Esa persona necesita alinearse a la hoja de ruta trazada por la mano del Altísimo para que lo anunciado se manifieste. En caso de ignorar lo que Elohim ha transmitido, no hay compromiso alguno de parte del Señor para llevar a cabo su plan con ese individuo. Sin duda el Eterno encontrará a quien sí desee someterse de manera integral a su voluntad.

Perry Stone expone en su libro *Cómo interpretar los sueños y las visiones* que «un sueño de ánimo que revela la voluntad o propósito de Dios puede tomar años para cumplirse, pero

Dios lo da con anticipación para apuntalar la fe, ayudándolo así a continuar sujetado de la promesa de Dios». Entre los ejemplos de este tipo de sueño está el que vivió Jacob, del cual ya se hizo mención. Él en medio de su experiencia recibió de parte del Señor una promesa que involucraba también a su familia. Ante aquel compromiso, Israel reaccionó comprometiéndose a servir a Jehová por el resto de sus días (Gn 28: 12-21). Otro caso que ilustra este tipo de sueños son los que tuvo José siendo joven (Gn 37: 5-10). De manera lamentable, en su caso no contó con el apoyo de su familia ni la capacidad para asimilar por completo lo que el Padre celestial estaba mostrándole. A pesar de ello, igual que en la historia de Jacob, su padre, el Señor terminó manifestando su plan y cumpliendo lo que había anunciado a través de sus sueños.

Las revelaciones que cada uno recibe en sueños son propias, no dejarlas morir y mantener encendida la llama de la oración hasta el día de su cumplimiento debe ser la constante de los videntes. Dejar las experiencias visionarias en el pasado es lo más fácil para la memoria humana, sostenerlas con vida requiere compromiso y pasión. Cuando una profecía es dada por sueños es semejante a un tesoro cuyo valor es para su dueño, pero que quizá para otro sea irrelevante. Con propiedad le aconsejo, no deje fallecer sus sueños.

2) Proféticos territoriales.

Son sueños que se refieren a los acontecimientos del plan del Señor sobre la tierra a nivel de pueblos, ciudades y naciones. Las características que prevalecen dentro de estas experiencias es que los mensajes son generalizados, atemporales y territoriales. No es información personalizada, por decirlo de alguna forma. Aunque en esta clase de sueños, en ocasiones Dios puede transmitir información específica, es poco frecuente.

Muchos videntes son movidos a regiones particulares para profetizar el kayros (tiempo divino) del cielo. Ellos han sido apercibidos en el espíritu de lo que El Todopoderoso hará en ocasiones por experiencias visionarias, y aunque no tengan una hora o persona específica para soltar la palabra, se movilizarán para accionar ese reloj profético.

Cuando una visión o sueño está relacionado con una advertencia nacional, la comprensión de la visión o sueño puede no siempre comprenderse completamente en el momento. Quizá tome días, semanas, meses o incluso años para que ocurra. Sin embargo, si la visión o sueño es una advertencia nacional, a menos que el arrepentimiento pueda cambiar el resultado, se cumplirá, explica Perry Stone en *Cómo interpretar los sueños y las visiones*.

Zacarías fue testigo de lo descrito, según lo que explica el propio profeta en una de sus visiones de noche (que según lo expuesto también se podría interpretar como un sueño) es apercibido de una mudanza en los tiempos proféticos que estaban sobre Israel (Za 1: 8-17). Según se denota en la experiencia, no se le da una fecha u hora específica de cumplimiento ni se le habla de ningún líder en especial, solo se le manda a declarar sobre la nación completa. El vidente era precedido por una serie de profecías de juicio sobre el territorio hebreo desatadas por Jeremías, quien anunció que habrían setenta años de dolor en la región. Cuando vino este sueño a Zacarías, Dios le hizo saber que el tiempo de una nueva etapa había comenzado.

Otro caso semejante es el del profeta Daniel, a quien por causa de la necesidad de salvar su vida y la de sus compañeros le fue revelado, mientras dormía, lo que Nabucodonosor había soñado. Al vidente le fue mostrado el futuro político mundial, pero en especial la venida del Mesías (Dn 2: 31-35). Según los acontecimientos posteriores, se ha llegado a entender que la cabeza de la imagen que miró Daniel representaba a Babilonia, el pecho y los brazos al ser uno y dos al mismo tiempo simbolizó al imperio medo-persa, el vientre es el imperio griego y los pies el imperio romano que luego se dividiría en dos. La piedra, por su parte, es la manifestación de Cristo, quien con su Reino desplazaría a todos los demás. Muy probable en la época en la que se dio a conocer esta revelación, pocos, por no decir que nadie comprendió aquella revelación. Solo hasta que el tiempo transcurrió se pudo llegar a entender la profecía del vidente. Así son esta clase de sueños, no están trazados para ser desatados sobre individuos, sino sobre colectividades. Es por ello que este tipo de experiencias, en su mayoría, son recibidas por videntes con experiencia y dedicados por completo a su oficio.

3) Apocalípticos.

Esta clase de sueños muestra revelaciones apocalípticas acerca de acontecimientos dramáticos sobre una región, como señal profética de los últimos tiempos. Con regularidad, este tipo de sueños anuncia eventos irreversibles, que no dependen de la decisión u oración de nadie. A diferencia de la primera categoría, donde cada persona y familia es responsable de vivir de acuerdo a la profecía para que esta se cumpla; en estos casos, Elohim pretende apercibir a su pueblo de lo que está por acontecer y en caso de ser posible prepararse. Es perfectamente factible que en este tipo de sueños el Eterno muestre terremotos, huracanes, inundaciones, crisis económicas, caída de imperios mundiales, sequías, etc. En estos casos, lo que refleja la experiencia es la consecuencia de la maldad de un territorio acumulada por generaciones. Tal como enseñan las Escrituras, el Señor «visitará la maldad de los padres sobre los hijos hasta la tercera y cuarta generación».

El afamado predicador, David Wilkerson, cuando estuvo en vida escribió un libro denominado *La visión* en el cual explicaba una revelación que había recibido acerca de sucesos próximos en Estados Unidos. La mayoría de esos acontecimientos tenían relación con desastres y guerras, y muchos de ellos se han ido cumpliendo en últimas fechas. Es posible que otras personas se sintonicen a esa voz del cielo que dice: «¡Cristo viene pronto! ¡Arrepiéntanse!», y reciban mensajes semejantes. En casos como estos, la profecía viene a través de gente madura en espíritu.

No es aconsejable alarmarse por cualquier sueño apocalíptico que alguien en su congregación reciba. Quien sea en verdad responsable no va a soltar una amenaza de catástrofe solo porque «siente del Señor». Una persona alineada al verdadero mover profético será a lo sumo cautelosa con una experiencia de esta clase. Un ejemplo bíblico es con exactitud el libro de Apocalipsis, que según se cree le fue impartida al apóstol Juan a través de una combinación de experiencias entre las que se pueden contar visiones, sueños, éxtasis y, aún arrebatamientos espirituales, fenómenos que ampliaremos en este mismo libro, que permiten entender cómo este tipo de mensajes sobre los tiempos finales también tienen cabida en los sueños. La importancia de reconocer este tipo de experiencias es que ayuda a direccionar la oración. Una persona inmadura que reciba un mensaje apocalíptico a través de visiones nocturnas puede confundirlo con una pesadilla. Otros intercederán para que lo que les ha sido mostrado no acontezca, no obstante, debe tenerse presente que estas revelaciones no podrán ser detenidas, ya que son parte del diseño divino para el inminente retorno de Jesucristo.

4) Direccionales.

Esta clase de sueños ocurren en momentos específicos para dar luz sobre acontecimientos concretos en la vida de las personas. Pueden estar relacionados con toda variedad de áreas como; familia, economía, estudios, llamados al ministerio, estrategias de trabajo y hasta problemas físicos. La particularidad de este tipo de sueños es su exactitud tanto cronológica como directiva. La intención de los mismos es dar guía precisa sobre estrategias, que le permitan al pueblo del Señor manifestar su reino entre los mortales. El rango de áreas en las que el direccionamiento puede tener lugar es tan infinito, que podrían ir desde estrategias de negocios hasta la necesidad de cambiar de residencia. Sendos ejemplos de esta clase de sueños son los que vivieron Jacob y José, el padre de Jesús. El primero de ellos en su momento estaba teniendo un problema laboral, ya que su suegro era abusivo con su demanda de trabajo, ante lo que Jehová le respondió a través de un sueño a Jacob para darle una estrategia divina mediante la cual sería prosperado a pesar de la opresión.

Génesis 31: 10-13

Sucedió, cuando las ovejas estaban en celo, que alcé yo mis ojos y vi en sueños que los machos que cubrían a las hembras eran listados, pintados y abigarrados. Y me dijo el ángel de Dios en sueños: Jacob. Y yo respondí: Aquí estoy. Entonces él dijo: Alza ahora tus ojos, y verás que todos los machos que cubren a las hembras son listados, pintados y abigarrados, pues yo he visto todo lo que Labán te ha hecho. Yo soy el Dios de Betel, donde tú ungiste la piedra y donde me hiciste un voto. Levántate ahora y sal de esta tierra; vuélvete a la tierra donde naciste

A posterior, el mismo Jacob necesitó la guía del Señor para saber si era o no el momento para salir de su territorio y entrar en Egipto bajo el gobierno de su hijo José. Ante su duda, el Eterno le confirmó que parte del plan era hacer entrar a la incipiente nación hebrea dentro del territorio egipcio (Gn 46: 1-4). Elohim se reveló de manera extraordinaria a su siervo en la ciudad de Beerseba, donde Israel ofreció sacrificios al Dios del Cielo y en medio de la noche le dio tranquilidad para mudar su tienda. El Eterno se comprometió a acompañarlo en su travesía y cumplir la profecía que le había sido dada a Abraham de convertirlos en un país poderoso. De igual forma que Israel, José fue direccionado por el Espíritu Santo a través de un sueño. En su momento, este último, se encontraba en una encrucijada, ya que su mujer estaba embarazada sin que hubieran tenido contacto sexual, situación por la cual la abandonaría en secreto. En medio de aquella confusión tan profunda que tenía José, el Señor intervino en su vida dándole una guía concreta al respecto. Dios le reveló cuál era el plan que se estaba desarrollando detrás de aquella situación y así pudiera completarse.

Mateo 1: 20-23

Pensando él en esto, un ángel del Señor se le apareció en sueños y le dijo: José, hijo de David, no temas recibir a María tu mujer, porque lo que en ella es engendrado, del Espíritu Santo es. Dará a luz un hijo, y le pondrás por nombre Jesús, porque él salvará a su pueblo de sus pecados. Todo esto aconteció para que se cumpliera lo que dijo el Señor por medio del profeta: Una virgen concebirá y dará a luz un hijo y le pondrás por nombre Emanuel (que significa: Dios con nosotros).

En este tipo de sueños de direccionamiento es frecuente que la experiencia revele información desconocida, y con ella, la persona pueda tomar una decisión acertada o planear una estrategia más productiva. Muchas veces este tipo de sueños pueden ser como rocío en medio de un desierto. En un tiempo donde no hay respuestas y las cosas parecen grises, el Señor puede manifestarse, descubriendo lo que está oculto a través de experiencias visionarias. Es evidente que esta grandiosa capacidad de los sueños espirituales puede confundir a los incautos, gente con ansias de entrar en un noviazgo puede malinterpretar un sueño emocional como una confirmación del Espíritu. Personas ambiciosas con el deseo de realizar un negocio de mucho dinero, pueden pensar que un sueño les dará luz verde para llevarlo a cabo, sin importar si aquello es legítimo o no. El direccionamiento a través de un sueño nunca vendrá en contraposición a las Escrituras. No es compatible la ilegalidad ni los deseos carnales con el fluir del «gran río profético». Los sueños direccionales son como destellos de luz en medio de la oscuridad. Le permiten al soñador contemplar, o al menos, vislumbrar el diseño divino detrás de la prueba. Son capaces de catapultar emprendedores, consolidar líderes y empoderar visionarios. Sin duda, los sueños que transmiten una directriz del cielo traerán consigo prosperidad, protección y seguridad, aunque siempre debe regir la regla de la confirmación para tomar decisiones en base a ellos. No se puede andar corriendo detrás de sueños de manera irresponsable. Debe haber claras señales de confirmación, que permitan el tránsito normal de los acontecimientos divinos. Ya hablaremos sobre las señales como herramientas de interpretación, más adelante. Es claro que una manifestación de Dios no va a dar pie a un divorcio, la separación de una familia o la rebelión contra un ministro probado. Hay que tener cuidado con esa clase de manifestación, que lejos de mostrar la voluntad del Eterno es el reflejo del deseo de la persona.

5) Premonición o advertencia.

Los sueños de advertencia vienen para apercibir a los hijos de Dios sobre inminentes ataques de Satanás contra su integridad o la de alguien cercano. Estas arremetidas diabólicas pueden venir a través de accidentes, violaciones, agresiones físicas o atentados de muerte, por ejemplo. Por lo tanto, los sueños de premonición se pueden considerar señales de alerta espiritual para elevar la intensidad de la oración o ser preparados en lo emocional para lo que viene.

Según el diccionario, la palabra premonición significa: «Presentimiento, presagio de algo que va a suceder», entonces cualquier visión nocturna de este tipo no puede ser pasada por alto y debe provocar una reacción inmediata. Por lo general, esta clase de experiencias dan un margen bastante corto de reacción. Algunas veces solo es cuestión de minutos para que suceda lo que ha sido revelado y hay oportunidades donde los acontecimientos suceden de manera simultánea.

De esta clase de advertencias proféticas hay muchos ejemplos en la Biblia. Están los casos del copero y el panadero del Faraón a quienes José les anunció lo que estaba por acontecerles en breve (Gn 40: 9-19). El más dramático era el caso del panadero, quien no tenía esperanza de vida. Parece cruel anunciarle la muerte a una persona a través de la interpretación de un sueño; sin embargo, hay otros ejemplos bíblicos que certifican que el Padre celestial sí hace este tipo de advertencias. Le sucedió al rey Ezequías a quien Isaías le anunció su muerte repentina. En ese caso, el monarca clamó al Señor y él le respondió preservándole la vida por quince años más. Basado en ese principio, el panadero tenía dos alternativas; rogar por misericordia o ponerse a cuentas con el Creador para morir en paz. De idéntica manera que el copero y el panadero, Nabucodonosor tuvo un sueño donde se le anunciaba lo que le ocurriría como parte del juicio divino en su contra, no obstante, a través del vidente, el rey babilónico tuvo la oportunidad de arrepentirse de su maldad, cosa que no hizo, y por lo cual terminó siendo castigado de igual forma como le había sido mostrado en su sueño.

En la misma línea estuvieron las advertencias que el Señor reveló a través de sueños a diferentes personajes que estuvieron involucrados con el nacimiento de Jesús. En el libro de Mateo se registran casi de manera consecutiva tres sucesos donde el Eterno le advierte, primero a los sabios de oriente y luego a José, como padre de Jesús, de los intentos por acabar con la vida del niño. Las Escrituras enseñan que los sabios antes de visitar a Jesús recibieron un recado del gobernante de aquel momento, Herodes. Intentando engañarlos les pidió que antes de partir de regreso a su casa le anunciaran el sitio donde estaba la criatura. Muy probable, aquellos hombres se lo habrían indicado de no ser porque en sueños fueron advertidos de las malas intenciones que tenía Herodes (Mt 2: 7-12).

Los versos siguientes muestran al padre de Jesús frente a distintos anuncios negativos, que estaban por suceder, y le revelaban la estrategia a seguir para salvar a los suyos. Las advertencias del cielo para guardar a su familia vinieron y él reaccionó de forma adecuada. Primero, cuando debió huir a Egipto para que la matanza provocada por Herodes no pudiera alcanzar a su hijo (Mt 2: 13-15). Posteriormente, a través de la manifestación de un ángel es incitado a volver a Israel, pero no a Belén, sino a Galilea con la intención de guardar a Jesús de las posibles malas intenciones de Arquelao, hijo de Herodes (Mt 2: 19-23). Las advertencias celestiales son valiosísimas para los creyentes, ya que les es imposible conocer por dónde vendrán sus enemigos, a menos que el Todopoderoso intervenga revelando esos planes, (Job 33: 14-18) señala de manera contundente que una de las principales razones por las cuales Elohim se comunica con la humanidad por medio de sueños es «para librar su alma del sepulcro y su vida de perecer a espada». Resulta entonces claro que los sueños de advertencia son parte integral de la teología bíblica y herramienta válida para cualquier hijo de Dios.

6) Confirmación y Aceleramiento.

Un fenómeno recurrente con los sueños es que se repitan. Muchos se cuestionan si esto tiene alguna razón particular, y en cierta manera lo tiene. Existen dos formas en las que se pueden reiterar. La primera, es que se repita la misma noche y; la otra, es que el sueño aparezca en distintos momentos de la vida, donde algunos testifican mantener el mismo sueño a través del tiempo. En cuanto a la primera alternativa, hay una referencia bíblica y una explicación espiritual concreta; con respecto a la segunda opción, no hay material en las Escrituras que lo esclarezca; sin embargo, sí lo hay a nivel científico. El parámetro que ayuda a entender por qué un sueño se repite la misma noche está en la experiencia del Faraón egipcio cuando soñó con las espigas de trigo y las vacas, unas eran hermosas y otras estaban acabadas. Al interpretar aquella vivencia, José dio dos principios por los cuales sucede esto: para confirmar el sueño y denotar que aquello se aproxima a suceder.

Génesis 41: 25,32

Entonces respondió José al faraón: El sueño del faraón es uno y el mismo. Dios ha mostrado al faraón lo que va a hacer. (...) Y que el faraón haya tenido el sueño dos veces significa que la cosa es irme de parte de Dios, y que Dios se apresura a hacerla.

José le asegura al rey egipcio que al haber tenido dos sueños que simbolizan lo mismo, (aquello podría traducirse como haber tenido sueños idénticos) el Señor primero le confirmaba lo que iba a ocurrir y luego que sucedería pronto.

Otras variantes de este tipo de sueños dobles son aquellos donde Dios llama por el nombre dos veces. Es evidente que hay una connotación especial en la cual se busca llamar la atención de la persona. Según Perry Stone en su libro *Cómo interpretar los sueños y las visiones* se explica que la intención de remarcar el llamado era «indicarle (al soñador) que una importante transición o cambio estaba en proceso». Algunos ejemplos a citar, son los de Samuel y Saulo.

Cuando el primero de estos todavía era un niño fue visitado de noche por el Altísimo, para compartirle una revelación. Luego de varios intentos por hablarle mientras se preparaba para dormir la tercera vez fue contundente: «Vino Jehová, se paró y llamó como las otras veces: ¡Samuel, Samuel! Entonces Samuel dijo: Habla, que tu siervo escucha» ((I Sam 3: 10). Lo que vino después fue el anuncio de una gran transformación en el liderazgo del país. La casa de Elí sería retirada del sacerdocio, dando paso al ministerio y gobierno de Samuel.

El caso de Saulo se da en medio de un éxtasis, experiencia en la que se ahondará en otro capítulo, pero que en resumen es un sueño provocado por el Espíritu Santo (He 9: 3-6). La historia registra que Saulo fue sorprendido en su camino a Damasco por Jesús, quien le dijo: «Saulo, Saulo, ¿por qué me persigues?» Literalmente, el Maestro se atravesó en su camino para impedir que continuara en el error y le dio un giro completo a su vida. A pesar de que el Padre celestial tenía toda la atención de Saulo, le repitió su nombre para dejar una impronta en su corazón. Elohim estaba siendo firme con quien se convertiría en el «apóstol a los gentiles» y al mismo tiempo le indicaba que el reloj profético a partir de ese instante corría a una mayor velocidad sobre su vida.

Queda en evidencia cómo el Señor emplea esta herramienta de reiterar los sueños o repetir el nombre del soñador para llamar su atención con fuerza. En mi lenguaje sería como si el Espíritu Santo estuviera subrayando un texto, que en este caso está escrito a través de símbolos. Él quiere que le demos la importancia debida a lo que nos está siendo revelado. En los casos donde la reiteración de los sueños se da en distintos momentos de la vida no se puede aplicar el mismo principio, porque entran otros elementos en juego. Para dar una explicación a esta otra clase de fenómeno es necesario acudir a estudios científicos. Sigmund Freud llegó a ciertas conclusiones posibles al respecto, si bien no es una sentencia definitiva, son posibles razones que la persona debe explorar para encontrar las explicaciones que requiere. Según el padre del psicoanálisis, si una persona de forma constante sueña con las mismas imágenes o sucesos podría presentar tres cosas.

La primera de ellas es que intente «llenar las lagunas del recuerdo», la persona mediante la reiteración de determinados hechos en sus sueños, de manera inconsciente, puede buscar la afirmación de la memoria. En palabras sencillas, esta insistencia de soñar con lo mismo puede ser un mecanismo de la mente para luego recordar esos acontecimientos por considerarlos trascendentes.

La segunda razón que apunta Freud tiene que ver con la intención de «vencer las resistencias de la represión», lo cual plantea que una persona que ha sido reprimida en algún aspecto de su vida intentará liberar ese anhelo de forma repetitiva en sus sueños. Esto significa que si en alguna etapa de la vida, en especial durante la niñez donde hay tanta sensibilidad, se experimenta la reprehensión de un acto, beneficio o deseo importante, se podrá canalizar mediante la constante aparición en los sueños. La tercera tiene que ver con la «neurosis traumática» o «neurosis del terror», la cual se ha identificado luego de que el soñador ha vivido sucesos trágicos. En vista de que esas imágenes han quedado fijadas en el inconsciente, la persona las trae a su presente mediante los sueños.

Según lo que observó Freud, este síndrome aumentaba de modo significativo durante los períodos de guerra, ya que atendió varios casos mientras se libraba la II Guerra Mundial. Este científico afirma que sus pacientes soñaban una y otra vez con la situación que provocó la herida emocional o aún física. Ninguna de las tres respuestas expuestas por Freud antagonizan en ningún sentido con las Escrituras, por lo tanto, el creyente que viva estas experiencias puede analizar si coincide con su situación personal. Es válido tomar en cuenta que estos estudios alejados de un fundamento espiritual se basan en el análisis científico de los casos, lo que puede dar respuestas parciales, no contundentes. Sopese estos aspectos en su vida con la madurez suficiente de saber que en cualquiera de los casos no hay nada que supere el poder sobrenatural del Eterno, el cual puede revertir y restaurar cualquier aflicción que esto provoque. En otro orden de ideas, es valioso tomar en cuenta que, los sueños no solo aplican para quien los tuvo. Hay ocasiones en los que el Señor da a terceras personas experiencias que confirman lo que él ya ha hablado en lo secreto. Tal es el caso de Gedeón, quien, preparándose para atacar a los madianitas en su campamento, fue como espía a revisar el territorio enemigo y se encontró con la confirmación del Señor de una forma inimaginada.

Jueces 7: 13-15

En el momento en que llegó Gedeón, un hombre contaba un sueño a su compañero, diciendo: He tenido un sueño: Veía un pan de cebada que rodaba hasta el campamento de Madián. Llegó a la tienda y la golpeó de tal manera que cayó; la trastornó de arriba abajo y la tienda cayó. Su compañero respondió: Esto no representa otra cosa sino la espada de Gedeón hijo de Joás, varón de Israel. Dios ha entregado en sus manos a los madianitas con todo el campamento. Cuando Gedeón oyó el relato del sueño y su interpretación, adoró. Después volvió al campamento de Israel y dijo: Levantaos, porque Jehová ha entregado el campamento de Madián en vuestras manos.

Esta historia refleja otra forma de confirmación que aportan los sueños: cuando estos no son propios. La variable de ratificación expuesta deja saber que a través de los sueños de los demás, el Señor puede afirmar nuestras decisiones o cambiarlas a tiempo. Es totalmente posible que personas maduras cercanas a nuestra vida o aún distantes, sean impartidas por el Espíritu para luego ministrarnos una palabra del cielo. Hay que ser conscientes de que esta hermosa característica de las visiones nocturnas puede prestarse para manipulación. Existen miles de casos donde las personas inescrupulosas cuentan sus sueños a otros, cuando en el fondo lo que quieren es decirles lo que piensan. En otras palabras, utilizan esta clase de experiencias como tapadero para dar un mensaje con doble sentido. Esas prácticas malignas son tan antiguas como la misma humanidad, el profeta Jeremías las registró como un atentado para la sana relación del Señor con su pueblo.

Jeremías 23: 32

Ciertamente, dice Jehová, yo estoy contra los que profetizan sueños mentirosos, y los cuentan, y hacen errar a mi pueblo con sus mentiras y con sus lisonjas. Yo no los envié ni los mandé, y ningún provecho han traído a este pueblo, dice Jehová.

Frente a esta realidad el creyente debe tener siempre en cuenta que como seres humanos todos somos sujetos de error, por lo tanto, aun alguien con buenas intenciones puede equivocarse. Por tal razón, los hijos de Dios no pueden tomar decisiones en base a sueños ajenos, debe haber un fundamento mayor para hacer cambios drásticos en nuestra vida, además de un respaldo de las autoridades, lo cual es neurálgico. Un parámetro que ayuda a sopesar una palabra recibida a través de sueños es el nivel de madurez de esa persona. Como se explicó con anterioridad, la capacidad para percibir el mundo celestial tiene relación directa con lo ejercitados que puedan estar los sentidos espirituales. Alguien que no tenga un buen testimonio o reputación ministerial dudosa no será nunca una buena fuente de información profética. No se puede olvidar que para estos casos el Espíritu da una cláusula valiosísima, como herramienta de protección ante los abusos de falsos soñadores, videntes mentirosos y profetas manipuladores.

I Tesalonicenses 5: 20-21

«No menospreciéis las profecías. Examinadlo todo y retened lo bueno».

En el Nuevo Pacto cada cristiano ha venido a ser templo del Espíritu Santo y eso nos permite a todos ser receptores de sus palabras o confirmaciones. Tenemos la licencia del cielo para escudriñar bien cualquier profecía, visión, palabra de ciencia o sueño. Nadie nos obliga a aceptar a rajatabla un mensaje de este tipo. Por el contrario, las Escrituras nos advierten que no seamos incautos «no creáis a todo espíritu, sino probad los espíritus si son de Dios, porque muchos falsos profetas han salido por el mundo» (I Jn 4: 1). Frente a semejantes advertencias no podemos achacarle la responsabilidad al Espíritu Santo ni al ministerio profético. Si ya tenemos las reglas del juego, nuestra responsabilidad es saber cómo movernos en el campo.

El principal riesgo en que puede caerse cuando se presenta este tipo de ratificaciones divinas son los engaños del alma. Es en verdad frecuente la aparición de sueños relacionados con el acontecer cotidiano, pero en especial, en lo referente a los deseos del corazón. La propia ciencia ha encontrado en muchos testimonios que las personas de forma ocasional proyectan en los sueños sus deseos reprimidos y los no tan ocultos. Esto representa que no cualquier sueño puede ser tomado como confirmación divina, cada uno tiene que ser muy sincero consigo mismo y coherente con la voluntad del Eterno. Por lo mismo, el salmista clamó diciendo: «¿Quién puede discernir sus propios errores? Líbrame de los que me son ocultos». (Sl 19: 12). Oración que todo soñador responsable debería realizar, pedirle con constancia al Espíritu Santo que escudriñe el corazón y saque a luz las vanidades del alma, que podrían estar escondidas y carcomiendo el propósito del Padre para nuestra vida.

¿Por qué doble?

Ante lo expuesto surgirá una duda lógica: ¿Si no se repite mi sueño significa que no se cumplirá? Es claro que esta ley de los sueños dobles no se aplica en todos los casos, no obstante, hay un principio poderoso detrás del mismo. Al profundizar en el simbolismo del número dos dentro de las Escrituras, se revela una llave valiosa implicada: el poder del acuerdo. Si bien Jesús escogió, «nadie» nos obliga a aceptar a rajatabla un mensaje de este tipo. Por el contrario, las Escrituras nos advierten que no seamos incautos «no creáis a todo espíritu, sino probad los espíritus si son de Dios, porque muchos falsos profetas han salido por el mundo». (I Jn 4: 1). Frente a semejantes advertencias no podemos achacarle la responsabilidad al Espíritu Santo ni al ministerio profético. Si ya tenemos las reglas del juego, nuestra responsabilidad es saber cómo movernos en el campo. El principal riesgo en que puede caerse cuando se presenta este tipo de ratificaciones divinas son los engaños del alma. Es en realidad frecuente la aparición de sueños relacionados con el acontecer cotidiano, pero en especial, en lo referente a los deseos del corazón. La propia ciencia ha encontrado en muchos testimonios que las personas en ocasiones proyectan en los sueños sus deseos reprimidos y los no tan ocultos. Esto representa que no cualquier sueño puede ser tomado como confirmación divina, cada uno tiene que ser muy sincero consigo mismo y coherente con la voluntad del Eterno. Por lo mismo el salmista clamó diciendo: «¿Quién puede discernir sus propios errores? Líbrame de los que me son ocultos». (Sl 19: 12). Oración que todo soñador responsable debería realizar, pedirle de manera constante al Espíritu Santo que escudriñe el corazón y saque a luz las vanidades del alma, que podrían estar escondidas y carcomiendo el propósito del Padre para nuestra vida.

¿Por qué doble?

Ante lo expuesto surgirá una duda lógica: ¿Si no se repite mi sueño significa que no se cumplirá? Es claro que esta ley de los sueños dobles no se aplica en todos los casos, no obstante, hay un principio poderoso detrás del mismo. Al profundizar en el simbolismo del número dos dentro de las Escrituras, se revela una llave valiosa implicada: el poder del acuerdo. Si bien Jesús escogió, ¿se calentará uno solo? A uno que prevalece contra otro, dos lo resisten, pues cordón de tres dobleces no se rompe pronto. En el Antiguo Testamento, la legislación hebraica señalaba que las acusaciones por homicidio (Nm 34: 30), delitos o pecados (Dt 19: 15) necesitaba la presencia de dos testigos como mínimo. En caso de que solo hubiera un acusador, la persona no podía ser juzgada por tal delito y menos ser muerta por el daño causado. De nuevo se muestra la trascendencia de que existan dos personas hablando de lo mismo para tener garantía. «El doble sueño es similar a dos testigos que pueden establecer un hecho. Cuando un sueño se duplica, eso significa que está confirmado y sucederá», explica Perry Stone en su libro Cómo interpretar los Sueños y las Visiones.

Frente a este concepto es que se comprende en mayor plenitud, que dos sueños iguales o que representen lo mismo, son testimonios espirituales de lo que el cielo está por hacer en la tierra. Sirven para determinar que la cosa es firme de parte del Señor y él se acelera en ejecutarlo.

7) Llamado al arrepentimiento.

Este tipo de experiencia ocurre cuando el Espíritu Santo busca guiar a una persona hacia la senda correcta. Dios se muestra a través de sueños «para separar al hombre de su obra y apartar del varón la soberbia», (Job 33: 17), lo cual de manera consecuente lo llevará a la verdad de Cristo. Si bien algunas veces esta clase de sueños pueden venir sobre los hijos de Dios, con regularidad, son el tipo de sueños que reciben los inconversos. Por supuesto, al igual que los creyentes, muchos impíos tienen sueños y algunos de ellos son espirituales; sin embargo, la Biblia solo registra dos opciones de sueño para una persona no creyente. El primero es el que se plantea en este rubro sobre el arrepentimiento y; la segunda clase de sueño que un impío recibe de parte del Señor, es aquel cuyo propósito es ser interpretado por uno de sus siervos. No hay evidencias bíblicas que abran la puerta para que una persona ajena al pueblo de Jehová reciba una revelación apocalíptica o divina de otra especie. Tenga por seguro que el Dios del cielo no va a obviar la necesidad de salvación de una persona para antes darle un mensaje espiritual elevado. El Camino es uno solo, primero Cristo y luego las añadiduras. No hay vías alternas.

La única forma válida en la cual un impío recibe un mensaje codificado, que no tenga que ver de manera necesaria con un llamado al arrepentimiento, es por causa de que hay un plan del cielo para que un hijo suyo lo pueda interpretar. Tales ejemplos son los de José (Gn 41: 14-45) y Daniel (Dn 2). Fuera de estas dos opciones, la situación debería ser revisada con muchísimo cuidado, ya que los espíritus de adivinación pueden parecer sanos y aún con buenos mensajes, pero donde no hay arrepentimiento de pecados es casi imposible que el agua de la fuente sea limpia. El apóstol Pablo vivió una experiencia que lo retrata con claridad:

Hechos 16: 16-18

Aconteció que mientras íbamos a la oración, nos salió al encuentro una muchacha que tenía espíritu de adivinación, la cual daba gran ganancia a sus amos, adivinando. Esta, siguiendo a Pablo y a nosotros, gritaba: ¡Estos hombres son siervos del Dios Altísimo! Ellos os anuncian el camino de salvación. Esto lo hizo por muchos días, hasta que, desagradando a Pablo, se volvió él y dijo al espíritu: Te mando en el nombre de Jesucristo que salgas de ella. Y salió en aquella misma hora.

De forma evidente, el apóstol Pablo se enfrentó a un espíritu de adivinación que no decía nada incorrecto. Las palabras de la joven estaban alineadas a la verdad, pero el varón de Dios discernió lo que había detrás de esos comentarios. De igual manera puede ocurrir cuando alguien inconverso se mueve bajo un supuesto don de visones o sueños, podrá parecer bueno lo que habla, mas no hay garantía alguna que asegure que aquello no es un engaño.

Cuando algún desconocido quiera traer un aparente mensaje profético, sea de la forma que sea, la fórmula más sencilla para conocer cuál es el espíritu que lo gobierna es preguntarle su opinión de Cristo. ¿Es un profeta, un buen maestro, un ser luminoso, un desconocido o el Mesías? La respuesta arrojará luz suficiente para determinar sus verdaderas intenciones. Si por alguna razón surgieran dudas sobre la contestación, puede intentar presentarle a Jesús como Salvador. En base a su reacción podrá determinar con facilidad el tipo de operación espiritual que hay en su interior. Carecería de sentido que alegue haber escuchado al Señor y al mismo tiempo no quiera aceptar a Jesús en su corazón. Eso bastaría para determinar que el motor de esas profecías procede del reino equivocado.

Retomando el punto inicial de este tipo de sueño, donde la motivación central es provocar el arrepentimiento de pecados, hay algunos casos interesantes dignos de analizar. Nabucodonosor, por ejemplo, tuvo una visión nocturna en la cual el Señor le daba un mensaje personal. En principio por ser impío no lo comprendió y necesitó la interpretación de Daniel, quien le explicó que aquella imagen de un gran árbol era él mismo y que los acontecimientos mostrados eran la sentencia del cielo en su contra por causa de su soberbia (Dn 4: 10-26). El hacha divina estaba puesta a la raíz del árbol y la humillación que venía sobre este altivo rey sería increíble. Al terminar la explicación del sueño, el vidente concluyó: «Por tanto, oh rey, acepta mi consejo: redime tus pecados con justicia, y tus iniquidades haciendo misericordias con los oprimidos, pues tal vez será eso una prolongación de tu tranquilidad» (Dn 4: 27).

La palabra cuenta que Nabucodonosor no hizo caso de aquella advertencia, creyéndose mayor a Dios se alzó en su corazón por causa de la grandeza de su imperio terrenal. Un año después, el sueño se cumpliría y la desgracia se desataría sobre el monarca babilónico: «Fue echado de entre los hombres, comía hierba como los bueyes y su cuerpo se empapaba del rocío del cielo, hasta que su pelo creció como plumas de águila y sus uñas como las de las aves», (Dn 4: 33b). Solo con su arrepentimiento la sentencia fue retirada, Dios buscaba que este hombre grande en riqueza y poderoso en la fuerza de su ejército se diera cuenta de que a pesar de ello el soberano era *uno* solo.

Bajo la misma intención fue que llegaron los sueños a Labán (Gn 31: 24) y Abimelec (Gn 20: 4-7), ambos estaban a punto de cometer un error grave en contra de los escogidos de Jehová. Él intervino en sueños para que el primero no agrediera a Jacob y el segundo no tomara a la esposa de Abraham. Los llamó a arrepentirse para que la desgracia no viniera sobre sus casas. Lo mismo le ocurrió a Saulo cuando en su viaje a Damasco para apresar cristianos en la región y juzgarlos de herejía se le apareció Cristo (He 9: 1-9). Como se aprecia en todos los casos citados, el sueño de arrepentimiento vino sobre gente impía. No se descarta tampoco que el Espíritu llame la atención a un creyente por sueños; sin embargo, de ser esto necesario es probable que sea por causa de lo que describe (Ap 3: 15-18) sobre los cristianos tibios de espíritu, los cuales de no enderezar su senda serán vomitados de su boca.

Estos siete tipos de sueños (proféticos personales, apocalípticos, proféticos territoriales, premonición, direccionamiento, llamados al arrepentimiento y confirmación-aceleramiento) enseñan que la intención del Espíritu es comunicarse por diferentes causas con la gente, pero al final de cuentas buscan crear una reacción en la persona. Ese es, con precisión, el sello de cualquier sueño espiritual: generar una decisión, sin importar si es la búsqueda de la sana interpretación, la adoración por la bondad recibida, la oración para comprender el mensaje o un cambio en el estilo de vida. Es imperioso que un sueño celestial deje una huella detrás, que mantenga con vida la experiencia más allá de la memoria.

Una persona que acostumbre a dejar en el pasado sus sueños, como si no fueran importantes, con dificultad recibirá alguna edificación de ellos. Aún los impíos, que registra la Biblia, que no entendían sus sueños, procuraban encontrar la interpretación. La mayoría de ellos tenían en su cultura la conciencia de que sus dioses podían hablarles a través de las visiones nocturnas, razón por la cual, no acostumbraban ignorarlas. Aprender a interpretar sueños pasa primero por tomarlos en serio. Restarles trascendencia porque no son de fácil comprensión es una de las causas más frecuentes por las cuales la gente no sueña o no recibe revelación por esta vía.

Según Perry Stone existen dos tipos de personas: aquellas quienes sueñan a menudo y aquellas quienes sueñan rara vez (…) Cuando los creyentes comienzan a tener sueños que poseen una advertencia o un mensaje críptico o escondido, el acto de soñar puede aplicarse a tres categorías distintas

(...) Primero está el sueño ocasional que contiene un mensaje importante. La segunda categoría se relaciona con los soñadores, quienes tienen un don especial para ver acontecimientos futuros, algo que es completamente inexplicable. La tercera categoría de creyentes es aquellos que han recibido un don especial de revelación e iluminación.

Sin importar cuál sea la categoría con la que usted se identifique, hoy mismo puede comenzar el increíble viaje para interpretar los mensajes codificados del cielo para su vida. Hay una palabra extraordinaria del Señor para usted detrás de ellos. ¡Anímese! Permita que sus sueños lo hagan reaccionar ante lo que el Padre celestial quiere mostrarle y sin duda el Eterno le sorprenderá.

En los próximos dos capítulos explicaré otros tipos de experiencia, que no son explícitamente sueños, pero por sus características se asemejan lo suficiente como para considerarlas dentro del mismo género. El éxtasis y el arrebatamiento espiritual son manifestaciones que producen un estado muy parecido al de cualquier persona que está descansando... ¡Acompáñeme a descubrirlos!

CAPÍTULO VIII
Éxtasis: el sueño provocado por Dios

El éxtasis puede ser conceptualizado como un sueño producido de manera directa por el Espíritu Santo, en el cual quien lo experimenta está impedido para determinar su inicio o su final. A esta clase de experiencia se le puede comprender como una visitación repentina de la presencia divina, donde a la persona le resulta imposible mantenerse en el mismo estado en el que se encontraba. Es frecuente ver cómo una persona cae al suelo o su mirada es transformada mientras está experimentando un éxtasis. Este tipo de vivencia es tan envolvente que todos los sentidos naturales son suspendidos, condición que le permite a la persona enfocarse de forma única en lo que el Padre le comunica.

Quien observe por primera vez esta clase de visitación en otros, puede llegar a resultarle impresionante, porque las capacidades físicas de la persona son reducidas con notoriedad. Hay científicos que en ocasiones comparan el éxtasis con el «estado de shock» un síndrome clínico provocado por la disminución del volumen sanguíneo. Entre sus síntomas se pueden encontrar: palidez en la piel, sensación de angustia, pulso rápido y débil, además de respiración lenta y profunda que a veces es ruidosa. Estas manifestaciones podrían ser motivo de alerta para algunos, como ocurrió el día de pentecostés, pero en el mismo tono que les contestó Pedro, la Iglesia hoy debe decírsele a los incrédulos: «¡Estos no están locos ni enfermos ni ebrios! Esto es lo que dijo el profeta Joel, que en los postreros días el Espíritu se derramaría sobre toda carne».

Quizá para algunos lectores la mención del vocablo éxtasis sea nuevo, no obstante, es probable que hayan visto su manifestación en alguna reunión abierta al fluir del Espíritu Santo, donde las personas «caen como muertas». Hoy los entornos pentecostales y carismáticos presencian de forma regular en sus feligreses todo tipo de manifestaciones extáticas. Ya sea por la imposición de manos del predicador o durante los momentos intensos de oración es frecuente que la gente tiemble, gire alocadamente o caiga de manera repentina, como una evidencia de que están siendo visitados por el Espíritu Santo. En ocasiones se puede llegar a pensar que la persona no tiene control sobre su cuerpo, ya que sus movimientos son erráticos.

El diccionario bíblico Vine define éxtasis como: «la condición en la cual la conciencia normal y la percepción de las circunstancias naturales fueron retenidas, y el alma es susceptible solo de la visión impartida por Dios». Jim W. Goll desarrolla el término diciendo que: «es un estado de rapto en donde uno es llevado cautivo al mundo espiritual para recibir únicamente aquellas cosas que el Espíritu Santo habla».

Un aspecto particular del éxtasis tiene que ver con la comparación recurrente que se le hace con la palabra trance, un vocablo mucho más utilizado en el contexto cultural moderno. Autores cristianos como Goll aseguran que el trance y el éxtasis son sinónimos. Este escritor explica que el éxtasis es un estado de:

(…) aturdimiento en donde la persona es sometida a visiones y revelaciones que Dios desea impartir. Básicamente, un trance es una excitación del cuerpo físico producida sobrenaturalmente. Generalmente una persona en trance queda estupefacta, cautiva, presa y puesta en un estado mental supranormal (por encima de lo normal o anormal).

De igual manera en el libro *Understanding supernatural sisions sccording to the Bible* (Entendiendo visiones sobrenaturales de acuerdo a la Biblia) de David Castro explica que:

Una experiencia estática en donde uno se encuentra más o menos estupefacto, aturdido. En ese estado, la persona es susceptible solo a las visiones que Dios pueda impartirle. Si un trance (un sueño profundo del Señor) ocurre mientras que la persona ya está dormida, cualquiera de las formas de sueños sobrenaturales, sea visuales o reales, puede suceder. Uno puede ver visiones, oír palabras (celestiales o terrenales) o incluso puede abandonar su cuerpo y viajar en el espíritu por una razón especial. Por supuesto, estas cosas no deben ser autoinducidas, sino que se experimentan cuando el Espíritu del Señor así lo desea.

A pesar de que la relación entre los conceptos «éxtasis y trance» es válida, ya que en un diccionario lingüístico ambos términos significan lo mismo; para efectos de este libro realizaremos una separación conceptual con el fin de distinguir con claridad, que el trance es una práctica ocultista y el éxtasis (palabra bíblica) como la vivencia otorgada por el Espíritu Santo. Al crear esta diferencia no intento invalidar las definiciones anteriores, sino crear una línea divisoria clara que permita el estudio de ambas por separado, sin que existan confusiones.

Al analizar este fenómeno bíblico en profundidad se logra entender que el éxtasis es un recurso empleado por Dios para crear la misma condición física y espiritual que se suscita durante un sueño. Dentro de una experiencia extática se unen las mismas variables que en un sueño: la carne está descansando y el espíritu de la persona se encuentra activo y siendo ministrado por el Eterno. La gran diferencia que existe entre ambas clases de experiencia es que el sueño es producto del descanso natural, mientras que el éxtasis es provocado de forma deliberada por el Espíritu

Santo sorpresivamente. Si bien las descripciones bíblicas basadas en la raíz griega del vocablo son muy amplias, hay casos descritos donde las personas parecen haber entrado en una condición de paz inexplicable, muy parecida al dormir.

Como se constatará más adelante, no todas las experiencias denominadas «éxtasis» en el idioma original de las Escrituras podrían ser equivalentes a un sueño, pero algunas sí lo son. En la palabra se encuentran muchísimos ejemplos de esta clase de vivencias donde la persona pierde por completo la noción de lo que sucede a su alrededor y se sumerge en medio de lo que está experimentando su espíritu. El apóstol Pedro, por ejemplo, vivió uno de los principales éxtasis descritos en la Biblia. Según está redactado, él se encontraba orando en el techo de un edificio y mientras esperaba que le sirvieran alimento, vino sobre su vida el poder del Señor:

Hechos 10: 10

«Sintió mucha hambre y quiso comer; pero mientras le preparaban algo le sobrevino un éxtasis».

Lo expuesto demuestra que el apóstol Pedro se encontraba en una condición carnal de fragilidad, ya que estaba hambriento y al decir que le «sobrevino» aquella experiencia, hay una connotación de sorpresa involucrada. Lógico que el predicador no estaba esperando aquella visitación, le vino de repente. Ya dentro de la misma, él no podía decidir cuándo terminarla, el Espíritu Santo era el dueño aún de su cuerpo. El Todopoderoso lo introdujo dentro de un «profundo sueño», como el que tuvo Adán, con el fin de mostrarle al apóstol su diseño para la Iglesia. La revelación que Pedro recibió durante el éxtasis no podía ser de su invención, ya que iba en contra de sus creencias y tradiciones judías más importantes.

Hechos 10: 13-15

Y le vino una voz: Levántate, Pedro; mata y come. Entonces Pedro dijo: ¡De ninguna manera, Señor! Porque ninguna cosa común o inmunda he comido jamás. La voz volvió a él por segunda vez: Lo que Dios ha purificado, no lo tengas tú por común.

El Eterno, justo antes de estos versos, le había mostrado a Pedro un lienzo con gran cantidad de animales con los cuales él debía alimentarse; sin embargo, el fondo de la revelación perseguía que los cristianos judíos entendieran que el Evangelio también era para los gentiles. Es entonces que Dios prepara a Pedro para su encuentro con Cornelio, un centurión de origen romano. De manera curiosa, el apóstol Pablo tuvo su llamamiento ministerial dirigido a los gentiles de la misma forma; a través de un éxtasis. Es importante recordar que por aquel entonces las enseñanzas judías les prohibían a los hebreos compartir el mensaje de Jesús con los pueblos incircuncisos, no obstante, el Señor estaba en su totalidad decidido a cambiar esa realidad.

Hechos 22: 17-21

Volví a Jerusalén, y mientras estaba orando en el templo me sobrevino un éxtasis. Vi al Señor, que me decía: Date prisa y sal prontamente de Jerusalén, porque no recibirán tu testimonio acerca de mí. Yo dije: Señor, ellos saben que yo encarcelaba y azotaba en todas las sinagogas a los que creían en ti; y cuando se derramaba la sangre de Esteban, tu testigo, yo mismo también estaba presente y consentía en su muerte, y guardaba las ropas de los que lo mataban. Pero me dijo: Ve, porque yo te enviaré lejos, a los gentiles.

Lo que se concluye de ambas experiencias extáticas es que esta herramienta fue usada por el cielo para traer una revelación fresca hacia la Iglesia primitiva. Al ser los primeros apóstoles y muy probable que también los primeros creyentes, en su mayoría de origen judío, el mensaje de salvación estaba recluido dentro del pueblo israelita. El Señor, por su parte, estaba determinado a cambiar esa realidad para que se cumplieran las profecías dadas por sus siervos (He 15: 15-17) y comenzar a ensanchar las estacas del Evangelio. En definitiva, el éxtasis es una herramienta divina empleada durante el Nuevo Testamento para establecer principios distintos y mayores a los que antes tenía el pueblo judío.

De manera evidente, lo expuesto también le abre un espacio significativo a los abusadores y a toda clase de manipulación posible. Bajo el argumento de haber tenido una visitación divina, cualquiera puede torcer las Escrituras o «añadirles revelación», como ya ha sucedido. Entendiendo ese contexto sobrenatural en el que habita la Iglesia, sus miembros deben reconocer que ninguna revelación personal puede atentar contra lo que ya está escrito en la palabra. A pesar de que los apóstoles Pedro y Pablo recibieron en sus experiencias información, desde un punto de vista relativo, nueva para muchos, en realidad no lo era, puesto que los profetas israelitas lo habían anunciado con anterioridad. En el Antiguo Testamento ya existía evidencias proféticas del arribo de tiempos en los cuales toda persona que buscara al Señor lo encontraría, sin importar si era o no judío.

Amos 9: 11-12

En aquel día yo levantaré el tabernáculo caído de David: cerraré sus portillos, levantaré sus ruinas y lo edificaré como en el tiempo pasado, para que aquellos sobre los cuales es invocado mi nombre posean el resto de Edom y todas las naciones, dice Jehová, que hace esto.

En otras palabras, la profecía ya había sido dada, el problema era que continuaba sellada o mejor dicho vedada para el entendimiento humano. Vuelvo a insistir en que es a lo sumo peligroso asumir como válida una revelación sea por sueño, visión o éxtasis que atente contra las Escrituras. No basta con que dos o tres ministerios se pongan de acuerdo para predicar la misma «doctrina revelada» para aceptarles sus discursos. Se necesita un contexto profético más profundo y de peso para aceptar los mensajes novedosos. La Iglesia necesita madurar en el establecimiento de una cultura profética, que le permita estar apercibida de los tiempos que vive y de pesar aquellos mensajes que no proceden del cielo.

Dentro de la misma línea reveladora que la de sus compañeros ministeriales, el apóstol Juan recibió el Apocalipsis gracias a la intervención de diversas experiencias espirituales. Es bien conocido este documento como: El libro de las revelaciones de los últimos tiempos, las cuales le fueron dadas a conocer por visiones, sueños y hasta éxtasis. En una de estas manifestaciones el propio apóstol Juan describe su situación como la de quien cae fulminado:

Apocalipsis 1: 17

«Cuando lo vi, caí a sus pies como muerto. Y él puso su diestra sobre mí, diciéndome: No temas. Yo soy el primero y el último».

Juan ejemplifica las sensaciones que experimentó cuando contempló a aquel personaje, él mismo se describe como si hubiera fallecido. En apariencia, el discípulo amado había muerto, pero lo que el Señor buscaba en realidad era mostrarle la esfera espiritual, lo cual le sería imposible en su estado carnal. Cuando un éxtasis genuino se presenta es porque la revelación que será impartida es tan intensa o importante, que el sujeto no puede distraerse con lo que está a su alrededor y quizá por eso la apariencia de quien tiene un éxtasis es como la de quien ha fallecido.

Lejos de juzgar a quien experimenta una vivencia genuina de este tipo, debemos ser conscientes de que cuando el Eterno se manifiesta en su máximo esplendor es prácticamente imposible mantenerse inalterable. Es natural que cuando la presencia del Padre se hace palpable, las rodillas humanas se doblen, los corazones tiemblen y los ojos espirituales sean asombrados.

Un ejemplo bíblico que confirma que la sintomatología al recibir un éxtasis aparenta el estar muerto, como lo describió Juan, es la historia de la liberación del joven sordo y mudo por parte de Jesús. Versiones hebreas traducen la condición del muchacho posterior a su sanidad como la de un éxtasis, mientras que versiones hispánicas se refieren a aquello como a la apariencia de haber fallecido (Mr 9: 26-27). «Entonces el espíritu, clamando y sacudiéndolo con violencia salió; y él quedó como muerto, de modo que muchos decían: Está muerto» (Versión RVR 1989). «Dando alaridos y tirando al niño en un trance violento, el ruaj salió de él. El niño yacía allí como un cadáver, así que la mayoría de la gente decía que estaba muerto», (traducción Kadosh).

Los espíritus que arrojaban al joven al fuego y al agua fueron reprendidos por Cristo y al abandonar el cuerpo a todos les pareció que había muerto. El encuentro liberador con Jesús extasió al joven, quien luego se reincorporó a la vida normal junto a su familia. Este texto nos permite entender lo que muchas veces sucede con una persona que está siendo liberada. Son frecuentes los testimonios donde la gente que ha vivido una liberación dice haber visto maravillas durante esa ministración, mientras que los que reprendía solo observaban reacciones violentas, cambios de voz o comportamientos corporales anormales en la persona. Por un lado, tenemos la evidencia de que el individuo es tomado en su mente y espíritu por Cristo para ser liberado, mientras que en contraposición vemos un cuerpo que no tiene control racional de sus movimientos, muy probable por el resultado de la acción demoniaca. A este fenómeno podemos denominarlo: éxtasis liberador o éxtasis de liberación.

En la actualidad, las iglesias que le dan cabida al Espíritu Santo experimentan con mucha y en ocasiones con demasiada frecuencia esta clase de vivencias entre sus feligreses. Es en realidad muy normal observar cómo personas caen «como muertas» luego de la imposición de manos de un ministro, revolotean sus manos durante una predicación o giran sin control durante la alabanza. A pesar de que muchos creyentes e inconversos sacan provecho de esto para burlarse, dada la notoria falsedad de esos actos, no podemos olvidar que un día aquellas evidencias con probabilidad surgieron de una experiencia sincera en su totalidad. Lo que para muchos se ha vuelto «una costumbre evangélica de caer para atrás», en el pasado fue la manifestación genuina del éxtasis que los creyentes vivían, como en el citado caso de Juan y del mismo joven que fue libre. Es por ello neurálgico determinar que toda experiencia genuina del Espíritu Santo siempre será espontánea, mientras que una vivencia falsa o diabólica siempre será inducida. Por más inocente que parezca esa simulación, con ella no se le aporta nada a nuestra vida cristiana, por el contrario, le damos cabida a la mofa de los inconversos o los escépticos, y en el peor de los casos colaboramos en la construcción de una seudocultura evangélica pentecostal, que nada tiene que ver con la manifestación del Espíritu Santo.

No está de más mencionar que un creyente siempre debe buscar la forma más natural y transparente para interactuar con Dios. Por más que observemos que «todo el mundo lo hace» no significa que nosotros debemos caer en el mismo comportamiento, eso no nos convierte en gente espiritual o más sensible al mover del Señor, esas ideas son erróneas. El Padre celestial ama la sinceridad en sus hijos, él no está buscando individuos que anhelen las experiencias exóticas o místicas, sino adoradores en verdad. Por lo tanto, no induzca sus reacciones ante una ministración, prédica o canto de alabanza; dele espacio al Espíritu Santo para que él trabaje. Sería ideal que, si un día usted se encuentra como muerto, postrado en el suelo o bajo una visión envolvente, aquello sea el resultado de la intervención divina y no producto de sus deseos personales.

Regresando al tema del éxtasis podemos encontrar otro dato importante con respecto a este fenómeno, el cual se encuentra en la raíz de la palabra, ya que proviene del griego «ekstasis» y aparece en los escritos originales en muchas oportunidades, haciendo referencia a otra clase de manifestaciones como el espanto, el temblor, la sorpresa y el asombro:

Marcos 16: 8

«Ellas salieron huyendo del sepulcro, porque les había entrado temblor y espanto; y no dijeron nada a nadie, porque tenían miedo».

Job 4: 13-14

«En la imaginación de visiones nocturnas, cuando el sueño cae sobre los hombres, me sobrevino un espanto y un temblor que estremeció todos mis huesos».

Hechos 3: 10

«Y lo reconocían que era el que se sentaba a pedir limosna a la puerta del Templo, la Hermosa; y se llenaron de asombro y espanto por lo que le había sucedido».

Lucas 5: 26

«Y todos, sobrecogidos de asombro, glorificaban a Dios. Llenos de temor, decían: Hoy hemos visto maravillas».

En esta sintomatología, se pueden incluir siete diversos tipos de expresiones, que registran las Escrituras con las cuales se describe lo que se podría reconocer como éxtasis:

1) Un sueño profundo del Señor (Dn 10: 9). «Pero oí el sonido de sus palabras; y al oír el sonido de sus palabras caí sobre mi rostro en un profundo sueño, con mi rostro en tierra». (Job 33: 15; Dn 8: 18).

2) Caído, pero con los ojos abiertos (Nm 24: 4) «dice el que oyó los dichos de Dios, el que vio la visión del Omnipotente; caído, pero abiertos los ojos». (Nm 24: 16)

3) Asombro (Mr. 5: 42). «Inmediatamente la niña se levantó y andaba, pues tenía doce años. Y la gente se llenó de asombro», (Ap 17: 6; Lc 5: 26).

4) Un gran temor, (Lc 2: 9). «Y se les presentó un ángel del Señor y la gloria del Señor los rodeó de resplandor, y tuvieron gran temor». (He 5: 5, 11; Dn 10: 7; Mr 4: 41).

5) Temblor o sacudirse, (Job 4: 14). «Me sobrevino un espanto y un temblor que estremeció todos mis huesos». (Sl 2: 11; Job 21: 6).

6) La mano de Jehová; (Ez 8: 1). «En el sexto año, en el mes sexto, a los cinco días del mes, aconteció que estaba yo sentado en mi casa, y los ancianos de Judá estaban sentados delante de mí, y allí se posó sobre mí la mano de Jehová, el Señor", (Ez 1: 3. 3: 14. 33: 22).

7) Estar en el Espíritu, (Ap 1: 10). «Yo estaba en el Espíritu en el día del Señor y oí detrás de mí una gran voz como de trompeta». Santo. En ciertos casos puede decirse que el Señor obliga al vidente a entrar en un estado de mayor reposo con el fin de que sus sentidos humanos estén minimizados y su espíritu más receptivo. Por mucho tiempo, la Iglesia del Señor ha estado ajena a manifestaciones hermosas del Altísimo de las cuales el

enemigo ha sacado provecho. Así como en el pasado no se creía en la existencia de las lenguas angélicas, aunque en la palabra están descritas con claridad, hoy muchos dudan de la existencia del éxtasis como una evidencia genuina de la presencia del Eterno sobre una persona, en especial por la relación que se hace con el paganismo.

«Tantas cosas buenas de Dios han sido apropiadas por el diablo, al punto de que la mayoría de las personas, automáticamente, hoy relacionan estos fenómenos con las filosofías de la Nueva Era y el ocultismo», comenta Goll en su libro sobre este tema. «Cuando son comprendidos apropiadamente e iniciados por el Espíritu de Dios, los trances "éxtasis) son algo maravilloso, excitante y fabuloso; otra experiencia poderosa que lleva a la persona al mundo celestial"», detalla sobre los beneficios de tener un balance a la hora de analizar estas vivencias.

Con lo anterior, queda claro que a partir del momento en el que una persona necesita inducir la vivencia está cayendo en un error. Toda manifestación genuina del Espíritu Santo no puede ser provocada por ejercicios de meditación ni cosa parecida. Cuando un creyente entiende la legitimidad de las experiencias visionarias puede apasionarse tanto por ellas, que termina buscándolas a través de esfuerzos humanos. Reiteramos que la regla inalterable para determinar si una experiencia es o no del Señor es su espontaneidad. La naturalidad con la que el Padre celestial trabaja debe estar presente para considerar aquella vivencia como verdadera. De manera notoria, solo la propia persona puede saber si lo que experimentó fue del cielo o de su imaginación, por lo tanto, los creyentes deben siempre afanarse por la sencillez y la humildad, abandonando la extravagancia y el misticismo, puesto que esos discursos provocan que la gente caiga en error.

De forma lamentable, este mundo de sobrenaturalidad tan extraordinario puede dar pie a que quienes tienen iniquidad en su corazón, consciente o inconscientemente, crean que pueden incitar estas experiencias, lo cual es imposible. Para alcanzar un éxtasis, a diferencia del trance, no hay una fórmula establecida. No consiste en orar más de diez minutos ni adorar con intensidad por más de una hora. Tampoco los ayunos extendidos ni las grandes ofrendas pueden garantizarlo. Solo el Espíritu Santo sabe cómo, dónde y a quién lo dará, mientras tanto los creyentes necesitamos aprender a sostenernos en santidad y búsqueda de su presencia para que en última instancia sea él quien determine cómo nos hablará.

Hay que tener siempre claro que, el Eterno conoce los tiempos mejor que cualquier ser humano y él sabe cuándo es el momento para comunicarse a través de un sueño, visión, éxtasis o cualquier otra manifestación. Ser paciente es una de las claves primordiales para la visitación del Señor. Hay que aprender a esperar en él, porque cuando llegue el momento preciso, sin duda, él se revelará con toda su gloria. Es bueno recordar también que no es saludable ceñirse con un solo tipo de experiencia para comunicarse con Dios, como lo podría ser el éxtasis. La sabiduría de conocer que el Padre celestial puede hablar de distintas formas, debe mantenernos alertas siempre para que sea él quien soberanamente nos ministre, sin importar si es a través de una mula que habla o un niño que recibe visiones nocturnas como Samuel. Lo que es incuestionable es que él ha prometido que nos visitará y sin duda tarde o temprano lo hará. ¡Aleluya! La perversión de Satanás: el trance.

La gran diferencia que se puede encontrar entre el trance y el éxtasis, como ya se ha mencionado, es que el primero será provocado por ejercicios de diversa índole, mientras que el éxtasis es en lo absoluto involuntario, ya que el Espíritu Santo es quien lo produce. Muchos promotores del trance intentan convencer a los incautos de practicarlo, diciéndoles que este no tiene nada de sobrenatural, según ellos, por el contrario, esta práctica ocultista «es un estado natural de la mente».

Desde la antigüedad, el trance ha caminado paralelo al éxtasis, es decir, así como Dios levantó profetas y Satanás estableció falsos videntes lo mismo ha ocurrido con esta manifestación. El enemigo de la Iglesia, como imitador por excelencia, tomó lo que procedía del Espíritu y lo tergiversó para confundir a los ignorantes.

Modernamente han surgido algunos tipos de trance que se han introducido como prácticas clínicas de algunos profesionales de la psicología. Hay quienes fomentan el trance hipnótico, por ejemplo, para resolver problemas del alma o la psiquis. Los expertos lo definen como «un estado alterado de conciencia» muy similar al del éxtasis. Por su parte, la hipnosis es conceptualizada como «la técnica que nos conduce al mismo yo». Se concluye entonces que no habrá trance, sin que primero haya hipnosis, lo cual para efectos bíblicos es en lo absoluto improcedente. Los practicantes de la Nueva Era buscan substituir todo lo que tenga que ver con Dios por ejercicios humanos o de la mente. Esto se realiza con el fin de hacerle pensar a los individuos que ellos mismos son dioses capaces de realizar cualquier cosa imaginable.

Una definición más amplia del trance o «cuadro hipnótico» explica que este aparece cuando «la sugestión o la autosugestión produce un efecto autopotenciado y exagerado, en la mente de la persona, que genera cambios neurofisiológicos visibles, que se pueden confundir con el sueño fisiológico». Según detallan los que practican estas técnicas ocultitas «esas manifestaciones visibles, se conocen como: estado de trance». Para la psicología, el trance extático «es una salida del ego fuera de sus límites ordinarios la cual se realiza en la búsqueda de supuestos deseos innatos y profundos». Los especialistas en ese campo aseguran que el trance «es un estado extraordinario de consciencia despierta, determinado por el sentimiento y caracterizado por el arrebato interior y por la rotura parcial o total con el mundo exterior».

Las similitudes entre el trance y el éxtasis pueden dar pie a que se tergiverse la verdad con facilidad, en especial frente a los que son desconocedores de la Palabra. Las aparentes bondades del trance son su principal arma de engaño. En especial cuando aseguran que «en todo ser humano la sugestión exagerada o estado hipnótico, se produce de forma natural».

Otra gran diferencia que deriva de la comparación con el éxtasis es que los practicantes del hipnotismo sugieren que este «fenómeno se origina a partir de nuestros órganos sensoriales». Según lo explican al estimular de forma externa (hipnosis) o interna (imaginación) los sentidos, se logra conseguir una serie de respuestas en la corteza cerebral que producirán determinada reacción. Dicha reacción, de acuerdo a las posturas de la hipnosis, se «autopotencia o se retroalimenta interna y externamente» mediante las experiencias anteriores y las creencias espirituales personales. Esa idea les permite promover que cualquier persona sea llevada al estado de trance sin importar edad, clase social o niveles de educación.

Por otra parte, está el papel del hipnotista a quien algunas personas le remiten un poder sobrenatural y otros intentan simplificarlo al compararlo con el oficio de cualquier profesional. La particularidad es que ambos bandos tienen cierta parte de razón, ya que, por un lado, las capacidades del hipnotizador son en lo sobrenatural malignas, puesto que guía al individuo por el camino que él o ella consideran convenientes, y al mismo tiempo devengan ganancias de sus prácticas, como lo haría un graduado universitario por sus oficios. Quien ejerce esta función literalmente busca substituir al Espíritu Santo, quien es el único que debería estar a cargo de estos procesos cuando el éxtasis genuino tiene lugar.

El principal perjuicio de practicar el trance hipnótico radica en la confianza que se deposita en esas personas de dudoso currículo. La mayoría de los individuos que asisten a una sesión de hipnosis lo hacen por referencias o en el mejor de los casos porque vieron los efectos del mismo con sus propios ojos, pero en realidad no conocen en profundidad al hipnotista a nivel espiritual. Ignoran que al caer en un estado hipnótico terminan en una condición de suma fragilidad, al igual que el extático; sin embargo, mientras los primeros se ponen en manos de un ser humano, los segundos caen en poder del Espíritu Santo. Al entrar en trance, los sujetos a cargo pueden manipular la mente o peor aún ministrar sus propios demonios a los demás. Literalmente es abrir una puerta hacia lo desconocido del mundo de las tinieblas. Sobre esta clase de experiencias es que la Palabra hace referencia a través del profeta cuando aseguraba que:

Jeremías 17: 5-8

Así ha dicho Jehovah: Maldito el hombre que confía en el hombre, que se apoya en lo humano y cuyo corazón se aparta de Jehovah. Será como la retama en el Arabá; no verá cuando venga el bien, sino que morará en los pedregales del desierto, en tierra salada e inhabitable. Bendito el hombre que confía en Jehovah, y cuya confianza es Jehovah. Será como un árbol plantado junto a las aguas y que extiende sus raíces a la corriente. No temerá cuando venga el calor, sino que sus hojas estarán verdes. En el año de sequía no se inquietará, ni dejará de dar fruto.

Carece de sentido absoluto que un creyente maduro busque en su sano juicio el poder de la hipnosis para darle respuesta a sus problemas. Darles espacio a hombres o mujeres impías para que les ministren el espíritu de tal forma es una imprudencia en letras mayúsculas.

Si bien las sociedades modernas han construido toda clase de sustitutos para Dios, como ocurre hoy con la medicina, por ejemplo, los hijos de Dios deben cuidarse de esas falsas doctrinas. La gente del mundo y aún algunos creyentes concentran sus esperanzas en las manos de un cirujano o en las recetas de un psiquiatra; hay quienes piden consejos a un psicólogo, esperando encontrar las respuestas que solo el Padre celestial tiene. Pretender que la sanidad vendrá en exclusiva de las manos de un médico es un grave error, porque aún el mejor de ellos no es capaz de preservar o quitar la vida si así no lo ha dispuesto Jehová. De igual modo sucede cuando se ingiere un fármaco o se buscan consejos en el razonamiento humano. Todo es inservible cuando ponemos al Espíritu Santo en segundo lugar, él siempre debe ser el primero en todo.

CAPÍTULO IX
Arrebatamiento espiritual: Experiencia fuera del cuerpo

Concebida como una de las experiencias más envolventes y extraordinarias que registran las Escrituras aparece lo que en lo personal he denominado como: arrebatamiento espiritual. En esta vivencia existe una marcada separación entre el espíritu y el cuerpo humano, todo gracias a la intervención divina. Literalmente el Espíritu Santo permite una comunión tan profunda con el creyente que estos son llevados «de la mano de Dios» en su espíritu a recorrer lugares, tanto celestiales como naturales, bajo una perspectiva divina en tiempo real. El espíritu de la persona es despojado por el Padre de su condición terrenal, con el fin de facilitarle su incursión en la esfera invisible para ser sujeto de revelaciones extraordinarias.

Según explica Jim W. Goll el arrebatamiento espiritual es aquella experiencia «fuera del cuerpo, donde el espíritu humano abandona el cuerpo físico y comienza a viajar a la dimensión espiritual por el poder del Señor». Muchos otros teólogos llaman a esta clase de manifestación: «experiencia fuera del cuerpo», lo que podría generar controversias, dependiendo del contexto doctrinal del que provenga el lector. A pesar de ello, la intención de este capítulo no es crear un escándalo teológico, sino crecer en una relación más intensa con el Padre celestial, quien es en el dador original de esta clase de manifestaciones.

La relación entre el arrebatamiento espiritual y el sueño quizá en principio no sea evidente, sin embargo, al estudiar ambos fenómenos encontramos que, ambas, para tener lugar necesitan que el cuerpo de la persona esté descansando. Sería imposible tener un sueño si el individuo está despierto y de igual modo sucede con el arrebatamiento; la persona debe, al menos, estar descansando o en caso contrario «caerá como muerto», tal como sucede con el éxtasis. En varios ejemplos que retrataremos en este mismo capítulo, el profeta Ezequiel es arrebatado en su espíritu por el Señor, pero antes de suceder se puede identificar con claridad cómo su carne se encontraba descansando.

Ezequiel 43: 3, 5 (el énfasis es propio).

La visión que vi era como aquella visión que había visto cuando él vino para destruir la ciudad y como la visión que había visto junto al río Quebar. Y caí postrado sobre mi rostro. Entonces el Espíritu me levantó y me introdujo al atrio interior. Y he aquí que la gloria de Jehovah llenó el templo.

En otra ocasión y de forma muy similar, Ezequiel narra que mientras estaba sentado junto a los ancianos de Israel fue arrebatado por una figura celestial que lo llevó a recorrer los sitios ocultos de paganismo dentro del pueblo hebreo (Ez 8: 1-5), si bien el vidente no dormía, su cuerpo sí estaba en reposo. Se puede concluir entonces que, es en realidad complicado que una persona estando de pie sea arrebatada de manera espiritual y aun así logre sostenerse sobre sus extremidades. Por lo general, la persona que vive esta manifestación espiritual también experimenta la anulación en sus sentidos humanos, literalmente es abstraída de la realidad tal como le sucede a una persona dormida. Con esto no pretendo decir que el requisito indispensable para ser arrebatado de forma espiritual es estar dormido, la intención de esta observación no va por ese camino. La verdadera motivación de crear esta relación con el sueño es determinar que al suscitarse ese «rapto espiritual» es indispensable que las capacidades sensoriales humanas estén suspendidas mientras dura la experiencia.

Es por completo posible que, al terminar una vivencia de este tipo, la persona sea incapaz de diferenciar si aquello fue una visión, un sueño, un éxtasis o un arrebatamiento espiritual, porque los límites entre cada uno son en realidad difusos cuando se está inmerso en ellos. Además, las diferencias son importantes para efectos de estudio, aun así, en el campo práctico esto carece de sentido, ya que lo importante es el mensaje y no la forma en la que llega el mismo.

A través de todas las Escrituras hay innumerables descripciones de personas, las cuales fueron tomadas por el Padre celestial y luego proyectadas hacia el mundo espiritual por él. Entre ellos el que con mayor frecuencia describe estas vivencias sobrenaturales es con precisión el profeta Ezequiel:

Ezequiel 3: 12, 14-15

Entonces el Espíritu me levantó y detrás de mí escuché una voz de trueno que decía: ¡Bendita sea la gloria del Señor donde él habita! (…) Luego el Espíritu me levantó y me tomó. Yo iba con amargura y con mi espíritu enardecido, pero la mano de Jehovah era fuerte sobre mí. Luego llegué a los cautivos de Tel Abib, pues ellos habitaban allí, junto al río Quebar, y permanecí allí entre ellos, atónito, durante siete días.

Una característica que se evidencia a través de la descripción del profeta es que él era movido por la voluntad divina hacia sitios, donde tenía que profetizar la palabra que el Rey de Reyes le había revelado para Israel. En ningún momento el vidente demanda algún tipo de transportación o declara una súplica que incite ese movimiento espiritual. Es literalmente el Señor quien determinó que Ezequiel viviera aquella experiencia. Esta particularidad del arrebatamiento se repite en todas las descripciones que encontramos en la Biblia sobre este fenómeno, siempre es el cielo quien las abandera, no el hombre. La versión hebrea Kadosh en el versículo catorce complementa a la perfección esta descripción: «Y el Ruaj me levantó y me transportó. Fui en el impulso de mi ruaj, con la mano de YAHWEH fuerte sobre mí.

Esta traducción de una manera todavía más específica describe una experiencia donde el vidente es forzado a entrar en el mundo espiritual al punto de perder conciencia de la gravedad. Ezequiel, durante todo su libro, expresa no tener dominio absoluto de su estado, por el contrario, describe cómo es llevado por el mismo Dios a la ciudad de Jerusalén.

Ezequiel 8: 3

Aquella figura extendió la mano y me tomó por las guedejas de mi cabeza; y el espíritu me alzó entre el cielo y la tierra y me llevó en visiones de Dios a Jerusalén, a la entrada de la puerta de adentro que mira hacia el norte, donde estaba la habitación de la imagen del celo, la que provoca a celos.

En este caso, la versión hispánica no permite lugar a dudas, de manera textual, Ezequiel describe que fue elevado entre el cielo y la tierra hasta un punto específico de su nación, donde el Señor quería llevarlo para mostrarle en visión las abominaciones del pueblo hebreo en contra de Jehová. A continuación, se lee de forma clara cómo el Espíritu del Señor hace todo un recorrido junto al profeta, donde le muestra distintos lugares del santuario, en los que había pecado de idolatría oculto y hasta le muestra quiénes eran los que fomentaban aquellas prácticas. Al final y justo antes de terminar aquel increíble paseo, el Espíritu de Jehová lo reubica en el sitio donde debe profetizar a los cautivos.

Ezequiel 8: 7, 14, 16. 11: 1a, 24

Entonces me llevó a la entrada del atrio. Luego miré, y he aquí, un agujero en la pared. (...) Luego me llevó a la entrada de la puerta de la casa de Jehovah que da al norte, y he aquí que estaban sentadas allí unas mujeres, llorando a Tamuz (…) Entonces me llevó al atrio interior de la casa de Jehovah. Y he allí, en la entrada del templo de Jehovah, entre el pórtico y el altar, había unos veinticinco hombres con sus espaldas vueltas hacia el templo de Jehovah y sus caras hacia el oriente, postrándose ante el sol, hacia el oriente (...) El espíritu me elevó y me llevó a la puerta oriental de la casa de Jehová, la cual mira hacia el oriente (...) Luego el Espíritu me elevó y me volvió a llevar en visión del Espíritu de Dios a Caldea, a los que estaban en la cautividad. Entonces la visión que había visto se fue de mí".

Semejante experiencia solo confirma de manera contundente la existencia y legitimidad de los arrebatamientos espirituales, como formas en las cuales el Espíritu puede revelar cosas extraordinarias a sus siervos. El Eterno de forma recurrente tomaba el espíritu del profeta Ezequiel para someterlo a experiencias sobrenaturales. Todo con la intención de llamar al arrepentimiento al resto de israelitas. El Altísimo deseaba que el vidente fuera testigo de sucesos, que de otra manera le hubiera sido imposible presenciarlos. En concreto, el Todopoderoso quería un testigo entre los hijos de los hombres que documentara lo que en realidad ocurría dentro de las paredes secretas, en los lugares ocultos de Israel para que luego hubiera conciencia plena del porqué Dios traía juicio sobre la nación. Bajo esa misma unción del vidente, el Rey de Gloria continuó arrebatando a Ezequiel y en uno de los textos más famosos del vidente, que por cierto es usado con frecuencia por muchos ministros modernos, aquel profeta testifica haber tenido otro recorrido en su espíritu junto al Dios de los cielos:

Ezequiel 37: 1-2

La mano de Jehová vino sobre mí, me llevó en el espíritu de Jehová y me puso en medio de un valle que estaba lleno de huesos. Me hizo pasar cerca de ellos, a su alrededor, y vi que eran muchísimos sobre la faz del campo y, por cierto, secos en gran manera.

Ante la significativa cantidad de experiencias citadas por Ezequiel es casi imposible ignorar este fenómeno espiritual. Negarlo o tratar de justificar de manera racional cómo el vidente pudo tener tantas experiencias fuera del cuerpo es casi imposible. Resulta más práctico ser humilde y pedir al Señor revelación sobre una experiencia tan estigmatizada, mediante la cual el Señor ha ministrado a su pueblo desde la antigüedad. Siendo muy honestos, casi en la mitad del libro escrito por el profeta Ezequiel describe sus revelaciones proféticas en medio de estos tipos de manifestaciones extraordinarias, donde él es transportado en el espíritu por la mano del Señor.

En los capítulos finales de las revelaciones de Ezequiel se describe con amplitud el recorrido al que fue sometido por el Señor. Un viaje que habría sido imposible de no haber sido arrebatado en su espíritu para ser llevado a todos esos lugares mencionados. Ese traslado profético es descrito en los versos 40: 2-3. 17, 24, 28, 32 y 35. 41: 1. 42: 1. 15, 43: 1. 5, 44: 1 4, 46: 19. 47: 1-2 y comienza diciendo que:

Ezequiel 40: 2

«En visiones de Dios me llevó a la tierra de Israel y me puso sobre un monte muy alto en el cual, al lado sur, había algo como una estructura de ciudad».

Es valioso subrayar que durante todo el recorrido y en ninguno de los versos, Ezequiel testifica haber tenido dominio alguno de sus movimientos. En todo instante era llevado por Dios, él era su guía. No existe en todas sus descripciones ni siquiera un rastro o pequeña opción de creer que el vidente era quien determinaba cuál era el próximo destino de su viaje, es más, cada parada siempre tenía un propósito divino específico. Lo anterior es recalcable, porque más adelante abordaré la perversión diabólica que se ha hecho de esta experiencia, conocida en el contexto pagano como: desdoblamiento o viaje astral. En estas prácticas ocultistas el individuo posee el poder para moverse a su antojo, aunque en el fondo es dirigido igual que marioneta por Satanás. El diablo le hace creer a quienes buscan salir de su cuerpo que tienen el poder absoluto de lo que ocurre, cuando en realidad puede terminar desencadenando en una posesión demoniaca.

Retomando el tema del arrebatamiento espiritual genuino, es notable que a pesar de que Ezequiel no fue el único que tuvo estas manifestaciones visionarias, hay algo revelador detrás de tantas evidencias: Dios habla con cada persona de una manera particular. A pesar de que sus revelaciones no fueron como las de Isaías o Jeremías, sus profecías no fueron descartadas. Eso demuestra que el Espíritu Santo le habla a cada profeta de una manera particular, por tal razón, aprender a disfrutarlo y saber moverse en esa dimensión es clave.

Al estudiar sobre estas vivencias es importante no caer en reacciones excesivas. Nadie puede actuar con arrogancia porque identifique que alguna vez fue arrebatado, ni tampoco ser envidioso o escéptico por no haberlas vivido. Ser altanero asumiendo que el experimentar un arrebatamiento es un síntoma de espiritualidad no traerá nada bueno y mucho menos promover que la gente busque inducir el mismo tipo de experiencia. Esa clase de comportamientos no son bíblicos, así como tampoco montar una «cacería de brujas» contra cualquiera que hable de este tipo de cosas, ya sea por celos o incredulidad. La humildad debe ser siempre la constante, ya que muchas veces el rechazo a estas enseñanzas surge de nunca haberlas experimentado. Con probabilidad, en su tiempo muchos juzgaron a Ezequiel como loco por lo que describían sus narrativas; sin embargo, sus palabras y vida estaban cimentadas en las Escrituras. Al final, el profeta no fue cuestionado por la forma en la que recibía aquellas profecías, sino por la esencia de su mensaje, un llamado al arrepentimiento genuino para la posterior restauración de la nación.

Como otro ejemplo, el apóstol Pablo también dejó registrada una experiencia donde la persona que la vivió fue trasportada de forma sobrenatural hacia el tercer cielo para contemplar la grandeza del Creador, donde escucharía revelaciones extraordinarias. Un fenómeno que en la carne sería imposible lograr a menos que el Espíritu Santo lo haya predestinado:

II Corintios 12: 2-4

Conozco a un hombre en Cristo que hace catorce años (si en el cuerpo, no lo sé; si fuera del cuerpo, no lo sé; Dios lo sabe) fue arrebatado hasta el tercer cielo. Y conozco al tal hombre (si en el cuerpo, o fuera del cuerpo, no lo sé; Dios lo sabe), que fue arrebatado al paraíso, donde oyó palabras inefables que no le es dado al hombre expresar.

La expresión literal del apóstol Pablo es «arrebatado», lo cual implica dos cosas: la primera, es que aquello no ocurrió por la voluntad terrenal o la misma imaginación de la persona y; en segunda instancia, da garantía de que aquello fue una experiencia provocada por el cielo. El apóstol de los gentiles en su extraordinaria descripción abre una puerta para pensar que aquel viaje se concretó debido a que el espíritu de la persona abandonó su cuerpo terrenal para desplazarse a un territorio eterno y sobrenatural. De otra forma, concebir tal cosa como ir «hasta el tercer cielo» sería muy difícil. Otro aspecto importante que resalta la descripción de Pablo son las «palabras inefables que no les es dado al hombre expresar», detrás de las cuales se entiende que Dios impartió una revelación espiritual. Dicho de otra manera, el viaje hasta la morada divina tenía un propósito: compartirle a Pablo un nuevo conocimiento del cual en evidencia carecía, pero al mismo tiempo necesitaba para su tarea ministerial.

Una experiencia muy similar a la descrita por Pablo y Ezequiel, fue la que testificó el apóstol Juan mediante el libro de Apocalipsis. El Señor mismo incitó a su siervo a ascender a los cielos con el fin de mostrarle lo que sucedería en los tiempos finales:

Apocalipsis 4: 1-2

Después de esto miré, y vi que había una puerta abierta en el cielo. La primera voz que oí era como de una trompeta que, hablando conmigo, dijo: ¡Sube acá y yo te mostraré las cosas que sucederán después de estas! Al instante, estando yo en el Espíritu, vi un trono establecido en el cielo, y en el trono, uno sentado.

Las palabras que escuchó Juan evidencian que fue el Padre celestial el principal interesado en mostrarle su gloria. No fue por causa de un anhelo de su corazón ni por una oración repetitiva, que Dios arrebató al discípulo amado para concederle lo que le pedía. Existía un propósito detrás de aquella experiencia y lejos de lanzarlo a la fama de forma simple, lo que Juan pudo ver le dejó como legado a la Iglesia uno de los principales textos proféticos para la manifestación de la segunda venida de Cristo.

Al estudiar estos dos últimos casos de los apóstoles Juan y Pablo encontramos una diferencia significativa con respecto a lo que vivió Ezequiel. Mientras que el profeta fue llevado a sitios geográficos específicos y a observar personas en tiempo real, los líderes de la Iglesia describen casos donde fueron llevados en su espíritu al cielo. Esto abre una ventana de interpretación que permite entender el arrebatamiento, llevándose a cabo en dos ámbitos; el primero, se da en una esfera en lo absoluto terrenal y; el segundo, en un campo sobrenatural. Ambas manifestaciones provienen de la misma fuente y gozan de iguales características, pero lo que se observa es por completo distinto. El propio apóstol Pablo de acuerdo a la traducción hebrea señala que las revelaciones recibidas durante aquel suceso son indescriptibles. «Escuchó cosas que no se puede poner en palabras, cosas que no son permitidas a un ser humano pronunciar». (II Cor 12: 4). A través de esa narrativa, Pablo se distancia de lo que vivió Ezequiel, quien de forma práctica se dedicó a contemplar y describir lo que sus ojos ya habían visto antes, solo que ahora lo hacía desde una óptica distinta.

El sitio al cual es llevado el espíritu de la persona no lo puede determinar el individuo, es el Señor quien establece el lugar, lo que observará y el tiempo que se prolongará aquello. Literalmente el sujeto se convierte en un espectador de los acontecimientos que le serán revelados, ya sean sobre el mundo de los mortales o de los seres invisibles. Legitimando la experiencia.

Dentro de todos los ejemplos citados existen tres aspectos coincidentes, los cuales son trascendentales para considerar cada manifestación como una verdadera experiencia celestial. El primero de ellos es que el Padre es quien sale al encuentro de sus siervos, no al revés. Este primer punto señala con firmeza que no hay manera bíblica de obtener esta experiencia a través de la oración ni el ayuno ni la adoración tan siquiera. Pueden suceder en medio de ellas, mas no se puede forzar un arrebatamiento espiritual porque se pida.

El segundo rubro tiene que ver con la motivación por la cual esto ocurre. Al responder la pregunta: ¿Por qué estos hombres fueron arrebatados? La respuesta es: Para enderezar la senda de los hijos de Dios, para edificación de la Iglesia, para anunciar la venida del Mesías en su segunda gloria. Todas las contestaciones tienen que ver con la tarea profética genuina. Ninguna está asociada a perversiones diabólicas, actos manipuladores o simples acciones lúdicas.

El tercer aspecto coincidente se muestra en la humildad y naturalidad con la que se describen las experiencias. Ninguno de los siervos citados crea un escándalo al respecto ni se vanagloria en lo sucedido, es más, el apóstol Pablo aclara luego de comentar aquello que:

II Corintios 12: 5-7

¡De aquel hombre me gloriaré! Pero de mí mismo no me gloriaré sino en mis debilidades. Porque, si acaso quisiera gloriarme, no sería yo insensato, pues diría la verdad. Pero desisto, para que nadie piense de mí más de lo que ve en mí u oye de mí. Y para que no me exalte desmedidamente por la grandeza de las revelaciones, me ha sido dado un aguijón en la carne, un mensajero de Satanás, que me abofetee para que no me enaltezca demasiado.

El hombre de Dios sabía a la perfección que aquella descripción podría sonarle escandalosa a muchos oídos, no obstante, su interés no era que las miradas se posaran en las experiencias, sino en aquel que las da. Al contar aquello, Pablo no buscaba que los ojos se posaran en él y esto también prevaleció en Juan y Ezequiel. En ningún momento se percibe un rastro de vanidad en los relatos. Ellos con simpleza se dedicaron a contar lo que percibían a modo espiritual. La sencillez de espíritu siempre debe estar presente en quienes pasan por una experiencia semejante, como síntoma de verdadera madurez. Es en verdad difícil creer que una persona que utilice sus vivencias, sea cuales sean, para ufanarse o sacar dividendos, esté intentando dirigir las miradas de la gente hacia él. No existe pecado en contar un testimonio, pero pasar de eso a volver las experiencias personales en el centro del mensaje es un grave problema que puede desembocar en perversiones doctrinales. Sin importar cuán impresionante sea la historia, un verdadero ministro recurre a las Escrituras para convertirlas en el centro de su mensaje.

Sabiendo el poder de atracción que producen estas descripciones sobrenaturales el contexto ocultista copió lo dado por Dios para tergiversarlo. Como se mencionó con antelación, prácticas paganas como la Nueva Era fomentan los viajes astrales o desdoblamientos con la intención de atrapar a los curiosos. La Iglesia frente a estas enseñanzas, que describiré a continuación, no puede escandalizarse. Es en realidad normal que por la naturaleza imitadora del diablo esto suceda. Lo mejor que puede ocurrir es que el cuerpo de Cristo enseñe la verdad, sin temor, frente a los argumentos paganos, a sabiendas de que Satanás es un imitador por excelencia. No existe nada que haya sido creado por las tinieblas, lo único que son capaces de hacer es torcer el verdadero mensaje y en estos casos específicos, manipular las manifestaciones genuinas del Espíritu con el fin de obstaculizar el trabajo del Señor en la vida de su pueblo. Una imitación pagana: el desdoblamiento.

Para quienes han estudiado de manera secular este fenómeno en profundidad, existen diversos nombres que se le han endilgado. Algunos le llaman «viaje astral», «proyección fuera del cuerpo», EEAC (Experiencia exterior al cuerpo) o también «desdoblamiento». En cualquiera de los casos, la experiencia descrita coincide en que esta se «produce cuando el cuerpo astral, se separa del cuerpo físico sin que para ello sea necesaria una intervención del cuerpo emotivo ni mediación del cuerpo mental». En otras palabras, esta enseñanza promueve que el ser humano está constituido por cuatro partes: astral, físico, emotivo y mental; lo cual distorsiona los términos empleados en las Escrituras de forma notoria.

La autodenominada «parapsicología» considera al desdoblamiento como el camino que permite conectar la vida física con el «más allá», pero que no es capaz de afectarla, ya que según suponen, «no se adquieren los conocimientos del mundo de los muertos». En el caso del esoterismo, el viaje astral «puede ser interpretado como una bilocación», o sea estar en dos sitios a la vez. Para los fieles a estas prácticas, la proyección cobra un concepto, en su totalidad, místico y espiritual, donde el fenómeno es utilizado con fines «altruistas o de elevación espiritual».

En base a esta descripción, se cree que el desdoblamiento es un acontecimiento muy similar a lo que ocurre cuando alguien muere y con esa justificación quieren hacer creer que el viaje astral es algo natural en su totalidad. De manera adicional, estas prácticas enseñan que el EEAC puede llevarse a cabo «de forma consciente y controlada», aunque para esta doctrina también «existen personas que incluso lo llegan a experimentar de forma espontánea, estando incluso completamente despiertas y sin que exista un deseo expreso de realizarlo».

Los practicantes de este «ejercicio espiritual» aseguran que la proyección astral es utilizada en ocasiones por chamanes o gurús a fin de conseguir un beneficio físico, psíquico, médico, anímico o material para la persona. Al igual como se expuso con el trance, se promueven las aparentes bondades de llevarlo a cabo, pero se esconden los profundos perjuicios espirituales de este. Los entendidos en el área afirman que durante estas vivencias «el cuerpo sutil o astral se mantendrá conectado con el cuerpo físico solo a través de un cordón de plata hasta llegado el momento del regreso al cuerpo físico o el momento de la muerte», lo cual insiste en alejarse de cualquier mensaje bíblico posible.

Otra peculiaridad que se evidencia en estas manifestaciones, se encuentra en las sensaciones que se producen durante estos recorridos. Según lo han expuesto estudios parasicológicos, los viajes astrales provocan la sensación de mareo y elevación, ninguna de ellas descrita en la palabra. Esto demuestra que quienes se introducen en estas prácticas se concentran más en la experiencia, que en el mensaje resultante del mismo. Esta es una condición que se reitera cuando afirman que lo primero que observa el individuo durante un desdoblamiento es su propio cuerpo postrado o en la posición que se haya adoptado antes de. Ninguno de los ejemplos bíblicos citados registra que alguien haya tenido puesta su mirada en sí mismo. Todos documentan haber centrado su concentración en Dios y en lo que él les revelaba.

Una particularidad, a lo sumo riesgosa, de la proyección astral a nivel espiritual es que aquellos que la promueven de forma inducida fomentan el uso de diferentes técnicas, protocolos o medios de acceso, como los hindúes con el yoga o los chamanes con las drogas alucinógenas. La que mayor popularidad ha cobrado en el mundo occidental es la «técnica Monroe» implantada por Robert Monroe, un investigador estadounidense, quien se supone la descubrió de manera fortuita mientras intentaba sanarse el insomnio que padecía. La propuesta de este ejercicio promueve la creación previa de una atmósfera idónea, que toma en cuenta aspectos como la luz y la temperatura, algo irrelevante en los ejemplos bíblicos. Las recomendaciones de este procedimiento llegan a ser tan risibles al decir que, dependiendo de la temperatura se recomienda que el individuo esté desnudo y sin joyas ni objetos puestos.

El primer paso planteado es acostarse con comodidad sobre una cama, luego crear un ejercicio de respiración para la total relajación y como paso final habrá que concentrarse en una imagen simple. Según esta idea, justo antes de caer en el sueño se producirán unas vibraciones corporales, indicando que se está preparando para el viaje astral. Si el desdoblamiento no ocurre en el primer intento, el sujeto tendrá que repetir este simple procedimiento una y otra vez hasta conseguirlo. Evidentemente no es necesario ahondar en porqué estas prácticas se distancian del arrebatamiento espiritual genuino producido por la voluntad del Señor. Quizá para los incautos este juego de volar en el espíritu podría parecerles poco peligroso. No obstante, al adentrarse en las profundidades de estos ejercicios, muchos llegan a tener verdaderos contactos con seres espirituales del «más allá». Eso provoca de modo recurrente que los individuos que salieron solos de su cuerpo regresen al mismo siendo acompañados de demonios.

Según los expertos en viajes astrales, «para regresar al cuerpo físico, solo es necesario concentrarse en la sensación de fusión con el cuerpo», aunque algunos otros indican que solo con desearlo es suficiente o incluso con juntar los dedos pulgar, índice y corazón basta, según ellos, para regresar de inmediato. Es en verdad notorio cómo la propuesta del esoterismo se concentra en las sensaciones novedosas y la voluntad humana para dirigir estas experiencias. Resulta entonces necesario recordar que la esfera espiritual está compuesta por dos reinos, el de la luz y el de las tinieblas. Al ingresar a ese universo de forma antojadiza y sin propósito, más que el goce personal, la gente abre una puerta hacia la dimensión sobrenatural, donde estarán sujetos al gobierno de alguno de estos dos reinos y, de forma clara, al no ser llamados por los cielos ni revestidos por su protección puede suceder cualquier cosa.

Aunque los entendidos en este ámbito aseguran que «la realización del viaje astral no afecta ni perjudica el estado de las neuronas, ni altera el equilibrio emocional, ya que el viaje astral no posee las cualidades de una droga» es claro que el perjuicio espiritual está a la vuelta de la esquina. Caer en el error de inducir un arrebatamiento espiritual lo convertiría en desdoblamiento. La línea entre uno y otro es en realidad delgada, sin embargo, para la persona cristiana madura la diferencia salta a la vista. Al igual que la que existe entre el éxtasis y el trance, la variante entre viaje astral y un rapto espiritual genuino radica en la espontaneidad de la misma. Intentar provocar una experiencia es una doctrina antibíblica, que deriva en prácticas paganas cuyos principios centran el poder en el ser humano, mientras que las Escrituras enseñan que el único que tiene verdadero poder soberano es el Creador.

Si bien los creyentes actuales están inmersos en un mundo acelerado, que se afana por las demostraciones visuales y se deja sugestionar por las experiencias novedosas, los hijos de Dios deben volver a la esencia de su fe. Porque otros corran o se apresuren en pos de falsas doctrinas no significa que debamos imitarlas, todo lo contrario, aprender a esperar en él es la mayor esperanza que podemos tener. Saber que en su presencia encontramos refugio y es él quien en su infinita sabiduría sabe cuándo, dónde y cómo darnos las experiencias, le debe brindar tranquilidad a nuestros espíritus. La agitación del alma puede llevar a incitar encuentros, que sin darnos cuenta pueden pasar de lo imaginativo a lo oculto con rapidez. Muchos de los practicantes de los viajes astrales descubrieron esos recorridos de forma empírica, porque desconocieron el camino genuino, lo cual les alejó de la verdad y en última instancia los llevará a perder la verdadera *vida*.

Dios en ningún pasaje de las Escrituras promete alguna clase de experiencia particular por abrirle el corazón a Jesús, por lo tanto, afanarse en ser arrebatado en el sentido espiritual no tiene asidero bíblico alguno. La única esperanza del creyente es habitar en su presencia, dejando con ello claro que lo más trascendente es buscar el Reino de Dios y su justicia para que luego sean añadidas las demás cosas por parte del Padre.

CAPÍTULO X
Descodificando los sueños

Desde una perspectiva secular la interpretación de los sueños es el arte y la técnica de asignar significado a los diversos componentes, elementos e imágenes que aparecen en los sueños. Como ya se explicó en un capítulo anterior, los sueños tienen dos tipos de componentes: el explícito y el simbólico. No siempre está presente el explícito, pero es indudable que el simbólico siempre estará involucrado. Sin importar si es un sueño con signos complejos o simples, saber asignarles un significado acertado es la clave principal para lograr interpretarlos de manera correcta.

Este afán por descodificar los mensajes ocultos dentro de cualquier experiencia visionaria es una práctica humana milenaria, de la que se conservan registros escritos de más de tres mil ochocientos años de antigüedad. Desde que las personas han buscado comunicarse de forma incipiente han existido los símbolos, tanto dentro como fuera de los sueños, es por ello que también ha estado latente la intención de interpretarlos. Dibujos en cavernas y esculturas de piedra son pequeñas muestras de cómo la interacción a través de los signos se ha mantenido dentro de los códigos del lenguaje humano por milenios. En principio, muchos de ellos fueron creados para agilizar la comunicación, aunque en otros, constituidos para complicarla. Hay quienes han deseado mantener cierta información secreta al alcance de un círculo reducido de personas, en muchos casos por motivos de guerra.

Por su lado el Padre celestial, quien anhela darle la revelación verdadera solo a los que le aman, le siguen y se han constituido en sus discípulos, se la reserva en exclusivo para ellos. El cielo no busca con desespero profetas o videntes. Lo que el Señor en realidad anhela ubicar por toda la tierra son adoradores y cuando los encuentra les suministra información celestial.

Mateo 13: 11

«Y él respondiendo les dijo: Porque a vosotros se os ha concedido conocer los misterios del reino de los cielos, pero a ellos no se les ha concedido».

En el pasado, descifrar los mensajes que se mostraban en los sueños tenía una connotación divina. Casi de forma generalizada todas las culturas antiguas han entendido los sueños como mensajes de los dioses. De manera práctica, sin excepción, los sueños tuvieron importantes significados en la vida de los gobiernos más trascendentes de la historia, tal como lo muestra la misma Biblia en los imperios: egipcio, babilonio, medo-persa, romano y hebreo. A pesar de ello, a partir del siglo XX ha existido un cambio sustancial en el mundo occidental con el desarrollo de las teorías psicoanalíticas. Los sueños a partir del emerger de estas ideas han cobrado una connotación distinta y se han convertido en sujeto de estudio a través de técnicas clínicas. Según plantea el psicoanálisis; los sueños son la revelación de los contenidos inconscientes, utilizada hasta la época actual no solo por esta ciencia, sino por diversas vertientes de la psicología clínica.

Según Sigmund Freud, los sueños sirven para comunicar todo aquello que la mente consciente no puede aceptar. Deseos quizá primitivos que no se quieren reconocer y que por este motivo aparecen en los sueños, representados de forma simbólica. En otras palabras, según el psicoanálisis, los sueños son la vía de expresión de los deseos reprimidos que tiene una persona. Un planteamiento, que como ya hemos analizado es, de forma parcial, cierto. Dicha idea puede resolver el enigma de algunos sueños, mas no de todos ya que algunos sí poseen un mensaje espiritual.

Para Freud, la infancia es un período clave de la «vida psíquica» de la gente, hasta el punto que, de adultos la mayoría de los sueños se relacionan con los deseos, traumas y recuerdos de la niñez. Este científico asegura que «la infancia es una de las fuentes de las que el sueño obtiene más elementos». Los sueños son un recordatorio constante de aquello que la consciencia ha reprimido y que cada uno se niega a aceptar o pensar. De esa forma es que Freud llega a la conclusión de que los sueños son una «herramienta síquica» para conseguir «franquear la barrera que hay entre el inconsciente, la memoria profunda y el consciente». Es así como el psicoanálisis intenta emplear la interpretación de los sueños como una forma para descubrir la raíz de algunos problemas mentales y emocionales que aquejan a sus pacientes.

Algo que siempre caracterizó a Freud es que insistió en relacionar los sueños con los deseos sexuales, por lo tanto, muchas de sus interpretaciones están limitadas en ese marco. Como la sexualidad era un tema central en sus teorías psicoanalíticas, cualquier interpretación espiritual quedaba al margen. Si en un sueño aparecía un objeto hueco, como una caja, un cofre, un cajón, un jarrón, una caverna, según Freud, la mente estaba haciendo referencia a lo femenino. En cambio, los objetos alargados como los bastones, paraguas o cuchillos se refieren al órgano masculino. Estas ideas prevalecieron por algún tiempo, aunque más adelante, el mismo Freud advirtió contra el uso sistemático y reduccionista de estas interpretaciones sexuales, ya que consideraba que no siempre eran la traducción correcta del contenido del sueño.

Una de las divergencias más representativas, que tiene el psicoanálisis en comparación con la interpretación bíblica, está en las herramientas empleadas. El método que utiliza Freud se fundamenta en la asociación de ideas. En su libro sobre esta temática explica: «es muy ventajoso dividir el sueño en sus elementos y buscar las ocurrencias que se enlazan a cada uno de ellos». Al igual como se planteará más adelante, los principales soñadores bíblicos le enseñan a la Iglesia moderna que una de las herramientas más valiosas para interpretar un sueño es diseccionar el mismo por símbolos, semejante a lo que plantea Freud. La gran diferencia radica en que el sicoanálisis motiva a buscar la interpretación, fundamentándose en otros sueños de la misma persona, mientras que las Escrituras nos hacen saber que la interpretación de un sueño espiritual tiene que basarse en la fuente original, que es Dios.

La técnica humana pretende entender los símbolos que aparecen dentro de los sueños, basándose de manera única en la repetición o relación de estos dentro de las experiencias del individuo. El estudio de la palabra plantea en contraparte que en ella se encuentra «da palabra profética más segura» (II Pe 1: 19a), frente a esa realidad, lo lógico es buscar en sus pasajes la interpretación genuina del lenguaje simbólico de los sueños.

Además, hay que recordar que, al entenderse los sueños como parte de un proceso profético de comunicación divina con la humanidad, estos no pueden traducirse de una forma antojadiza. Como los sueños al igual que las visiones, las lenguas angélicas y las mismas parábolas son parte de una ecuación espiritual, donde al ser interpretadas se obtendrá una profecía, no puede tampoco traducírseles sin fundamento. El parámetro invariable y sobre el cual todo hijo de Dios camina, son las Escrituras.

II Pedro 1: 20-21

Pero ante todo entended que ninguna profecía de la Escritura es de interpretación privada, porque nunca la profecía fue traída por voluntad humana, sino que los santos hombres de Dios hablaron siendo inspirados por el Espíritu Santo.

Este principio de interpretación de sueños antagoniza de manera frontal con cualquier exposición planteada por el psicoanálisis. A pesar del escepticismo científico, la Biblia es un documento que de forma histórica ha cambiado la vida de la humanidad y al mismo tiempo es guía espiritual para nuestras vidas. Aunque las mentes racionales rivalicen con este cimiento de la fe cristiana, a quienes creemos en él no nos puede agrietar. La Palabra debe ser la brújula que nos guía hacia la verdadera interpretación de los sueños que el cielo les da a los mortales.

La enorme diferencia entre la descodificación de los sueños según la perspectiva bíblica y la visión que plantea el psicoanálisis, lleva a recordar que algunos de los postulados freudianos y los de quienes continuaron su legado no son del todo descartables, aunque no sean aplicables en todos los casos, en especial cuando existe un mensaje espiritual. Las veces que un sueño aparece alterado o es de origen emocional, el psicoanálisis puede arrogar respuestas interesantes, pero después de ahí, sin duda, está muy limitado.

Luego de entender la necesidad de no darle preminencia a esta técnica clínica para traducir los mensajes codificados del cielo, el creyente debe mantenerse alerta. Muchas seudorrespuestas espirituales pueden aparecer a través de sujetos que practican la adivinación o el tarot, por ejemplo. Al acudir a estas falsas fuentes de interpretación, no solo se incurre en un error de traducción, sino que se atenta contra la misma verdad de la Palabra. A los hijos de Dios no les es lícito recurrir a ninguna fuente fuera del Altísimo.

II Reyes 21: 6

«Hizo pasar por fuego a su hijo, practicó la magia y la adivinación, evocó a los muertos y practicó el espiritismo. Abundó en hacer lo malo ante los ojos de Jehovah, provocándole a ira».

El Señor no está interesado en tener ninguna clase de comunión o convivio con las tinieblas. Los creyentes deben estar apercibidos para no dejarse influir por el sincretismo (mezcla de tradiciones paganas y cristianas), tan de moda por estos días. Como atalayas deben permanecer frente a las experiencias visionarias dadas por Dios, aguardando a que su debida interpretación venga del lugar correcto. No importa cuánto tiempo haya que esperar, ninguna otra fuente es válida. Es indispensable que recurramos de manera permanente a las Escrituras y no a otras herramientas como mecanismo para la interpretación. Benny Thomas en su libro *Explorando e interpretando sueños* nos recuerda que:

Usted puede aprender a recibir sueños de parte de Dios. Los puede recibir regularmente, y puede desarrollar destrezas para interpretarlos. Los sueños y sus interpretaciones pueden convertirse en un método clave para recibir dirección de Dios acerca de todas las áreas de su vida.

Razón por la cual es probable que usted adquiriese este libro, aun así, no deben perderse de vista los riesgos latentes con los que el enemigo tratará de engañar a los creyentes.

En el pasado de Israel muchas veces se levantaron soñadores o interpretes malintencionados, que pretendían desviar la atención del pueblo hacia prácticas paganas u otros dioses. Ese riesgo también debe mantener presto al pueblo de Dios para repeler esos intentos de Satanás de alejar a los creyentes de la «verdad» mediante un sueño o su interpretación dada, aún dentro de la casa de Dios. Al ser los templos semejantes a hospitales, donde no se sabe qué clase de persona entra y con qué cuadro clínico llega, las precauciones nunca están de más. Profetas genuinos de la antigüedad, como Jeremías, fueron enviados a reprender a esos falsos soñadores e intérpretes porque sus historias estaban pervirtiendo a la gente.

Jeremías 23: 25-27

Yo he oído lo que aquellos profetas dijeron, profetizando mentira en mi nombre: ¡Soñé, soñé! ¿Hasta cuándo estará esto en el corazón de los profetas que profetizan mentira, que profetizan el engaño de su corazón? ¿Con los sueños que cada uno cuenta a su compañero pretenden hacer que mi pueblo se olvide de mi nombre, del mismo modo que sus padres se olvidaron de mi nombre a causa de Baal?

Por más insignificante que parezca un sueño o su interpretación tergiversada, hay que recordar que muchos recién convertidos pueden sufrir con gravedad a causa de alguien malintencionado. Por amor a ellos, el liderazgo debe estar vigilante ante la manipulación a través de los sueños. Los equipos pastorales necesitan instruir de forma clara a los feligreses para que no se dejen influenciar por quienes cuentan sus experiencias visionarias o interpretan las del resto con perversos deseos. Cuando al gran río profético se le permite correr con fluidez hay que hacerlo de manera responsable también. Dar licencia para que dentro de la Iglesia todos de forma alocada cuenten e interpreten sueños, no es saludable.

Es preferible establecer un equipo profético de confianza, que cuente con testimonio delante del pueblo acerca de su llamado y a través de ellos crear un filtro sobre esas manifestaciones y, en general, del quehacer profético. Eso puede impedir que mucha «basura» existente dentro de los sueños dañe a las personas con menor discernimiento espiritual. Ese grupo ministerial también puede ayudar a reforzar la oración sobre lo que el Espíritu pudiera estar mostrando en verdad. De manera adicional, pueden convertirse en un importante apoyo pastoral para aportar confirmación cuando una profecía, sueño o visión es traída por alguien del pueblo. Con un equipo de este perfil, la intención no es bloquear el fluir del Espíritu Santo, el deseo principal sería ayudarles a los miembros de la congregación a canalizar de forma correcta esas experiencias.

El apóstol Pablo es claro en decir que: «Podéis profetizar todos, uno por uno, para que todos aprendan y todos sean exhortados», (I Cor 14: 31). No es deber de ese equipo asignar a quiénes pueden profetizar o quiénes contar sus sueños, como una especia de policía. El Espíritu Santo habilita a todos los creyentes a declarar las palabras que él pone en su boca, eso no está en entredicho. El tema que resolvería este conjunto ministerial sería la verificación de que aquella profecía, sueño o visión en realidad sea del Señor o no. Por lo mismo, Pablo aporta una cláusula de recisión sobre esa aparente libertad tan amplía, que podría traer graves perjuicios de no ser usada de manera sabia y es sobre la cual se basa esta propuesta de crear un equipo profético: «Los espíritus de los profetas están sujetos a los profetas, pues Dios no es Dios de confusión, sino de paz», (I Cor 14: 32-33a). Pablo de forma sabia enseña el parámetro básico sobre los que deben desarrollarse las manifestaciones proféticas para que estas no traigan desenfreno o libertinaje. Quien tenga una profecía, sueño o visión que la cuente, no hay problema, solo debe estar consciente de que sus palabras serán puestas en balanza de escrutinio por los profetas maduros para que estos den testimonio si aquello procede o no del cielo.

Esta agrupación de ministros proféticos vendría a crear un espacio legal-espiritual semejante al que en la Constitución de Costa Rica se le llama: Proyectos de iniciativa popular (proyectos de ley impulsados directamente por la ciudadanía), donde estas pueden ser llevadas al Congreso de la República solo si un legislador le da el voto de apoyo. En otras palabras, todos pueden tener sus «iniciativas populares» (sueños, visiones, profecía, etc.), pero para darles el sello de legalidad necesitan acudir a la autoridad, que en este caso la representan los profetas. Con esta dinámica, los ministerios abiertos a lo profético evitan darle facilidades a las personas irresponsables o los típicos manipuladores oportunistas, quienes brincan por toda la iglesia contando sus experiencias o intentando interpretar las de otros para sacar provecho propio. Este equipo profético, que deberían tener todas las congregaciones, les permite a todos los miembros de la iglesia traer sus experiencias visionarias sin restricción para ser examinadas y en caso de ser encontradas como genuinas del Espíritu, estas son promovidas o expuestas al público. Un aporte de este calibre dentro de los ministerios vendría a corregir muchos desvaríos y alteraciones, comunes dentro de este tipo de manifestaciones.

Con la exposición de esta idea se llega a la conclusión de que los ministros maduros en la esfera profética no solo pueden preocuparse por soltar profecía, también deben velar porque todas las palabras expuestas sobre una congregación y sus miembros estén alineadas con la voluntad del Padre. Función que ejerce el afluente shamar, connotado por su responsabilidad de atalaya.

Retomando el tema de la interpretación de los sueños, recaemos en una de sus asignaciones principales: la traducción del mensaje debe ser acertado. Jugar a dar posibles respuestas no es la mejor manera de llegar a una conclusión correcta. Cuando se lleva a cabo el proceso de traducción de una experiencia visionaria debe tenerse en cuenta que el resultado será una profecía, por lo tanto, quien tenga el don de la interpretación debe ser cuidadoso de estar ajustado a las enseñanzas de las Escrituras. Esto aplica tanto para quien interpreta sus propias experiencias, como para quien intenta descodificar los sueños que tienen los demás. Basados en ese principio cualquier congregación debe demandarles a los intérpretes que se ajusten a la «verdad», tanto terrenal como celestial.

En la antigüedad, en Israel había una preocupación extendida por causa de las palabras que daban los profetas al pueblo. Con probabilidad, algunos de ellos atemorizaban a la gente con maldiciones, desastres naturales o enfermedades, y el Señor les dio una salida a todo ello para que no estuvieran temerosos ante cualquier aparecido con revelaciones extrañas:

Deuteronomio 18: 21-22

Tal vez digas en tu corazón: ¿Cómo conoceremos que esta no es palabra de Jehová? Si el profeta habla en nombre de Jehová, y no se cumple ni acontece lo que dijo, esa palabra no es de Jehová. Por presunción habló el tal profeta; no tengas temor de él.

Con frecuencia, la interpretación de un sueño puede traer una profecía que anuncie algo desconocido, que puede ir desde un cambio de morada hasta una enfermedad o muerte repentina, hay casos bíblicos que lo confirman. A pesar de ello, esto no puede traer paranoia o angustia. Ser humilde para orar por aquel motivo profetizado nunca está de más. Las Escrituras enseñan que sin el afán de menospreciar las profecías tenemos la responsabilidad de examinarlas y pesarlas en base a la palabra (I Te 5: 20-22), lo cual debe permitirle al creyente quedarse con lo que en realidad edifica, consuela o exhorta. Luego de realizar ese examen, en última instancia, la profecía debe cumplirse tal como fue anunciada.

Siempre es válido recalcar que a pesar de una interpretación acertada no se puede confiar a ciegas en esa persona, además, la profecía tiene que estar apegada a las Escrituras. A pesar de la emoción natural que produce el cumplimiento de lo anunciado a través de un sueño, el mensajero o intérprete no puede alejarnos de la sana doctrina. De modo lamentable, cada vez con mayor frecuencia están apareciendo profetas fraudulentos en las congregaciones, quienes a través de verdaderos trucos de magia o movidos por espíritus de adivinación engañan a los incautos, alejándolos de los principios de la fe. Los seducen con señales sin que en ellos haya un mensaje cimentado en la palabra. Se mueven con facilidad en lo demostrativo o el supuesto Rhema (palabra revelada), pero les cuesta en alto grado caminar sobre el logos (palabra escrita). De ese tipo de lobos vestidos de ovejas hay que estar apercibidos para que no causen daño, ya que el mismo Dios advirtió a Israel de esos falsos profetas y soñadores dentro del pueblo:

Deuteronomio 13: 1-3

Cuando se levante en medio de ti un profeta o soñador de sueños, y te anuncie una señal o un prodigio, si se cumple la señal o el prodigio que él te anunció, y te dice: Vayamos tras dioses ajenos que tú no conoces y sirvámoslos, no escucharás las palabras de tal profeta ni de tal soñador de sueños, porque Jehová, vuestro Dios, os está probando para saber si amáis a Jehová, vuestro Dios, con todo vuestro corazón y con toda vuestra alma.

Lo que enseña este texto es que las evidencias sobrenaturales no son suficientes en ningún caso. Así como lo planteo en mi primer libro *Máximas del profeta,* el creyente y la Iglesia debe tomar en cuenta los frutos de ese ministro para valorar en realidad si es o no un enviado del Señor, o un simple manipulador. Por lo general, cuando alguien cae cautivo por una de estas trampas es porque tiene sus ojos puestos en las cosas incorrectas, al estar más preocupados por ver señales que por conocer cuál es la voluntad del Todopoderoso. Cuando se pierde la brújula o se viene de un contexto pagano, donde esta dinámica es la que prima, es fácil caer en el engaño. Una comunidad madura en espíritu sabe distinguir a través de los frutos de un ministro su genuinidad o lo contrario.

En síntesis, hasta el momento se ha expuesto que la interpretación de sueños es un don del Espíritu Santo compuesto por diversas variables entre las que se encuentra la correcta relación símbolo-significado de acuerdo a las Escrituras, un consenso profético que la valide y la asertividad de la misma. A estos elementos se suman las temporadas de cumplimiento, que muchas veces son dejadas de lado, ya sea por ignorancia o premura. Como un sueño interpretado es considerado profecía, resulta importante apuntar que existen tres posibles tiempos en los que su cumplimiento puede ser confirmado:

-Corto plazo:

Cuando la manifestación de lo profetizado o interpretado es instantánea. Como sendos ejemplos están los casos de los siervos de Faraón. Al tercer día fue restaurado el trabajo del copero, y la muerte del panadero según interpretó José. También está la victoria de Gedeón sobre los madianitas, la cual se confirmó un día antes de que tuvieran éxito en la batalla. Los tiempos de cumplimiento en un lapso reducido, en general, se dan para eventos repentinos e inevitables. El Señor revela situaciones irreversibles con escasa capacidad de reacción, no con el fin de que alguien intervenga, sino para permitirle al soñador estar preparado ante lo que sucederá. Esto ocurre en casos donde un ser querido fallecerá o va a quedar embarazada, por causa de una promoción o despido laboral, etc. No siempre son acontecimientos negativos, pueden ser positivos también.

Algunas veces, quizá los menos, se presentan casos donde el cumplimiento a corto plazo se expone para que la persona pueda reaccionar de forma asertiva, o aún, intervenir en acontecimientos que pudieran perjudicarle de alguna forma. He escuchado de primera mano testimonios de soñadores que fueron apercibidos por el Espíritu Santo de un inminente ataque de violación a un ser querido o de accidentes de tránsito que están por acontecerles. Para muestra está la historia de la familia de Jesús, cuando él era un niño, su papá fue advertido del peligro que corría la criatura por parte de Herodes, ante lo que decidió huir a tiempo hacia Egipto.

En todos estos episodios, la sensibilidad espiritual debe estar sumamente agudizada para no cometer imprudencias. Hay que tener una verdadera confirmación del cielo para no caer en actos irracionales, que hagan entrar en pánico a otros. Es preferible que cuando algún suceso de estos le ocurra consulte a un ministro cercano de su confianza para conocer la forma apropiada de actuar.

-Mediano plazo:

Sueños o visiones que hablan del cumplimiento de lo revelado durante los meses siguientes o aún pocos años después. Se demuestra que lo anunciado por el intérprete o profeta venía del Señor, como sucedió con el liderazgo de José, la locura de Nabucodonosor, los años de sequía y abundancia en Egipto.

Los cumplimientos de mediano tiempo están relacionados en directo con decisiones de cambio, que una persona debe realizar.

Con frecuencia, este tipo de revelaciones que se manifestarán en un lapso intermedio de tiempo están involucrados con advertencias divinas sobre irregularidades, aunque no es siempre así. Muchas veces las personas viven con normalidad, aunque con pecados ocultos, cuyas consecuencias pueden ser anunciadas en sueños por el Señor, ya que él intenta siempre llevarnos al arrepentimiento. Antes de traer juicio, él busca aplicar misericordia sobre la vida de sus hijos. Los sueños son la forma perfecta que tiene el Espíritu Santo para llamarnos la atención sin humillarnos en público, ya que solo nosotros sabemos a lo que se refiere la experiencia y lo hace con suficiente tiempo para que enmendemos la senda.

Como este margen de tiempo no es solo para exhortarnos, también hay que considerar que podría darse por causa de un cambio en nuestro rumbo de vida o ministerial, donde gran parte de la transformación depende del individuo. Deben tomarse decisiones concretas que le den paso a lo nuevo del Señor en nuestras vidas. Con regularidad, este lapso de tiempo involucra mucho al sujeto en la experiencia para que participe, le hace saber que lo mostrado no es irreversible, hay que trabajar para alcanzarlo o evitarlo.

-Largo plazo:

Son lapsos de tiempo muy extendidos que pueden ir desde décadas hasta siglos. Hay una alta probabilidad de que en estos casos el soñador o intérprete no vea su cumplimiento en vida. En su mayoría, estos mensajes llegan a ser conocidos debido a que su fama y buen testimonio motiva a otros a recopilar esas experiencias visionarias y mantenerlas con vida.

Comúnmente estos márgenes de tiempo anuncian procesos extendidos sobre familias, ciudades o naciones. Rara vez se sueltan sobre personas, aunque hay excepciones, en especial cuando son «padres de la fe» o referentes importantes del cristianismo, ya que muchos de ellos serán llevados por Dios a levantar obras que saben que no verán completadas en vida y por causa de su obediencia lo harán sin problema.

Los procesos largos deben entenderse como las construcciones monumentales, hay que preparar planos, presupuesto y mano de obra antes de comenzarla. El Señor anuncia con mucha anticipación los grandes proyectos sobre los cuales trabajará durante mucho tiempo, para que las generaciones puedan acoplarse a esos diseños sin que se pierda el propósito para el cual fueron predestinados.

En conclusión, todo soñador debe explorar el margen de tiempo sobre el cual será cumplida la palabra que le fue dada, aunque su visión o sueño no lo plantee con claridad, debe procurar conocerlo o al menos ambicionarlo. De esa variable dependerán en gran medida todas las demás. Frente a ello, Perry Stone en su libro *Cómo interpretar los sueños y las visiones* expone un consejo valiosísimo para acelerar esas temporadas de cumplimiento:

Existe una diferencia entre el hecho de que la visión o sueño se demore y que usted sea quien demore o retrase el sueño. Un sueño demorado es aquel que usted no ve ocurrir durante un período largo de tiempo. Sin embargo, algunas veces usted puede retrasar lo que Dios está listo para realizar en su vida, porque usted siente temor del fracaso, sus provisiones para llevarlo a cabo son escasas o no está seguro del tiempo en que se realizará. Posiblemente, no siempre reciba una revelación del propósito de Dios para el futuro a través de un sueño nocturno. Su sueño inspirado puede manifestarse mediante un fuerte impulso interior en su espíritu para hacer un viaje, cambiar de trabajo o tomar una decisión que podría afectarlo a usted o a su familia en los años por venir. Algunas veces, la única manera de probar un sueño o un fuerte impulso interior que vibra de forma continua en su espíritu, es dar pasos de fe.

Anímese a caminar creyendo en un mundo donde todo es escepticismo. Los hijos de Dios debemos acuñar fe. Tener certeza de lo que no se ve, proyectando los diseños del Eterno en nuestra vida a través del tiempo nos dará esperanza. Ponga su mirada en el Altísimo que él no lo defraudará, por el contrario, le confirmará todas las decisiones que en el camino vaya tomando.

CAPÍTULO XI
Autoridad sobre los sueños

Un fuerte paradigma construido a través del tiempo en la cultura occidental es que los sueños son el resultado de la imaginación o el inconsciente. Esta idea le hace creer a la gente que su interacción racional dentro de esas experiencias es imposible. Como un paso básico para la interpretación de los sueños, a través de todo este capítulo buscaré desmitificar esa idea. Expondré a la luz de las Escrituras, cómo un creyente puede reaccionar desde su espíritu frente a un sueño dado por el Todopoderoso. Antes de entrar de lleno a las herramientas de interpretación, descubriremos varios ejemplos que demuestran cómo una persona, que está de forma verdadera sintonizada con el cielo, puede reaccionar de acuerdo a las demandas del Padre celestial cuando descansa.

Durante esta sección del libro, deseo plantearle al lector la necesidad de hacerse responsable de lo que sueña, dejando de lado el criterio ampliamente extendido de que lo soñado carece de un propósito y es el simple resultado de una imaginación activa. Los creyentes deben concientizarse sobre la trascendencia de responder de manera adecuada ante sus sueños, aun cuando estén dormidos. En medio de ellos el Señor entrega revelaciones profundas y ministra con intensidad al espíritu humano, por lo tanto, este debe estar ejercitado como es debido para reaccionar de acuerdo a las circunstancias que se presenten. Una idea como la anterior se contrapone de manera abierta con el criterio generalizado de que los sucesos y acciones dentro de un sueño son azarosos. La mayoría de las personas en el mundo occidental piensan que es imposible que el soñador racionalice las acciones llevadas a cabo durante sus experiencias. En contraposición con esos estereotipos, en la Biblia hay múltiples ejemplos de personas que tuvieron sueños y durante ellos tomaron decisiones consientes con respecto a lo que sucedía. En otras palabras, hay testimonios bíblicos sobre sueños que se asemejaban más a verdaderas conversaciones entre Dios y el soñador, que a encuentros fortuitos creados por el inconsciente de la mente. Aún hay casos registrados en las Escrituras, donde la complejidad de la experiencia es tan alta, que el vidente aun estando dentro de ella pide la interpretación celestial de lo que observa.

Estas evidencias deben hacer entender a los creyentes que ellos mismos son los responsables de fortalecer su espíritu mientras están despiertos. Lo anterior, con el fin de que cuando su carne esté descansando sean capaces de interactuar con el Creador a través de un espíritu alerta. Cuando los sentidos sobrenaturales están apercibidos del mundo invisible es mucho más fácil captar los mensajes del cielo, contrario a lo que ocurre cuando una persona vive en la carne. Un alto porcentaje de cristianos tienen vidas buenas, pero carentes de comunión con el Espíritu Santo. Sus tiempos de oración se reducen a los treinta segundos previos al almuerzo y separan tiempo para adorar solo cuando asisten a la iglesia el domingo. Quizá sean personas con buen testimonio, íntegras y puras en su caminar humano, pero no tienen convivio alguno con el mundo espiritual real. Para que los sentidos espirituales estén aletargados, no solo se necesita vivir en pecado, también la falta de interés en habitar dentro de la presencia del Señor puede adormecerlos.

Frente a lo anterior no se pretende que el creyente realice ejercicios para controlar sus sueños ni cosa semejante, ya que esto podría inducir a una burda manipulación. El fortalecimiento de los sentidos espirituales debe ser provocado por una genuina búsqueda de su trono, no mediante esfuerzos mentales. Intentar dominar con la imaginación las experiencias del sueño es una práctica de movimientos paganos como la Nueva Era, y lo convierte en una destreza en lo absoluto ocultista. Un cristiano que anhele con fervor ser ministrado por el Señor a través de sus sueños, primero buscará su rostro mientras está despierto, le demostrará al Padre celestial que más allá de perseguir una experiencia nueva, lo que más desea es estar junto a él, lo cual provocará la inevitable reacción del cielo. Por supuesto, esa reacción no siempre se manifestará a través de sueños, puede ser de infinitas maneras, el secreto está en ser sensible a ellas.

Tanto los sueños sobrenaturales como las manifestaciones visionarias no pueden ser considerados como correctos o alineados a la palabra cuando se provocan de modo deliberado, por ejercicios como la meditación, el trance, la hipnosis, el desdoblamiento astral o el control de los sueños. Esta clase de experiencias deben surgir de forma espontánea. En la medida en la que el creyente va teniendo una mayor comunión con su Creador, así, las respuestas de toda especie fluirán como sucede en cualquier conversación.

El primer caso para ilustrar este concepto es el de Salomón, quien tuvo una de las mayores ministraciones de su vida a través de un sueño. La dinámica de la conversación durante la vivencia es tan fluida, que muchos ignoran que esto ocurrió mientras el rey hebreo dormía. Realizaremos un análisis exhaustivo de los acontecimientos para encontrar los secretos que rodean y permiten estas experiencias tan vívidas:

«En Gabaón se le apareció en sueños Jehová a Salomón una noche» (I Re 3: 5a). El primer aspecto a destacar es que el Padre celestial estableció un encuentro personal con el rey israelita, que llevaría a cabo mediante un sueño.

«Y le dijo Dios: Pide lo que quieras que yo te dé" (I Re 3: 5b). La segunda cosa que llama la atención es que el Eterno le hace una pregunta a Salomón ante la cual, según el criterio de los escépticos, Salomón no podrían reaccionar de manera racional. Como veremos más adelante, el Todopoderoso no solo esperaba que el rey le respondiera, él buscaba una reacción espiritual.

Salomón le respondió: Tú has tenido gran misericordia con tu siervo David, mi padre, porque él anduvo delante de ti en verdad, en justicia y rectitud de corazón para contigo. Tú le has reservado esta tu gran misericordia, al darle un hijo que se sentara en su trono, como sucede en este día. Ahora pues, Jehová, Dios mío, tú me has hecho rey a mí, tu siervo, en lugar de David, mi padre. Yo soy joven y no sé cómo entrar ni salir. Tu siervo está en medio de tu pueblo, el que tú escogiste; un pueblo grande, que no se puede contar por su multitud incalculable. Concede, pues, a tu siervo un corazón que entienda para juzgar a tu pueblo y discernir entre lo bueno y lo malo, pues ¿quién podrá gobernar a este pueblo tuyo tan grande? (I Re 3: 6- 9).

A pesar de que la pregunta del Todopoderoso era sencilla Salomón dio una respuesta en verdad compleja. Es notorio que su contestación no se limitó a un pequeño «sí» o «no». El rey hebreo sacó de lo profundo de su corazón sus temores, sus recuerdos y hasta las mismas promesas del Señor dadas a su padre David, lo cual demuestra que esta no era una sencilla interacción con Elohim dentro del sueño. Era mucho más que eso, queda claro que el espíritu de Salomón estaba alerta y ejercitado para ser capaz de reaccionar de forma debida ante la consulta del cielo y de ello es que luego vino una repuesta de igual calibre.

«Al Señor le agradó que Salomón pidiera esto», (I Re 3: 10).

Detengámonos un momento acá. ¿Cómo puede ser posible que, a Dios, el Omnisciente, le agrade que Salomón hiciera esa petición? ¿Acaso Salomón no estaba dormido? Según el ideario popular eso no tiene sentido. Si alguien está dormido no tiene control alguno sobre sus sueños y menos de los acontecimientos que tienen lugar en ellos. ¿Será posible que el Creador supiera que, si bien el rey hebreo no tenía su sistema natural operando, su espíritu sí lo estaba? ¿Cabe la remota posibilidad de que el Soberano al buscar a Salomón en sueños intentase provocar una reacción espiritual y no carnal? Las respuestas más probables a esas preguntas es que sí, el Señor sabe que nuestro espíritu no necesita descanso y, por ello, conoce que nuestras reacciones en sueños no dependen en exclusividad de nuestra alma o pensamientos.

Y le dijo Dios: Porque has demandado esto, y no pediste para ti muchos días, ni pediste para ti riquezas, ni pediste la vida de tus enemigos, sino que demandaste para ti inteligencia para oír juicio, voy a obrar conforme a tus palabras: Te he dado un corazón sabio y entendido, tanto que no ha habido antes de ti otro como tú, ni después de ti se levantará otro como tú. También te he dado las cosas que no pediste, riquezas y gloria, de tal manera que entre los reyes ninguno haya como tú en todos tus días. Y si andas en mis caminos, guardando mis preceptos y mis mandamientos, como anduvo tu padre David, yo alargaré tus días. (I Re 3: 11-14).

¡Es increíble cómo una sencilla pregunta desató algo tan extraordinario para Salomón! La consulta que inició el encuentro podría haberse contestado con un simple: «Quiero un palacio maravilloso». «Deseo tener muchos hijos». O «dame la victoria sobre todos mis enemigos», mas no fue así. Salomón fue capaz de reaccionar durante su sueño de una forma correcta y Dios se lo tomó por justicia, concediéndole lo que pedía. La primera vez que leí este texto con esta nueva perspectiva acerca de lo que en realidad puede ocurrir dentro de un sueño me pregunte: ¿Cómo es posible que Dios tome como válida la respuesta a Salomón si él estaba dormido? ¿Si los sueños son acontecimientos fortuitos del inconsciente, cómo es que el Señor le cumple a Salomón lo que pide y todo lo demás que le prometió? La única conclusión a la que pude llegar se basaba en el hecho de que Salomón no respondió con su mente y menos con su inconsciente, el monarca israelita le respondió al Padre desde su espíritu.

«Cuando Salomón despertó, comprendió que era sueño», (I Re 3: 15a). Aunque pareciera extraña esta frase, lo que está reflejando es que Salomón acababa de tener una experiencia tan real, que no sabía distinguir si era o no un sueño. Fue hasta que despertó que entró en razón y se dio cuenta de que había sido visitado por el Altísimo. Algunos estudiosos denominan a este tipo de experiencia como: sueño vívido.

«Luego fue a Jerusalén y se presentó delante del Arca del pacto de Jehová, sacrificó holocaustos y ofreció sacrificios de paz. También ofreció un banquete a todos sus siervos». (I Re 3: 15b). La conclusión del encuentro de Salomón con Jehová es hermosa. El rey de Israel no se limitó a alegrarse por causa de esa impartición, él estando despierto también reaccionó. Se dio cuenta de que lo sucedido no era normal y determinó presentar una ofrenda delante del Padre por la promesa que le hiciera.

Estudiar esta historia, literalmente, me abrió los ojos hacia un mundo extraordinario que desconocía. ¡Es posible ser responsables de las reacciones que tenemos durante un sueño! Mientras soñamos no somos víctimas del inconsciente, a la perfección podemos contestar, correr, caminar o hasta negarnos a cosas, ya que nuestro espíritu es el que prevalece. Eso también significa que nuestras acciones dentro de un sueño van a estar relacionadas de manera íntima al estado de nuestro espíritu, no con el de nuestra mente de forma necesaria. Por ejemplo, si dentro de un sueño somos atormentados por un demonio, al correr despavoridos refleja que no somos lo suficiente maduros de espíritu para esa lucha, pero si contraatacamos y vencemos se hace notoria nuestra fortaleza espiritual. He llegado a entender que los creyentes deben estudiar con cuidado sus reacciones durante sus sueños, ya que estas pueden ser radiografías de su condición espiritual. Los sueños al mismo tiempo que pueden advertir de cosas que van a venir, muestran el estado espiritual en el que nos encontramos para enfrentarlo.

Lo expuesto no intenta plantear que dentro de todos los sueños se puede reaccionar. Hay algunas experiencias donde la voluntad está inhabilitada en su totalidad, puesto que el propósito del Señor es otro. No obstante, hay evidencias bíblicas que demuestran cómo el vidente también puede reaccionar para buscar la interpretación de lo que mira. En el caso concreto de Salomón, la visitación que tuvo arrancó con una pregunta, dándole lugar a la reacción de su espíritu. El Padre celestial es quien da paso a la interacción, no a la inversa. Esto es importante tenerlo claro, ya que hay una nueva doctrina de la Nueva Era que promueve «los sueños lúcidos» o el control de los sueños, algo que estudiaremos más adelante en este capítulo. Siempre es bueno recordar que el principio que prevalece para distinguir lo que es y no es de Dios viene de su espontaneidad. Al igual que con el éxtasis y el arrebatamiento espiritual, las personas no pueden concentrarse tanto en la experiencia, que terminen induciéndolas con su imaginación. Eso carece de sentido y la propia persona que lo realiza sabe que es falso. La característica que certifica la genuinidad viene cuando el cielo es el que promueve el encuentro, no al contrario.

Con respecto a esta experiencia de Salomón hay varios elementos dignos de destacar, que demuestran cómo el rey a pesar de estar dormido tomó autoridad espiritual de su reacción ante Dios durante su sueño:

-El primero de esos aspectos es la interacción entre el Eterno y Salomón, que no se limita a simples preguntas y cortas respuestas. Las contestaciones entre el rey israelita y Dios son en verdad complejas, lo cual demuestra que la conversación se llevaba a cabo en un plano espiritual y no de la inconciencia.

Para conseguir esa interacción no bastaba con que Elohim hablara, el espíritu de Salomón tenía que estar preparado para entrar en escena, de lo contrario, hubiera sido un monólogo del Altísimo o en su defecto un acto de marionetas, donde el Señor provocaba las palabras del monarca. Sin duda, ese intercambio demuestra que el rey tomó autoridad sobre lo que acontecía en su sueño.

-En segundo lugar, Salomón revela cosas que están escondidas en su corazón, saca a luz sus necesidades más ocultas, como el temor de reinar sobre tantas personas y aún hace memoria de las profecías que le fueron dadas a su padre. Tal como muestra el texto, la comunicación era fluida e implicaba por parte de Salomón argumentos, que quizá solo él conocía. La pregunta inicial con la que el Todopoderoso visitó a Salomón lo incitaba a que abriera el cofre de su alma. El rey mostró con transparencia lo que había dentro de sí e hizo la solicitud correcta. La reacción de Salomón no fue almática ni vanidosa, ante semejante pregunta divina él supo mostrar prudencia, reflejando una vez más que había asumido el gobierno de sus respuestas dentro del sueño.

-Como tercer elemento está la repercusión natural que tuvo el sueño después de lo sucedido. El Eterno concedió la petición del rey y, además, cumplió en darle lo prometido. Ese testimonio en la esfera terrenal demuestra que Jehová le contó a Salomón su respuesta como justa. Carecería de sentido que Dios a sabiendas de que el monarca no tiene control absoluto sobre sus respuestas se las tome en cuenta para luego darle lo que había pedido y aún más. Lo que sucedió después, durante su reinado, certifica que aquel encuentro fue genuino y que al Creador le agradó verdaderamente la contestación del monarca, la cual no vino de su inconsciente, sino desde su espíritu.

-El último aspecto se encuentra al final de la experiencia, donde se registra que Salomón se dio cuenta de que era un sueño, permitiendo entender dos aspectos importantes: el primero es que la experiencia vivida por Salomón era casi semejante a la realidad. El segundo está en que el monarca supo determinar que algo importante había ocurrido en su sueño. Él fue consciente de la visitación del Señor al igual que lo fue Jacob en su momento (Gn 28: 16). Al levantarse de su lecho supo que debía demostrar que creía en la promesa que le había sido dada. Es entonces que decide presentar una ofrenda para el cielo. Ese punto pone en evidencia que no es suficiente reaccionar dentro de la experiencia, también tiene que haber disposición a tomar decisiones fuera de ella por causa de lo revelado en sueños. Dios no realizó esta clase de encuentro solo para alegrar a Salomón por un rato o con el fin de darle una experiencia novedosa. La visitación pretendía provocar una reacción posterior en el rey israelita, la cual vino y que a la vez dio testimonio de lo ocurrido.

Sin duda, esta es una de las experiencias que más trajo revelación a mi vida sobre lo que puede hacer un hijo de Dios mientras duerme. Gran parte de mi existencia creí estar imposibilitado para reaccionar por mi cuenta en medio de mis sueños, pero cuando leí esta historia con una mentalidad renovada supe que algo había cambiado de forma radical dentro de mí.

A lo que vivió Salomón se le añaden otras historias como la de Abimelec, el rey de Gerar, quien luego de tomar a la esposa de Abraham como mujer, pensando que era en realidad su hermana, es advertido en sueños por el Señor para que no transgreda el lazo matrimonial:

Génesis 20: 3-7 (Nueva Versión Internacional):

Pero Dios vino a Abimelec en sueños de noche y le dijo: He aquí que vas a morir por causa de la mujer que has tomado, la cual es casada. Abimelec, quien todavía no se había acercado a ella, dijo: Señor, ¿acaso has de matar a la gente inocente? ¿Acaso no me dijo él: Ella es mi hermana, y ella también dijo: Él es mi hermano? Con integridad de mi corazón y con limpieza de mis manos he hecho esto. Dios le dijo en sueños: Yo también sé que con integridad de tu corazón has hecho esto. Yo también te detuve de pecar contra mí, y no te permití que la tocases. Ahora pues, devuelve la mujer a su marido, porque él es profeta y orará por ti, y tú vivirás. Y si no la devuelves, ten por cierto que morirás irremisiblemente, tú y todos los tuyos.

Este relato retrata de manera vívida una vez más la capacidad del ser humano de reaccionar de forma consciente dentro de sus sueños. De nuevo, el Señor es quien busca provocar la respuesta del soñador dentro de la experiencia, pero esta vez mediante una advertencia. Ese llamado de atención provoca que Abimelec responda desde su espíritu con el fin de mostrarle al Eterno su integridad frente a lo sucedido. Él hace memoria de lo acontecido y de cómo consultó primero, tanto a Abraham como a Sara, si eran esposos. Al igual que Salomón, Abimelec da una respuesta compleja no solo instintiva. El gobernante aporta argumentos válidos, que el mismo Dios le reconoce y por lo cual le da oportunidad de enmendar su error para que le vaya bien. La contundencia de esta evidencia es tal, que en el verso seis, con claridad, muestra cómo Jehová «le dijo en sueños» a Abimelec cómo debía resolver la situación. Es claro que el rey de Gerar y el Todopoderoso tuvieron una conversación mientras el primero dormía. De igual forma que en el caso del rey hebreo, Abimelec al terminar su visitación se levanta a cumplir la orden que se le ha dado, reforzando la idea de que todo sueño espiritual provocará que el soñador tome una decisión al despertarse.

Un tercer caso que quizá no sea tan específico, pero que de igual forma nos permite relacionarlo con el mismo fenómeno, es el del profeta Elías. En este ejemplo no se nos dice de manera específica que Elías estuviera durmiendo, aunque sí señala que estaba dentro de una cueva y lo hizo para pasar la noche. No hay palabra que certifique que fuera un sueño; sin embargo, tenía cuarenta días huyendo, por lo que es evidente su cansancio y deseo de reposo.

Allí se metió en la cueva, donde pasó la noche. Y he aquí que vino a él la palabra de Jehovah, y le preguntó: ¿Qué haces aquí, Elías? Y él respondió: He sentido un vivo celo por Jehovah Dios de los Ejércitos, porque los hijos de Israel han abandonado tu pacto, han derribado tus altares y han matado a espada a tus profetas. Yo solo he quedado, y me buscan para quitarme la vida. Él le dijo: Sal afuera y ponte de pie en el monte, delante de Jehovah. Y he aquí que Jehovah pasaba, (I Re 19: 9-11a).

Está claro que cualquier cueva, sin importar la hora, es oscura y muy probable aquello colaboró para que el profeta no tuviera buena visibilidad humana, aunque le ayudó a agudizar sus capacidades espirituales. En medio de ese contexto, el Espíritu del Señor abordó a Elías para preguntarle por qué estaba en ese lugar, ante lo que el espíritu del profeta respondió, aunque era muy posible que ya estuviera durmiendo o al menos había entrado en el letargo previo.

A estas tres crónicas de Salomón, Abimelec y Elías, se suman al menos otras cuatro personas. Dos de ellas, donde el soñador no tiene una reacción tan compleja, aun así, resulta evidente la incitación del cielo para que sus espíritus despierten. Le ocurrió a Jacob en dos oportunidades. «Entonces el ángel de Jehovah me dijo en sueños: "Jacob". Yo dije: 'Heme aquí'. Y él dijo: Por favor, alza tus ojos y mira (...)». (Gn 31: 11-12a), y más adelante, en otro momento sucede algo semejante: «Y habló Dios a Israel en visiones de noche, y dijo: Jacob, Jacob. Él respondió: Aquí estoy. Entonces Dios dijo: Yo soy Dios, el Dios de tu padre; no temas descender a Egipto, porque allí haré de ti una gran nación». (Gn 46: 2-3).

Luego está el caso de Balaam, quien recibió a los príncipes de Balac para que se quedaran a descansar una noche con la intención de comentarles la mañana siguiente todo lo que Jehová le hubiera revelado sobre el asunto del rey. Es entonces que, según las Escrituras, Dios se le apareció a Balaam y desarrollaron toda una conversación sobre el tema en cuestión. Aunque no se especifica que aquel diálogo fuera en medio de sueños, hay dos particularidades de la historia que abren el espacio para esa suposición. El primero de ellos es que justo después de terminar el coloquio se asegura de que «Balaam se levantó por la mañana y dijo a los príncipes de Balac (...)». (Nm 22: 13a). La segunda característica que permite interpretar que aquello se dio dentro de sueño es que más adelante, cuando los mismos príncipes regresan a su casa con la misma consulta, se indica que «entonces Dios vino a Balaam de noche y le dijo: Si los hombres han venido a llamarte, levántate y ve con ellos. Pero sólo harás lo que yo te diga». (Nm 22: 20). A pesar de que las evidencias no son contundentes, si analizamos el texto dentro del marco de los conceptos que se vienen desarrollando es en lo absoluto consecuente que la conversación entre Balaam y Dios se llevara a cabo mientras que el primero dormía.

Las otras dos son experiencias vividas por los apóstoles Pablo (He 22: 17-21) y Pedro (He 10: 10-16), quienes mediante éxtasis o como los hemos denominado también:

sueños inducidos por el Espíritu Santo, tuvieron la oportunidad de interactuar con el Señor. En ambos casos, ya citados en capítulos anteriores, se muestra con claridad cómo el Espíritu Santo va a su encuentro con el fin de hacerlos reaccionar. Pablo, por un lado, le da toda una argumentación del peligro que corre su vida por haber sido un perseguidor de la Iglesia y Pedro, por su parte, saca a luz sus tradiciones judías para no ingerir lo que él conocía como animales inmundos. Ante ambas respuestas el Señor siempre insiste hasta dejar una impronta en el espíritu de cada uno, quienes al final terminan siendo obedientes a la demanda del cielo de predicar el Evangelio a los gentiles.

Al empezar a leer todos estos testimonios bíblicos de la forma en la cual el Señor habilita a su pueblo a reaccionar de forma espiritual dentro de sus sueños es como si se nos diera una nueva herramienta, semejante a las armas que se entregan dentro de los videojuegos para que el jugador avance más rápido hacia su meta. En lo personal, al comprender esto sentí que un nuevo mundo me estaba esperando, que, por causa de mi ignorancia, tan siquiera imaginaba que existía. Confirmación que vino tiempo después cuando me encontraba ministrando en el norte de Argentina. Por aquellos días, estaba de gira a través de varias ciudades de la provincia de Santiago del Estero y recuerdo de forma muy clara cómo una noche fui visitado por el Espíritu Santo a través de sueños.

Durante el tiempo de mi descanso, una noche pude ver en visión una mesa larga de las que se usan para los grandes banquetes y en ella estaba sentada justo frente a mí una mujer obesa, rubia y sumamente fea. Si bien hoy no podría definir las características de su rostro, sí quedó grabado en mi corazón la impresión tan fuerte que tuve al verla. Fue un rechazo inmediato lo que sentí. Recuerdo que solo unos instantes después de observar aquella imagen, mi perspectiva de visión fue ampliada. Fue como cuando una cámara expande el zoom del lente para observar más elementos a su alrededor. Justo ahí me percaté de que yo no era parte de los acontecimientos, había sido llevado a presenciar aquella visión como un espectador.

Cuando terminó de extenderse la imagen, contemplé a otra mujer que estaba sentada en la mesa, pero ella se encontraba de espaldas hacia mí y en diagonal a la primera mujer que miré. Este segundo personaje volteó su rostro para que yo pudiera verle solo de perfil. Ella también era rubia, de una edad madura y un tanto pasada de peso, aunque dentro del rango normal de una mujer con esos años. Justo en ese momento, pude percibir una sensación que jamás en mi vida hube experimentado dentro de un sueño. Pude ser consciente de que no entendía lo que contemplaba, una emoción de impotencia me inundó, y al mismo tiempo surgió un deseo en mi interior por entender lo que miraba.

Justo en ese instante fui sensible en mi espíritu, estaba claro que aquello era un sueño, mas fui habilitado para preguntar. Desde lo profundo de mí exclamé: «¡Señor ayúdame porque no entiendo!». Fue entonces que una voz fuerte dentro del sueño me explicó que aquellas dos mujeres eran la misma persona, representaban a una señora de edad madura, que había padecido de anorexia durante mucho tiempo por culpa de lo que sus múltiples compañeros sexuales la habían hecho sentir a través del maltrato físico y emocional, al decirle que era horrible y que no valía nada. Al momento de terminar la explicación oí que aquella voz me dijo: «Guarda la visión para cuando yo te lo indique».

Los días siguientes al sueño, tenía organizadas reuniones en varios sitios, una diferente cada noche. Hoy recuerdo cómo durante la actividad posterior al sueño no lo tuve presente en la mente. Fui a la siguiente ciudad y tampoco vino a mi memoria aquella experiencia. Fue hasta la tercera reunión, posterior a la noche de la visión, que mientras yo ministraba al pueblo llegó a mi memoria la vivencia. Yo comenté en público lo experimentado y que el Espíritu Santo me mostraba que en ese lugar había una mujer con las características que me fueron descritas por aquella voz. Mientras hablaba, sentía que ninguna mujer desearía identificarse de manera abierta frente a aquella visión, no obstante, el Espíritu me habló con claridad que pidiera que esa persona saliera de su lugar y pasara al frente para orar por ella. Me llené de temor cuando transcurrieron algunos segundos y todo el auditorio permanecía sentado, hasta que una mujer sin poder contener sus lágrimas se dirigió al frente. Justo antes de imponer mis manos sobre su cabeza vinieron a mí más palabras del Señor abriéndome el entendimiento sobre lo que había sucedido.

El Espíritu Santo me dirigió no solo a profetizar sobre ella, también lo haría sobre la ciudad. Declaré cómo el Eterno le decía a aquella región que sus múltiples fornicaciones con dioses falsos habían creado una imagen incorrecta de quién en verdad era ella y la hicieron creer que no servían para nada como provincia, pero que venían días sobre ese territorio donde el esposo verdadero les visitaría y cambiaría por completo la apariencia de aquel lugar. Supe ese día que Dios me había mostrado aquello no solo para la sanidad de esa señora, sino para traer profecía sobre la ciudad y la provincia, que es sin duda uno de los territorios de mayor pobreza y prácticas idolátricas en toda la Argentina.

Lo que quedó guardado en mi corazón después de aquella experiencia es invaluable, pude ser testigo de primera mano de cómo un hijo de Dios puede intervenir en sus propios sueños desde la potestad de su espíritu. Fue muy claro para mi cómo el Señor anhela que le busquemos a él como la fuente de inspiración de nuestros sueños, tomando en cuenta que estamos habilitados para tomar autoridad sobre nuestras acciones dentro de esta clase de vivencias.

El profeta Daniel es un ejemplo de cómo esa búsqueda de interpretación puede darse aun estando inmerso en el sueño. En el capítulo siete de su libro en los primeros versos, el vidente señala que tuvo: «un sueño y visiones de su cabeza mientras estaba en su lecho», lo que podría hacer pensar que las visiones que tuvo el siervo de Dios las vivió en el estado previo al descanso. De igual forma, el profeta en el verso 2 y 7 cita que él miraba: «en mi visión de noche», lo que a la perfección podría ser considerado como un sueño, según lo que se expuso al inicio de este libro. La Biblia enseña que durante una de esas experiencias Daniel no entendía lo que veía por lo que buscó la interpretación que necesitaba para comprenderla:

Daniel 7: 16

«Me acerqué a uno de los que allí estaban y le pregunté la verdad acerca de todo aquello. Me habló y me hizo conocer la interpretación de las cosas».

El profeta no esperó a despertarse para orar al Señor por revelación, él decidió en medio de su sueño buscar la interpretación de lo que no entendía. Aquella visión nocturna era abrumadora para su razonamiento humano. Todo carecía de sentido, pero al acercarse a la fuente correcta que es Dios mismo, él pudo encontrar respuesta a los enigmas de su experiencia. Más adelante, el vidente testifica que deseaba saber más acerca de lo que observaba con respecto a la bestia y los diez cuernos (verso 19 y 20), un anhelo que fue debidamente contestado, estando inmerso todavía en el sueño.

Con lo que respecta a los sueños, el creyente debe tener claro siempre un principio: Dios quiere comunicarse con nosotros y por ello anhela con fervor que podamos interpretar sus mensajes. No se puede dejar de lado nunca la idea de que Dios ya se ha revelado en su faceta de Padre, por lo tanto, su mayor anhelo es nuestro bienestar. Los sueños no vienen de parte del Señor para volver loca a la gente, son traídos para que su pueblo le busque más a él, si es que desea encontrar respuestas. Bajo la perspectiva correcta todo lo que un hijo o hija le pida a su Creador le será entregado como parte de una herencia infinita, que les ha sido prometida y a la cual tienen derecho legal para acceder. Jehová prometió «pedid, y se os dará; buscad, y hallaréis; llamad, y se os abrirá, porque todo aquel que pide, recibe; y el que busca, halla; y al que llama, se le abrirá». (Lc 11: 9-10). Las interpretaciones a nuestras experiencias visionarias están al alcance de la mano, solo necesitamos revisar en donde estamos buscando las respuestas.

Es de ese principio que todo soñador debe procurar preguntar en directo al Padre por el significado de sus manifestaciones. Las personas en las congregaciones están acostumbradas a que gran parte del trabajo espiritual lo lleve a cabo el líder o pastor de la iglesia, sin embargo, hay responsabilidades que no pueden ser evadidas, como esta, por ejemplo. Es bastante frecuente que luego de impartir un seminario de *Laboratorio de sueños,* los estudiantes se acerquen preocupados para que les resuelva sus dudas sobre los sueños que han tenido y cuando los relatan se vuelve notorio que tan siquiera los han estudiado a la luz de la Biblia para resolverlos.

Sin duda es mucho más fácil pretender que otro haga el trabajo duro de digerir el mensaje e interpretarlos, mientras que quien soñó, con simpleza, se dedica a comer de la papilla masticada de la respuesta. Creo con firmeza que un creyente sólido no puede estar corriendo siempre a dónde su líder a cargo para que le ayude a entender sus experiencias. Cuando alguien tiene un sueño es como parir un hijo, es su responsabilidad por el resto de la vida. Quizá muchos esperan que la respuesta venga rápido y sin mucho esfuerzo, lo cual ocurre contadas veces. Los sueños son como esos trozos de roca brillante sacados de una mina, hay que trabajarlos bastante y hacerlos pasar por diferentes procesos para lograr que de esa piedra bruta salga el oro que se ve en las joyerías.

Cada creyente debe asumir una verdadera responsabilidad sobre lo que sueña y en primera instancia debe buscar la traducción del mensaje de manera directa con el Señor para dejar en una segunda etapa la participación de un intérprete, que pueda confirmar lo que ya le fue revelado acerca del sueño o visión. A diferencia del tiempo del Antiguo Pacto, hoy el Espíritu Santo mora en el corazón de cada creyente, por tal razón, las interpretaciones no solo están en boca de unos cuantos profetas escogidos; todos los hijos de Dios están habilitados para entender los misterios del reino de los Cielos siempre y cuando sus sentidos espirituales estén ejercitados.

Muy semejante a lo que vivió Daniel, el profeta Zacarías tuvo una manifestación angelical donde necesitó buscar el significado de lo que estaba mirando. En medio de una experiencia difícil de catalogar como sueño o visión «El ángel que hablaba conmigo volvió y me despertó, como a un hombre que es despertado de su sueño». (Zc 4: 1), un ángel se le apareció al vidente y lo insta a revisar bien todo lo que está observando para que luego pueda contarlo a los israelitas. Después de describir con detalle la imagen espiritual, Zacarías se da cuenta de que aquello le era incomprensible y decide consultarle al propio ángel para que le explicara:

Zacarías 4: 4-6

Proseguí y pregunté a aquel ángel que hablaba conmigo: ¿Qué es esto, señor mío? Y el ángel que hablaba conmigo me respondió: ¿No sabes qué es esto? Le dije: No, señor mío. Entonces siguió diciéndome: Esta es palabra de Jehová para Zorobabel, y dice: No con ejército, ni con fuerza, sino con mi espíritu, ha dicho Jehová de los ejércitos.

La primera cualidad destacable en el vidente es su humildad frente a la visión. Zacarías decidió admitir que su intelecto no podía procesar aquella experiencia y por eso consultó por su significado ante lo cual tuvo una objeción del ángel, que en vez darle la interpretación le preguntó: «¿No sabes qué es esto?».

Aquella reacción pudo haberlo intimidado, mas el profeta supo mantener la humildad e insistió en que no la comprendía. Es muy probable que, si se hubiera dejado abochornar por su ignorancia, Zacarías jamás habría comprendido lo que observaba en el espíritu; sin embargo, la clave de su revelación estuvo en ser sencillo de corazón delante del Señor. Una llave que todo soñador debe usar para encontrar respuestas a sus enigmas.

En el siguiente capítulo desarrollaré varias herramientas bíblicas de interpretación de sueños que podrán acercarnos al significado que el cielo desea transmitirnos, siempre y cuando haya humildad en el corazón. Ser conscientes de que jamás alcanzaremos el conocimiento absoluto de los misterios divinos debe ser la constante que nos mantenga con los pies puestos en la tierra. Por más que Dios en su infinita misericordia nos regale un pedacito de sus pensamientos es imposible conocerlo todo, solo él es Omnisciente. Mientras esa idea prive en el corazón del soñador y su afán sea recurrir a esa fuente original de «vida eterna» para encontrar las respuestas, el Señor siempre dispondrá de una bella porción de su sabiduría para sus hijos.

Nunca hay que olvidar que preguntar no es pecado, lo malo es quedarse con las dudas. Cuando un sueño o visión está vedado, lo más sencillo es pedir que sea descubierto y qué mejor que pedírselo a quien es el único capaz y digno de abrir esa clase de sellos, nuestro señor Jesucristo (Ap 5: 9-10). Al buscarle como maestro, también reconocemos su grandeza. Al entender que él es quien puede satisfacer de manera ideal nuestras incertidumbres, estamos dejando de lado nuestro conocimiento para darle paso a los pensamientos del cielo.

Él como dador de toda experiencia visionaria es también el traductor por excelencia, por lo tanto, no es necesario buscar respuestas en sitios incorrectos. Cuando entendemos que nuestros sueños son parte de una comunión integral con Dios aprendemos a ser pacientes, pero al mismo tiempo responsables con lo que recibimos. Lejos de desesperarnos en comprender desde la perspectiva humana lo que hemos visto, nos concentramos en él, puesto que al bastarnos en su gracia logramos también encontrar plenitud, fortaleza y sabiduría. Como conocedor de todos los misterios escondidos para la humanidad, el Padre celestial sabe cuándo y cómo es la forma correcta para revelarlos. Cuando el Señor se convierte en nuestro único camino, nuestra única verdad y nuestra única forma de vida no tendremos vías alternas para resolver esta clase de dudas.

La senda de la adivinación, la hechicería, el tarot o cualquier otra opción pagana no son posibles para un verdadero hijo de Dios, porque la meta principal no es resolver el enigma de los sueños, sino tener una relación más estrecha con el Creador. Al comprender en su totalidad ese principio, transitamos bajo un entendimiento pleno de cuál es nuestra verdadera potestad dentro de los sueños; somos responsables de ellos, mas no dueños. Estamos habilitados para reaccionar de forma espiritual dentro de los mismos, pero no por esto somos los autores de las experiencias visionarias. Hay que asumir una posición correcta con respecto a los sueños, aunque con la revelación correcta, de lo contrario, todo se verá distorsionado. El abuso de la responsabilidad: el control

Hablar de tomar autoridad sobre los sueños quizá sea un tema nuevo para muchos creyentes, no así para el psicoanálisis que desde hace décadas ha sentado teorías sobre lo que ellos llaman: «control de los sueños». Esta técnica a través de estudios médicos ha llegado a avalar la existencia de los «sueños lúcidos», experiencias donde el soñador asume el dominio absoluto de todo lo que observa mientras duerme. Literalmente la persona decide aspectos como el lugar, la hora y hasta quienes intervienen en ellos, lo cual evidencia que es posible manipular los sueños de manera consciente. Un fenómeno, que, de acuerdo a las estadísticas, es más frecuente de lo que se imagina la mayoría.

Diversas investigaciones han encontrado un amplio rango de individuos que aceptan haber tenido alguna vez sueños lúcidos con porcentajes que van entre el 26 % y hasta el 82 %. Las enormes diferencias encontradas, según los investigadores, tiene respuesta en la novedad del tema para algunos, las distintas definiciones posibles del fenómeno o la selección de la muestra (al azar, interesados por el tema, estudiantes de la materia, etc.), entre otras variables. Por otra parte, se ha encontrado que el sueño lúcido es más frecuente en los niños. El 63 % de los menores de diez años aseguran tenerlo todos los meses, reduciéndose al 36 % respecto a los niños con doce años. Hallazgo que pone en relieve cómo la sociedad occidental tiene mucho tiempo conviviendo con esta capacidad, pero que para un amplio margen es desconocido en lo absoluto.

El caso de oriente es significativamente diferente, puesto que prácticas como el yoga, desarrollado por el budismo tibetano, es uno de esos promotores milenarios del sueño lúcido. A través de diversos ejercicios de meditación, esta vertiente del hinduismo enseña cómo lograr conciencia dentro de los sueños. Su enseñanza se basa en reconocer, durante este, que se está soñando, con el fin de modificar lo que sucede en la experiencia. Estos principios provienen de una mezcla de creencias del norte de la India y costumbres chamánicas del Tíbet, lejanas de forma notoria de cualquier mensaje cultivado a través del estudio de las Escrituras.

Una característica de los sueños lúcidos, según concluye el psicoanálisis, radica en que:

Las creencias culturales o personales (religiosas), las expectativas conscientes o preconscientes del soñador, sus especulaciones sobre la posibilidad o no de cierta acción, en particular la influencia ejercida por otras narraciones, determinan con notoriedad la apariencia de los sueños, así como la capacidad del soñador de modificarlos».

Lo cual permite entender cómo la perspectiva propia de los sueños lúcidos incide de forma directa en las posibilidades de vivenciarlo. En otras palabras, quien crea que puede controlarlos, lo hará a placer y quien piense que es algo prohibido censurará tal posibilidad, según postula esta vertiente científica.

El concepto aceptado dentro del psicoanálisis es el que señala que un sueño lúcido es aquel donde la persona es consciente de estar durmiendo. El psicólogo Paul Tholey determinó siete aspectos para diferenciar el sueño lúcido del normal:

- El soñador sabe que está soñando.
- Puede razonar normalmente.
- Capta con sus cinco sentidos como si estuviera despierto.
- Dispone de su libre albedrío.
- Posee los mismos recuerdos que cuando está despierto.
- Puede interpretar el sueño dentro del mismo.
- Al terminar recuerda claramente su sueño.

En los postulados psicoanalíticos básicos sobre los sueños lúcidos se identifica gran cantidad de similitudes con lo que exponen las Escrituras, pero conforme se profundiza en el estudio de sus teorías hay qué ser precavido puesto que su base no concibe la intervención de Dios. Al adentrarse en una temática tan apasionante, algunos autores modernos han topado con casos de estudios diversos. Con probabilidad algunas de esas experiencias analizadas fueron inspiradas por el Espíritu Santo, como le sucedió a Salomón, Zacarías o Daniel. Sin embargo, con seguridad también tropezaron con testimonios cuya fuente era otra. No se puede olvidar que, al ser una ciencia, sus técnicas y análisis no se avocan al ámbito espiritual, por lo que sus descubrimientos no pueden direccionar a los creyentes en cómo interpretarlas ni cómo llevarlas a cabo. Sus estudios están basados de manera exclusiva en la recolección de testimonios sin distingo de otra especie. Lo único que permite diferenciar las experiencias de estudio es que el propio psicoanálisis ha determinado que estos fenómenos pueden lograrse de forma espontánea o a través de inducción mediante «determinadas prácticas y ejercicios», como se citó en el caso del yoga. Una condicionante, que tal como se ha descrito previo, abre la brecha entre lo divino y lo diabólico.

Al entender que Dios es el dador de todas las experiencias sobrenaturales comprendemos que quien las induce tácitamente le está diciendo al Señor: «No te necesito para tener una experiencia extraordinaria, eres prescindible para mí». Ese tipo de mentalidad es promovida por algunas prácticas que aseguran que el ser humano es un dios. La creencia de que la persona es autosuficiente es un pensamiento humanista, muy de moda en el mundo occidental. Debido a ello, hay que ser cautos al estudiar los «sueños lúcidos», según lo que explique el psicoanálisis u otras ciencias ocultas, ya que estas dan por viable el uso de técnicas mentales para alcanzar estas experiencias sin importar si es o no antagónico con lo que enseña la palabra.

Un ejemplo claro de lo anterior es el aval del psicoanálisis sobre el término «onironauta», empleado también por la Nueva Era para referirse al sujeto que tiene sueños lúcidos y lleva a cabo los «viajes astrales». Dicho concepto define a las personas que cobran un estado de conciencia similar al de la vigilia mientras sueñan, permitiéndoles reconocer el estado de sueño como tal, y experimentar dichos sueños con un mayor grado de control. Al igual que con este término, muchos autores del psicoanálisis entrelazan o fundamentan sus ideas en los criterios del control mental. Deliberado o no, promueven excesos en esas vivencias, que lejos de acercarse a lo que un creyente encuentra en las Escrituras, movilizan a la gente hacia prácticas del control racional de los sueños.

Estas ideas enseñan que «el hecho de saber que se sueña le permite al soñador ampliar su abanico de opciones, así como abordar el contexto onírico (soñado) con una mayor libertad de acción». Esa aseveración parte de una idea correcta, pero desemboca en la promoción del control humano del sueño, el cual se complementa cuando el psicoanálisis asegura que «no sólo puede controlarse a sí mismo y a sus actos, sino también intervenir deliberadamente en el ambiente, los personajes y el desarrollo de su sueño». Según el hilo de las ideas que se ha planteado en este capítulo, no son los seres humanos los que deben decidir controlar lo que sucede en sus sueños, es mediante la interacción divina en esas vivencias que esto puede darse. Quizá la diferencia sea un tanto tenue para quien desconoce en lo absoluto del tema, aun así, conforme el entendimiento espiritual se va abriendo muchas cosas cobran mayor sentido.

Una particularidad de la forma en la que el psicoanálisis ha abordado este tema a diferencia de otros como el trance o el desdoblamiento es que lo ha estudiado como un fenómeno fisiológico. Para muchos científicos es de forma física posible que una persona domine de manera racional todo lo que ocurre en su sueño. Es asombrosa la sutileza con la que muchos autores pasan con facilidad de un tema comprobado médicamente, a la promoción del control mental para curar diversas patologías al grado de tener establecidos de modo puntual diversos métodos para lograrlo.

Entre esas técnicas destacan dos en especial; en primer lugar, se ubica el «adormecimiento consciente», donde el individuo entra al sueño, intentando de forma deliberada no perder la conciencia. Esto lo logran poniendo atención a reacciones de su propio organismo como el latido del corazón, por ejemplo. Un concepto difícil de diferenciar del hipnotismo. En segundo lugar, se encuentra la «toma de consciencia en el sueño», la cual busca que el sujeto recuerde con precisión el contenido de los sueños para que luego utilice esas memorias para aplicarlas durante la experiencia, convirtiéndola en un sueño lúcido. De ese modo, conseguir la efectividad de este último ejercicio, algunos especialistas recomiendan acudir al budismo y estudiar sus textos. Como ocurre con el trance, algunos psiquiatras y psicólogos promueven estas técnicas de control como «terapias alternativas» con el fin de tratar las fobias, desaparecer ciertas pesadillas, la ansiedad, la poca seguridad en sí mismo o de dificultades de adaptación social y hasta el trastorno por estrés postraumático. Profesionales han llegado al punto de ampararse en costumbres de pueblos asiáticos antiguos para procurar que sus pacientes pongan en marcha ciertos «guiones» prestablecidos durante sus sueños, donde puedan supuestamente enfrentarse de forma simbólica a sus temores. Quienes están a favor de estos métodos comparan su eficacia con los diálogos que llegan a tener los psicólogos con sus pacientes denominándolo «programa de autocuración».

De manera evidente, para este punto tan delicado hay muchos que caen en los abusos o en las perversiones de dicha habilidad o método, como se le prefiera llamar. Al no ser interpretado este don de la manera correcta y existir corrientes ocultistas que instan a controlar los sueños, muchos caen en la trampa. Existen varios perjuicios, documentos entre quienes acuden al uso de ejercicios para controlar sus sueños. A continuación, se citan los cuatro más importantes:

Adicción:

Esta práctica deliberada puede crear adicción. Según los científicos no es malo tener «sueños lúcidos»; sin embargo, el control sobre los sueños llega a ser tan emocionante e ilimitado que hace que se lleguen a dormir excesivas horas sin necesitarlas. Hay quienes testifican haber pasado días enteros en la cama, a tal punto que al despertar se sienten agotados, como si nunca hubieran descansado.

Alienación:

Sucede cuando quien posee esta habilidad les explica a sus allegados lo que le ocurre con sus sueños y no ve una respuesta positiva. La persona se puede sentir despreciada, al punto de creer ser un fenómeno extraño, según quienes estudian esta condición aseguran que la sensación desaparece cuando la persona encuentra a otros con su misma habilidad.

Disociación:

Como los «sueños lúcidos» se recuerdan con nitidez en la mayoría de las ocasiones, la división entre sueño o realidad puede confundirse. Al tener recuerdos de un sueño, la persona puede pensar que fue un hecho real y viceversa.

Controvertido:

Encuentros accidentales con entidades espirituales, según los entendidos en la materia esto depende de «la visión del mundo de cada uno». Ante la documentación de un hecho semejante un verdadero cristiano debe ser inteligente y entender que no solo se habla de un acto insignificante, sino de un ejercicio espiritual y ocultista.

No está de más señalar con vehemencia que ningún acto que sea movido por el Espíritu Santo puede llevar a esta clase de problemas mencionados. El Padre celestial no da esta clase de experiencias a través de los sueños, para que las personas queden enloquecidas y mucho menos bajo posesión demoniaca. Jamás una experiencia genuina y saludable entregada por Dios a alguno de sus hijos le traerá un perjuicio mental o espiritual. Por el contrario, la aceptación de estos problemas es el síntoma de su naturaleza oscura más evidente, que tiene la práctica del control de los sueños.

Las técnicas citadas son promovidas por algunos psicoanalistas con el fin de que sus pacientes alcancen los sueños lúcidos, dejando al descubierto cómo esta rama médica cae fácil en lo esotérico. Un creyente incauto o curioso puede con relativa simpleza hundirse en estos engaños. Frente a ello hay dos posibles reacciones por parte de la Iglesia, el temor o el contraataque. Quizá sea más sencillo llenarse de miedo frente a estas prácticas y satanizarlas de forma simple, pero eso con dificultad mostrará la luz del Evangelio a quienes caen en el error. El cuerpo de Cristo debe olvidar los tiempos del oscurantismo para dar paso a la etapa de la revelación, donde el conocimiento de la palabra es la que debe prevalecer. Es imposible contratacar estas mentiras paganas vestidas de humanismo si se desconoce su operación. Es necesario conocer lo falso y lo verdadero para mantenerse al margen de las trampas, que podrían aparecer en el camino, al mismo tiempo que se enseña la verdad de acuerdo a las Escrituras. En especial, porque el control de los sueños está siendo utilizado por profesionales de la psicología como aplicaciones terapéuticas.

El interés por plantear en paralelo estas ideas junto a lo que enseña la Biblia es que el lector pueda no solo aprender de la fuente correcta, que es la «palabra», sino también conocer lo que el enemigo intenta tergiversar en este campo. El control de los sueños va más allá de lo planteado al inicio de este capítulo, que pretende enseñarle al creyente la importancia de hacerse responsable de sus experiencias. Intentar determinar qué, cómo, cuándo, con quién y por qué suceden las cosas dentro de un sueño no es un planteamiento bíblico. Tener los sentidos espirituales ejercitados para el momento de la habilitación divina para reaccionar sí está amparado en las Escrituras. La gran diferencia radica en quién es el gestor de esas manifestaciones. Los promotores del control de los sueños basan sus enseñanzas en la propia persona, mientras que la Biblia enseña que debemos esperar en él, quien es el verdadero dador de esas experiencias maravillosas.

La distinción entre una y otra clase de sueño no radica en lo que el soñador puede o no puede hacer. En las experiencias dadas por el Espíritu puede ocurrir cosas por completo sobrenaturales e indescriptibles, ahí no está la variante. Ya hemos evidenciado que todo lo que el diablo trata de mostrar cómo fantástico (trance, desdoblamiento, control de los sueños, etc.), es una copia tergiversada de lo que Dios planteó en un comienzo.

Según lo que ya se ha señalado estudios científicos demuestran que la mayoría de los seres humanos experimentan los «sueños lúcidos» de forma espontánea en algún momento de sus vidas (en especial durante la niñez y adolescencia). También se advierte que son numerosas las personas que mantienen esta habilidad de forma diaria o casi durante toda su vida, y con regularidad, demostrando que la humanidad está capacitada para vivenciar este tipo de experiencias de manera natural. Al ir sumando todos los elementos expuestos se puede dilucidar que la toma de decisiones conscientes dentro de los sueños no es un acto ocultista a excepción de que se le induzca.

Un creyente prudente debe caminar esperando que todas sus experiencias espirituales sean genuinas. No hay porqué afanarse ni precipitarse en buscar respuestas en sitios inadecuados. Hay que recordar de forma permanente que lo que se recibe es únicamente por la gracia del Señor. «Así que no depende del que quiere, ni del que corre, sino de Dios que tiene misericordia». (Ro 9: 16). Por lo tanto, abra las puertas de su espíritu, mas no a cualquier enseñanza o mensaje, sino al Dios Todopoderoso quien con certeza le visitará, tanto de día como de noche.

CAPÍTULO XII
Herramientas de interpretación

En este capítulo se expondrán diversas herramientas dadas por el Señor a su pueblo para descodificar los mensajes que se reciben de parte del cielo. Normas bíblicas que fueron empleadas en el pasado para descifrar los mensajes encriptados del Padre, las cuales siguen vigentes. Si bien las Escrituras no son un manual estructurado para la interpretación de experiencias visionarias, sí hay muchas evidencias dentro de las historias de los grandes soñadores e intérpretes bíblicos que nos permiten establecerlas como instrumentos de traducción. Algunas de estas herramientas son ampliamente conocidas por la Iglesia moderna, debido a ello las estudiaremos enfocándonos en el tema central del libro para sacarles un mayor provecho. Otros instrumentos que plantearé en este capítulo, quizá le resulten nuevos, pero no por ello errados. Le pido que coteje con su propia Biblia cada principio para que pueda transitar con tranquilidad por este hermoso camino.

Es necesario aclarar que no se pretende enseñarle a buscar interpretaciones a través de mecanismos humanos, esa no es la intención. Resulta indispensable que exista una cuota importante de humildad y responsabilidad, las cuales vienen a través de la verdadera disposición del corazón por cultivarse. No existe manera racional en la cual se pueda aprender a descodificar sueños del cielo, porque todos son distintos. Sus códigos, contextos y acciones pueden tener diversas representaciones, que ante la ausencia del Espíritu Santo será improbable lograr una traducción válida.

Estas herramientas le ayudarán a afinar la capacidad espiritual de quien posea los dones de los sueños y el de entenderlos. Sin perder nunca de vista que la interpretación vendrá de forma única y exclusiva cuando Dios en su gracia lo permita. Él es el dueño de los misterios, que le están vedados a la humanidad, por lo tanto, la llave está en sus manos. Nunca podemos perder esa perspectiva. Mientras que estos instrumentos interpretativos se usen desde la perspectiva correcta, serán efectivos. A partir del momento en el cual se empleen con intensiones equivocadas no llegarán muy lejos de la burda manipulación.

Para quien no tenga el don celestial de descodificar los mensajes divinos dentro de los sueños, este material no pasará de ser informativo. Creer que aprendiendo los siguientes pasos de manera indefectible se llegará a una interpretación, resultaría en un grave error. Sería una equivocación explotar estos instrumentos u otros como fórmulas mágicas de interpretación, que aún los paganos podrían utilizar. La mirada de un verdadero intérprete de Dios siempre está en su Creador. Al igual que los grandes guerreros israelitas, quienes salían preparados a la batalla junto a grandes ejércitos armados con toda clase de herramientas de guerra, son también los intérpretes de sueños divinos. Van preparados para cualquier tipo de enfrentamiento, ya sea con arcos, jabalinas o espadas, pero no tienen problema alguno en variar la estrategia dentro del campo de batalla, si Dios lo demanda. Igual como les sucedió a Josué y Gedeón, quienes teniendo lo necesario para la batalla fueron movidos por el Espíritu a ocupar otras herramientas de guerra, ocurrirá lo mismo con los descodificadores de las experiencias visionarias. La solución no son los instrumentos de interpretación, la solución es quién da las herramientas que luego nos permite trabajar con ellas para descubrir los misterios del reino de los Cielos.

Ni la matemática ni la lógica son siempre válidas para traducir un mensaje celestial, no es así como funciona la interpretación de los sueños. El comienzo pasa por aceptar que la única y verdadera interpretación proviene del Rey de Gloria y él es en su absoluta misericordia quien puede develar sus mensajes. En segundo lugar, la humildad, como se citó en capítulos anteriores, es vital. Reconocer que no somos nosotros los entendidos, sino Dios quien suministra la información debe ser la constante. Darle a él la honra, como lo hicieron Daniel y José en su momento, tiene que ser el espejo donde los nuevos intérpretes de sueños se vean reflejados. La sencillez de espíritu es tan trascendente que aún quien no tenga el don de interpretación está habilitado para pedirlo, tal como lo describe el apóstol Pablo cuando dice: «Con todo, anhelad los mejores dones», (I Cor 12: 31a). En otras palabras, aun siendo un ignorante en la temática, pero humilde en el corazón puede llegar a convertirse en quien avergüence a los entendidos por causa de haber encontrado gracia delante de los ojos de Jehová. Este principio va de la mano con lo que Jesús enseñó a sus discípulos cuando les dijo que quien:

(…) pide recibe, el que busca halla, y al que llama se le abrirá. ¿Qué hombre hay entre vosotros que, al hijo que le pide pan, le dará una piedra? ¿O al que le pide pescado, le dará una serpiente? Pues si vosotros, siendo malos, sabéis dar cosas buenas a vuestros hijos, ¿cuánto más vuestro Padre que está en los cielos dará cosas buenas a los que le piden? (Mt 7: 8-11).

En definitiva, la naturaleza del Padre no es negar revelaciones o interpretaciones a sus hijos y menos cuando estos se lo piden, todo lo contrario, él está esperando que lo busquemos para luego mostrarse en nuestra vida.

Este rubro quizá lo haga reflexionar antes de querer continuar con la lectura. Siempre es bueno hacer un alto frente a temas, que, mal empleados pueden causar mucho daño y manipulación. Pregúntese: ¿Cuál es la verdadera motivación al querer descubrir cuáles son estas herramientas para interpretar sueños? ¿Está usted más preocupado en resolver sus dudas que en buscar al Padre celestial? ¿Dónde está poniendo su confianza en este momento, en las respuestas que le puede dar un autor humano o en la revelación que puede impartir el Dios verdadero? Resolverlas le hará mucho bien para continuar la lectura de una forma asertiva y edificante.

A continuación, llevaremos a cabo el desglose de distintos instrumentos interpretativos, que fueron empleados a través de las Escrituras para descubrir cuáles eran los mensajes codificados que traían estos del cielo para la tierra:

1.-Redáctela en tablas.

Justo después de tener una experiencia visionaria es indispensable anotarla. Un soñador responsable no se limita a su memoria. Evidentemente esta primera herramienta requiere compromiso, ya que muchas veces va a ser más fácil darse vuelta y seguir durmiendo, que tomar el tiempo para despabilarse y redactar con detalle lo que se observó. Una persona que en realidad valore lo que el Espíritu Santo puede expresarle mediante sueños, duerme con un cuaderno de notas y un bolígrafo a la par de su cama. Dios no solo se va a presentar los feriados o fines de semana en los que no tengas que levantarte temprano al siguiente día. Sin importar la fecha que sea, siempre debemos tener la posibilidad de documentar nuestras experiencias.

Daniel puso en práctica este principio de interpretación, a través de sus experiencias de forma regular: «En el primer año de Belsasar, rey de Babilonia, tuvo Daniel un sueño y visiones de su cabeza mientras estaba en su lecho; luego escribió el sueño y relató lo principal del asunto», (Dn 7: 1). Una clave en la que Benny Thomas a través de su libro *Explorando e interpretando sueños* también coincide:

Si usted desea seriamente escuchar a Dios en los sueños, entonces debe formar el hábito de siempre escribir y fechar las cosas que recibe en los sueños. Esta es una práctica bíblica. (...) Aunque usted piense que el sueño no es de Dios, escríbalo de todas maneras. Algunas personas piensan que Dios no les dio cierto sueño porque no tenía sentido. Muchas personas han acudido a mí con «pesadillas» enviadas por el diablo solamente para darse cuenta de que, después de todo, su sueño era de Dios. Por supuesto, Dios no es autor de las pesadillas. Por otro lado, usted puede pensar que un sueño es una pesadilla cuando realmente no lo es. Simplemente porque es muy vívido o le da miedo, no quiere decir que provenga de Dios. Puede ser de Dios. Puede que no. He aquí una regla muy importante para recibir y aprender a entender sus sueños: Cuando tenga duda, ¡Escríbalo!

Recuerdo cómo al empezar a practicar este ejercicio, me resultaba muy complicado llevarlo a cabo. Reiteradas veces no logré despabilarme por completo y luchaba, literalmente, con mi memoria para tratar de recordar lo que recién había soñado. Al empezar a revisar en mi cabeza lo que había observado me daba cuenta de que, aunque habían transcurrido solo unos segundos ya me era difícil recordarlo. No quiero imaginar lo complejo que hubiera sido detallar el asunto horas o días después, casi hubiera sido una meta imposible.

La dificultad que encontré en este primer paso para interpretar mis propias experiencias me hizo caer en cuenta de que, muy probable, la mayoría de las personas quedan atascadas en este punto. Es bastante frecuente encontrar gente que dice: «Yo sueño mucho, pero no lo recuerdo» ¡Claro, porque no lo anotan! Es raro encontrar soñadores que tienen una disciplina en este campo, cosa que debe cambiar de forma radical si se esperan ver resultados. Decidir tener un papel y un lápiz junto a la cama pareciera ser algo simple, aun así, en la práctica se complica por el desgano.

Habrá quienes se engañen al pensar que algo tan sencillo también termina siendo intrascendente. Preferirán tomar en cuenta solo los sueños que en verdad los impacten o perduren en su memoria para luego buscarles un significado, mas he descubierto que en este campo se aplica el principio que dice: «El que es fiel en lo muy poco también es fiel en lo mucho», (Lc 16: 10a). Aprender a valorar los sueños es el primer y gran paso hacia la interpretación. Solo la determinación de documentarlos genera por sí sola una importante diferencia.

Descartar sueños a priori no es una buena idea, si se quiere aprender a interpretarlos. De toda clase de sueños puede aprenderse, aun de los que no son divinos. Es más, muchas veces a partir de las experiencias personales es que se le puede ayudar a otros a identificar lo que no proviene del Espíritu Santo. Quien asimila este principio entiende que la importancia de documentar todos los sueños no radica en que la mayoría sean divinos, sino entender que cualquiera puede ser empleado por el Señor para ministrarnos. Ser fiel con cada pequeño sueño demuestra delante de Elohim, que estamos capacitados para recibir revelaciones mayores. ¡Aleluya!

En la Biblia, por ejemplo, con frecuencia, Dios demandó que se documentara lo que estaba siendo revelado. Si ese principio no hubiera estado presente en la cultura hebrea, con probabilidad, hoy tampoco tendríamos Biblia. Ellos a diferencia de otros pueblos fueron enseñados por el Altísimo a pasar de la tradición oral a la escrita. De forma adicional, los profetas más importantes de Israel fueron incitados a no dejar las profecías en el aire, debían anotarlas para que perduraran a través de las generaciones. Las imágenes o palabras que el Padre mostraba o declaraba tenían que permanecer en la memoria colectiva y la única forma de lograrlo era redactándolas:

Éxodo 17: 14

«Entonces Jehovah dijo a Moisés: Escribe esto en un libro como memorial, y di claramente a Josué que yo borraré del todo la memoria de Amalec de debajo del cielo».

En el ejemplo anterior se denota cómo la directriz del Espíritu es documentar la destrucción de la familia de Amalec. Jehová quería guardar un testimonio con su palabra para que al cumplirse todos supieran que había sido su voluntad. Casos como el expuesto, llevan a analizar cuál es la verdadera trascendencia de anotar los sueños, las visiones o las mismas profecías.

Al poner en práctica este consejo, el soñador va a poder elevar sus expectativas y disponer su espíritu y mente para recibir la revelación. Además, está haciendo un acto de fe que le demuestra al cielo de forma genuina su disposición para ser enseñado, y, por último, realiza un acto profético que va a impactar el mundo espiritual. Acompáñeme a profundizar en estos rubros.

Cuando una persona toma la decisión de escribir algo es porque lo considera valioso. Desde la antigüedad, cuando el ser humano comenzó a trabajar sobre pergaminos, lo que se preservaba en ellos era porque tenía un valor significativo para esa sociedad. A diferencia del presente, donde escribir está al alcance de cualquiera, en el pasado solo los eruditos estaban capacitados para hacerlo. Dedicaban largas horas y recursos a copiar documentos, transcribir leyendas religiosas, redactar decretos y escribir anécdotas militares. Desde ese entonces, la humanidad ha asociado la escritura con las cosas de valor.

Le invito a que haga el ejercicio de imaginar todas las cosas que usted con frecuencia anota: números telefónicos, direcciones, cartas de amor, enseñanzas bíblicas, cartas de renuncia, etc. Todo lo que alguien documenta es porque cree que tiene trascendencia para su vida o la de otra persona. Por lo tanto, hay un poder implicado en la redacción, que el soñador debe tener siempre presente y es la certeza de que aquello tiene relevancia.

En el caso de los videntes, no siempre el Señor se revelará a través de palabras, como ya se explicó, en ocasiones será mediante imágenes, las cuales también deben guardarse. Eso les sucedió a los profetas Isaías (Is 30: 8) y Habacuc (Ha 2: 2). Para el primero, la orden iba direccionada en que la visión se guardara en la perpetuidad, como ha sucedido hasta hoy. En el segundo caso, Dios deseaba que lo revelado fuera conocido por todos.

Si usted se dispone a documentar sus experiencias proféticas va a darle una clara señal a su organismo para que este entienda que los sueños son valiosos. Al sistematizar esa idea, su mente va a desarrollar una lista de prioridades, donde de modo inocente su memoria va a intentar recordar siempre sus sueños. Eso sin duda, a largo plazo le será de gran ayuda, pero también le permitirá elevar sus expectativas a la vez que su espíritu se prepara para captar la interpretación. Es una tarea simple que trae increíbles resultados, porque de manera simultánea activa la fe. Al escribir un sueño paralelamente estamos diciendo: «Son importante para mí, porque creo que Dios puede hablarme a través de ellos».

Por otra parte, cuando señalo que anotar el mensaje del cielo es un acto profético, a lo que me refiero es que esa acción trasciende el mundo natural y tiene un impacto en el mundo invisible. Una vez que un soñador determina guardar lo que le ha sido revelado está constituyendo aquello en un memorial, que le servirá para recordar, pero también para hacérselo resonar a Satanás en sus oídos cuando intente atacar. Jesús, una y otra vez en el desierto, mientras era tentado por el diablo, le recordó al enemigo lo que estaba escrito. En otras palabras, Cristo se remitió a las evidencias proféticas antes documentadas.

Un caso particular que ejemplifica a la perfección este concepto es la demanda del Padre celestial hacia el profeta Jeremías cuando Israel estaba a punto de ser esclavizado por los babilonios.

Jeremías 36: 2-3

Toma un rollo de pergamino y escribe en él todas las palabras que te he hablado contra Israel, contra Judá y contra todas las naciones, desde el día que comencé a hablarte, en los días de Josías, hasta el día de hoy. Quizás la casa de Judá oiga de todo el mal que yo pienso hacerles, y se vuelva cada uno de su mal camino, para que yo perdone su maldad y su pecado.

Luego de hacer justo lo que Jehová le demandó, a través de la ayuda de Baruc, quien era escriba, el profeta le mandó a leerlo en la casa del Señor. La fama de aquellas palabras llegó ante los oídos de los magistrados de la corte real, quienes de forma explícita mandaron a llamar a Baruc diciendo: «Toma en tu mano el rollo que leíste a oídos del pueblo, y ven», (Jr 36: 14). Ellos no querían dejarse llevar por rumores, los gobernadores deseaban saber con claridad cuáles eran las palabras del profeta. Al oír la profecía quedaron horrorizados por el decreto de Jehová, por lo que hicieron que el rey Joacim también escuchara lo que estaba escrito en el pergamino. De forma lamentable, la actitud del monarca fue altiva, rechazando toda la profecía de Jeremías sin haberla oído completa. En un ataque de ira, el máximo líder de Judá rompió el rollo donde estaba el decreto profético y lo quemó. Ante lo que Dios volvió a hablar a Jeremías, diciendo:

Jeremías 36: 28

«Vuelve a tomar otro rollo y escribe en él todas las mismas palabras que estaban en el primer rollo, el que quemó Joacim, rey de Judá».

Aunque ya el documento había sido escrito una vez, tenía que quedar un memorial. Sin importar si el rey estaba o no de acuerdo con la profecía, esta se cumpliría y por ello debía quedar escrita. Eso demuestra que detrás de la redacción existía un acto profético, que tenía que perdurar. En otras palabras, aquel pergamino había dejado de ser un simple material para convertirse en un decreto divino. ¡Increíble!

Otro consejo práctico con respecto a escribir los sueños es fecharlos, de esa manera, usted podrá mantener cierto orden que más adelante le ayudará a repasar y encontrar significado a lo que antes no tenía. En ocasiones, los acontecimientos que suceden posteriores al sueño u otras experiencias del Espíritu pueden complementar lo que hayamos anotado. Benny Thomas también se refiere a esto: «Feche el sueño cuando lo escriba. Esto puede ser de mucha ayuda más adelante al repasar las instrucciones que ha recibido. La fecha puede ser muy importante, y hasta puede ayudarle al reunir información para discernir lo que Dios le dice».

Esta dinámica la sostuvieron la mayoría de profetas del Antiguo Testamento, quienes anotaban la fecha o al menos una referencia puntual del momento en el cual recibieron la visión, sueño o profecía de parte del Señor. Están los casos de (Ez 32: 1; Za 7: 1; Hg 4: 10; Mi 1: 1). A diferencia de lo que muchos pensarían, esa era regla común entre los videntes israelitas y para nuestras generaciones fue de enorme ayuda, ya que le hemos podido dar un contexto enriquecedor a sus profecías.

Entonces escribir un sueño va mucho más allá del acto de tomar un lápiz y un papel. Hay fe implícita y un acto profético que se ejecuta. De esto se extrae que un verdadero vidente no se hace a través de las grandes revelaciones que recibe, sino de los pequeños actos de obediencia que es capaz de poner por obra. Para quien le resulte intrascendente redactar un sueño, al mismo tiempo está diciendo: «Dios lo que me entregaste no es tan importante como para que me tome la molestia de escribirlo». Con una actitud semejante es difícil que un soñador pueda ser utilizado por el Eterno como un intérprete de los mismos. Por lo tanto, te motivo a que dejes este libro por un momento y vayas a tu habitación para que puedas escribir «las cosas que has visto, y las que son, y las que han de ser después de éstas», (Ap 1: 19).

2.-Separe el sueño de la interpretación.

Es bastante frecuente que una persona luego de haber tenido un sueño sobrenatural mezcle la experiencia con su propia interpretación. Palabras como: «yo creo que era...», «a mí me pareció que...», «si mal no recuerdo...», y tantas otras que denotan la interacción de la opinión personal con el mensaje que se ha recibido.

Es fundamental que los creyentes aprendan a separar la experiencia de lo que ellos consideran que representa, porque de lo contrario será prácticamente imposible interpretarla de manera correcta. Este fenómeno lo vivió Israel en el pasado, donde los profetas de forma deliberada o no, estaban haciendo pecar al pueblo al intentar darle su propia traducción a los mensajes que estaban recibiendo a través de sueños. Debido a ello, el Señor envió al profeta Jeremías para llamarles la atención con vehemencia:

Jeremías 23: 28-29

El profeta que tenga un sueño, que cuente el sueño; y aquel a quien vaya mi palabra, que cuente mi palabra verdadera. ¿Qué tiene que ver la paja con el trigo?, dice Jehová. ¿No es mi palabra como un fuego, dice Jehová, y como un martillo que quebranta la piedra?

Como se ha citado con anterioridad, los sueños y las visiones son parte de una ecuación espiritual, donde sumados a la interpretación se da como resultado una profecía. El caso anterior es un perfecto ejemplo de cómo uno de los elementos afectaba el producto. Dios les estaba exigiendo a los profetas hebreos que con simplicidad relataran sus experiencias, no más, porque al añadirles sus opiniones estaban alterando por completo el mensaje.

Los videntes de aquella época no estaban diferenciando entre el sueño y la interpretación que ellos querían darle y eso generaba que la profecía no fuera certera. Lo que hacían vendría a ser semejante a la persona que dentro de un equipo de fútbol pretende defender, pasar la bola, meter los goles y hasta parar los penales. De manera evidente, algo así resulta imposible, aunque en el contexto profético, en ocasiones, sucede, por lo tanto, hay que tener cuidado al respecto.

Siempre que una revelación nueva es dada mediante una experiencia sobrenatural es prudente buscar la confirmación o traducción de una persona ajena, con la madurez suficiente para sopesarlo. No querer hacerlo demuestra de inmediato que aquel soñador o vidente tiene un serio problema espiritual del que debe arrepentirse, porque estas manifestaciones no son dadas para manipular a otros o hacer alarde de espiritualidad, sino para edificar, exhortar y consolar.

3.-Haga brillar el diamante con oración.

No es necesario ahondar en la enorme importancia que la oración debe tener en la vida de todos los creyentes y cómo esa llave puede allanar el camino para muchas cosas, porque esta práctica debe ser parte de la vida normal de todo cristiano. Lo que sí resulta fundamental es recalcar que una de las herramientas más efectivas para la interpretación de un sueño fue, es y será la oración. Sin ella puede resultar casi imposible traducir un sueño de forma correcta, ya que estos son un lenguaje espiritual que necesitan de una interpretación espiritual. Tratar de traducir los sueños propios, sin oración, representaría lo mismo que intentar entender francés con un diccionario en alemán.

En el libro *Explorando e interpretando sueños,* Benny Thomas apunta sobre este aspecto:

Es perfectamente correcto pedir a Dios que le hable en una variedad de formas bíblicas, incluyendo sueños y visiones. Dios nos puede hablar sobre situaciones específicas por su Palabra. ¿Estará bien orar por esto antes de abrir la Biblia? Muchas veces Dios me ha hablado por un mensaje en la Iglesia. ¿Estará bien pedirle a Dios que le hable antes de llegar al servicio? Dios también se comunica con el hombre por medio de sueños y visiones. Podemos confiar en él para hablarnos en estas formas escriturales, especialmente si le pedimos que nos confirme su dirección.

Conocedor de un principio tan relevante para la interpretación de los sueños y al ser él mismo un sabio en la materia por excelencia, el profeta Daniel se puso de acuerdo con sus compañeros Ananías, Misael y Azarías (Zadrac, Mesac y Abed-nego) para rogar al padre por una interpretación de la cual dependían sus vidas.

Daniel 2: 17-19

Luego se fue Daniel a su casa e hizo saber a Ananías, Misael y Azarías, sus compañeros, lo que sucedía para que pidieran misericordias del Dios del cielo sobre este misterio, a fin de que Daniel y sus compañeros no perecieran con los otros sabios de Babilonia. El secreto le fue revelado a Daniel en visión de noche, por lo cual bendijo Daniel al Dios del cielo.

En lo que respecta a las experiencias visionarias, el creyente debe tener claro siempre un principio: Dios quiere comunicarse con nosotros y, por ello, anhela con fervor que podamos interpretar sus mensajes. No se puede dejar nunca de lado la idea de que Dios ya se ha revelado en su faceta de Padre, por lo tanto, su mayor anhelo es nuestro bienestar. Los sueños no vienen de parte del Señor para sacar a la gente de su sano juicio, sino para que sean incitados a buscarle más a él. Todo lo que un hijo o hija le pida a su Creador le será entregado como parte de una herencia infinita, que les ha sido prometida y a la cual tienen derecho legal para acceder (Lc 11: 9-10).

Es de ese principio que todo soñador debe procurar preguntar de manera directa al Padre por el significado de sus experiencias. Las personas en las congregaciones están acostumbradas a que gran parte del trabajo espiritual lo lleve a cabo el líder o pastor de la iglesia; sin embargo, hay responsabilidades que no pueden ser evadidas, como esta, por ejemplo. Es mucho más fácil pretender que otro haga el trabajo duro de digerir el mensaje encriptado, mientras que quien soñó, simplemente, se dedica a oír la posible interpretación. Cada creyente debe asumir una verdadera responsabilidad sobre lo que sueña y en primera instancia debe buscar la traducción del mensaje directo con el Señor para dejar en una segunda etapa la participación de un intérprete, que pueda confirmar lo que ya le fue revelado acerca del sueño o visión.

Claro ejemplo de ello es la experiencia del profeta Zacarías con el ángel que le interpretaba lo que veía, de la cual ya se habló con anterioridad (Za 4: 4-6). El profeta tuvo que ser humilde para reconocer que no entendía el mensaje que le era entregado y aquella actitud de sencillez le abrió una nueva puerta de revelación, que luego podría transmitir al pueblo. Dios estaba cambiando el patrón de acción con Israel, que durante mucho tiempo había derrotado a sus enemigos a través de la fuerza de un ejército humano, no obstante, a partir de ese instante el Señor indicaba que las cosas serían distintas. Ya no más por habilidad del hombre, sino por la capacidad sobrenatural del Espíritu de Dios.

Como ya se ha expuesto antes, la búsqueda de esas respuestas puede ser tanto dentro como fuera de la experiencia. No importa cómo el Creador lo permita o si sus ojos espirituales están capacitados para verlo, lo relevante es ser humildes y consultarle al Padre celestial en oración. Para ello es fundamental dirigir de forma correcta el clamor hacia lo que necesitamos comprender y no solo a toda la experiencia en general. Yo comparo esto con la actitud que muchos colegiales tienen cuando no comprenden la materia vista en clase. Algunos, los más irresponsables y provocadores, llegan donde su maestro, luego de que expuso la materia, a decirle: «Necesito que me explique de nuevo, porque no entendí nada». Frente a semejante comentario, el educador muy probablemente se preguntará: «¿Dónde estuvo este durante toda la clase?». Muy distinto sería que ese mismo estudiante buscara a su profesor para preguntarle de manera puntual por la fórmula o el paso que no entiende de lo expuesto. Es entonces que se hace evidente que el joven desea aprender y no solo burlarse de su maestro, quien ya dedicó tiempo a explicar la materia. Algo semejante sucede cuando nos presentamos delante del Señor para que se nos explique todo lo que estamos viendo, eso sería lo más fácil, y quizá por el contrario el cielo busca incitarnos a que profundicemos en la palabra, nos apliquemos e indaguemos sobre el asunto y luego el Señor se manifestará para llenar las lagunas que nosotros estamos impedidos de entender. Habrá momentos donde pedir toda la interpretación a través de la oración es solo una evidencia de vagancia, es mejor ahondar hasta donde nos sea posible y luego pedir de forma específica lo que necesitamos saber sobre ciertos símbolos implicados en el sueño.

Este instrumento de pedir interpretación puntual sobre ciertos signos, lo empleó el profeta Daniel cuando las visiones que observaba lo habían turbado en exceso. Según está documentado, el vidente tomó la decisión de acercarse a uno de los personajes que participaba de la experiencia y le consultó por el significado de lo que miraba. Ante esa necesidad de respuesta, la palabra muestra que aquel personaje divino le habló y le tradujo el mensaje para que pudiera comprenderlo, (Dn 7: 16). Más adelante en la historia del profeta, se vuelve a ver incapaz de entender lo que está observando en su espíritu, pero ahora el personaje angelical no lo encuentra pidiéndole la interpretación de todo lo que observa. «Aconteció que mientras yo, Daniel, consideraba la visión y procuraba comprenderla, se puso delante de mí uno con apariencia de hombre. Y oí una voz de hombre entre las riberas del Ulai, que gritó y dijo: Gabriel, enseña a este la visión» (Dn 8: 1-16). Daniel, al igual que la primera vez, se veía frente a una experiencia incomprensible para su mente, no obstante, ahora trataba de entenderla, se esforzaba y es el mismo cielo al verlo en su intento, que decide ayudarlo.

Este fenómeno se vuelve a presentar una tercera vez, solo que ahora Daniel necesitaba revelación con respecto a una profecía que había dado Jeremías sobre Israel.

Aún estaba hablando en oración, cuando el varón Gabriel, a quien había visto en la visión, al principio, volando con presteza vino a mí como a la hora del sacrificio de la tarde. Me hizo entender, y habló conmigo diciendo: Daniel, ahora he salido para darte sabiduría y entendimiento. Al principio de tus ruegos fue dada la orden, y yo he venido para enseñártela, porque tú eres muy amado. Entiende, pues, la orden, y entiende la visión. (Dn 9: 21-23).

Es notorio que esta tercera vez, el profeta ya tiene claro que su trabajo es hacer lo que está a su alcance (orar, ayunar, vigilar, etc.), porque entonces y solo entonces, Dios hará lo que no esté en su mano. Gabriel le señala que desde el comienzo de su clamor él había sido enviando, aunque lo advierte de la oposición que había tenido por las huestes demoniacas. La oración del profeta había sido persistente, no se dio por vencido con facilidad y gracias a su perseverancia encontró la interpretación que necesitaba acerca de la profecía.

En definitiva, la oración debe ser uno de los recursos más importantes que un soñador debe tener para encontrar el verdadero significado de sus experiencias. Si dentro de la experiencia, sea visión, sueño o aún profecía, no es revelado el mensaje, el siguiente paso es la búsqueda en oración del significado para que sea el Espíritu Santo quien revele lo que está vedado.

Oración contemplativa.

Dentro de este hermoso tema de los sueños divinos he encontrado importantes maestros, que han desarrollado el tema desde diversos ángulos. Uno de ellos es Jim W. Goll, quien con sus textos sobre la unción del vidente y el lenguaje de los sueños me ha enseñado de gran manera. Dentro de esos rubros a través de los cuales me ha abierto mucho los ojos es el tema de la oración contemplativa, con el cual tengo una historia particular.

Cuando leí por primera vez su libro *El vidente* encontré un capítulo completo denominado: «Corrientes ocultas de lo profético». Con un título tan sugestivo pensé que encontraría algo sobre lo que jamás había oído, mas al pasar las páginas me percaté de que el desarrollo completo del capítulo era sobre la oración. Debo ser honesto y confesar mi grave error al subestimar un tópico del cual ya me creía entendido. Al pasar las páginas llegué a la equivocada conclusión de que la oración contemplativa era como cualquier otro tipo de oración, pero con un nombre distinto.

Semanas después descubriría que el mensaje del libro había sido tan denso para mí que el Espíritu Santo en su infinita misericordia iría trabajándolo en el campo práctico para lograr abrirme el entendimiento. Fue al estar en Argentina en una gira de intercesión por la nación suramericana junto al equipo ministerial de mi padre, que logré comprender a plenitud lo que es la oración contemplativa en el ámbito de batalla espiritual. Cada noche durante más de quince días participábamos de reuniones proféticas de oración en diversas ciudades alrededor de todo ese país. En las reuniones participamos los casi diez ministros que conformábamos el equipo por lo que las intervenciones debían ser concisas, aunque también sustanciosas.

La unción que estuvo sobre mi vida durante esa gira fue de manera notable muy visionaria. Cuando llegábamos a cada sitio o aún antes del arribo, Dios se me revelaba a través de alguna imagen particular, fuera en visión o en sueños. Al estar dentro de un equipo de ministros maduros mi responsabilidad era alta. No podía tomar el micrófono para soltar lo que se me ocurriera de forma intempestiva. Debía estar seguro de que lo que contemplaba era del Espíritu, y, sobre todo, mi mayor preocupación era cómo decirlo. Frente a miles de personas cada noche, un error sería tremendo bochorno, no solo personal sino para todos los que participábamos. Debido a ello siempre tomaba varios minutos para orar por la visión o sueño que había recibido, pero la forma en la que lo hice fue a lo sumo particular. No lo hice de forma premeditada ni siguiendo alguna clase de ejercicio, fue algo instintivo. Tampoco mi oración era cómo las que había hecho antes para pedir revelación al Padre por algún mensaje del que fuera responsable. Fue un clamor muy quieto, casi silencioso, aunque enfocado en la imagen que me fue mostrada. Cerraba mis ojos con tranquilidad, hacía lo posible por evitar que el ruido a mí alrededor me distrajera, el cual en ocasiones eran tan fuerte como una reunión de avivamiento puede ser. Intentaba abstraerme en lo absoluto de mi realidad para enfocarme de manera exclusiva en el Padre celestial y que este pudiera mostrarme su revelación.

Muchas veces lo que observaba era comprensible, mas en otros no lo era. Con ansias, pero al mismo tiempo, con paciencia, pedía dentro de mi espíritu que mis ojos fueran abiertos al maravilloso mundo sobrenatural. En ocasiones era rápido y en otros se dilataba bastante mi oración en la espera de una respuesta divina. Por momentos podía sentir que era cómo un juego donde el Señor estaba más interesado en tener intimidad conmigo, que en revelarme algo. Percibía cómo el Padre celestial jugaba conmigo a las escondidas y al terminar mostrándome su sabiduría me daba un fuerte abrazo para terminarme diciendo: «¡Bien hecho hijo, lo lograste!». Esa sensación producía cada noche algo hermoso en mi interior y me permitía darme cuenta de que estaba descubriendo un mundo por completo nuevo de intimidad.

De esa forma transcurrió la gira de intercesión por la Argentina, donde cada noche era literalmente una aventura y poco a poco el Señor fue dejando una impronta de lo que es la oración contemplativa. Entendí que, lejos de ser una oración que busca la respuesta de las visiones o sueños que recibimos, es un tipo de comunión intensa, donde lo externo carece de importancia y lo divino cobra sentido de manera exponencial. Al regresar a mi casa miré que el libro de Jim W. Goll estaba sobre mi mesa de noche. Lo tomé entre mis manos con una curiosidad tremenda y leí de nuevo el mismo capítulo de «Corrientes ocultas de lo profético». Desde el primer párrafo sentí una sensación extenuante. Todo comenzó a cobrar sentido, porque comprendí que mis ojos ya habían sido abiertos. Antes lo había leído con un interés informativo, aun así, con la arrogancia de creer que ya era tema superado. Ahora, en mi segunda lectura, era en lo absoluto diferente. Me sentía identificado con la narrativa del autor, cada texto bíblico se convirtió en un manantial de agua del que todavía sigo bebiendo.

Sin duda fue una de las experiencias reveladoras más hermosas de mi vida por lo que considero importante retomar gran parte de ese capítulo escrito por Jim W. Goll, espero que lo disfrute igual como ahora yo lo hago:

La oración contemplativa trata sobre la búsqueda de intimidad con Dios. La Biblia está llena de referencias al respecto: «Por tanto, nosotros todos, mirando a cara descubierta como en un espejo la gloria del Señor, somos transformados de gloria en gloria en la misma imagen, como por el Espíritu del Señor" (II Cor 3: 18, énfasis del autor).

«Estad quietos y conoced que yo soy Dios; seré exalto entre las naciones; enaltecido seré en la tierra», (Sl 46: 10, énfasis del autor). «Puestos los ojos en Jesús, el autor y consumador de la fe, el cual por el gozo puesto delante de él sufrió la cruz, menospreciando el oprobio, y se sentó a la diestra del trono de Dios», (Heb 12: 2, énfasis del autor).

Hablamos de una práctica cristiana antigua que no fue ampliamente difundida o practicada en gran parte de las filas evangélicas o carismáticas de hoy, pero que el Espíritu de Dios está restaurando al cuerpo de Cristo.

En la oración contemplativa, nosotros como cristianos no nos relacionamos con Dios en principio como con uno que se sienta sobre su trono en los cielos, sino que, a través de la realidad de nuestro nuevo nacimiento en Cristo, nos conectamos con él como alguien que hizo morada dentro de nosotros. Cada uno de nosotros tiene un trono en su corazón, donde él habita en una manera muy personal. En contraste, en la oración intercesora, nos acercamos a quien está sentado sobre su trono en los cielos. Entonces, como creyentes-sacerdotes, apelamos ante Dios y nos paramos en la brecha y le recordamos su palabra. Otra frase que es muy usada en algunos círculos hoy es «comunión con Dios» habita a través del Espíritu Santo, quien tomó posesión.

Contemplamos la hermosura de Jehová e inquirimos en su templo (ver Sl 27: 4). En el primer capítulo de Colosenses, Pablo habla de los santos «a quienes Dios quiso dar a conocer las riquezas de la gloria de este misterio entre los gentiles; que es Cristo en vosotros, la esperanza de gloria» (Col 1: 27, énfasis del autor). La «esperanza de la gloria» es Cristo en nosotros. Cuando entramos en comunión con Dios, quien habita en nuestro interior, tenemos compañerismo con el zoe, la vida misma de Dios, que nos limpia y nos separa para él. Esto es lo que significa ser transformados.

Con mucha frecuencia en toda la historia de la Iglesia y aún hoy, los cristianos tendieron a dividirse en dos grupos con respecto a estas verdades. Un grupo es el de «ir y hacer», siempre ocupados, siempre haciendo cosas, misiones, sirviendo a los pobres, predicando el evangelio. El otro grupo es el «contemplativo» el de la meditación, la quietud, la reflexión, que le dan culto a la vida interior y solo quieren permanecer allí todo el tiempo. Bernardo de Clairvaux, el monje del siglo XII identificaba tres «vocaciones» en la vida cristiana: la de Lázaro, el penitente; la de Marta, sierva activa y devota de las tareas hogareñas; y la de María, la contemplativa. Según Jesús, María había elegido la mejor parte. No existía razón para que ella envidiara a Marta, o dejara su deseo de contemplación insatisfecho para ayudar a su hermana en sus labores. La contemplación siempre debe ser deseada y preferida. La actividad debe ser aceptada, pero nunca buscada como un fin. Al final, la plenitud de la vida cristiana se halla en la unión de Marta, María y Lázaro en una persona.

La vida interna nos prepara para la vida externa; ambas son necesarias. Una de las lecciones que debemos aprender es construir un puente entre las dos. Escuche, vele, aguarde, en este tipo de oración de comunión no se trata de hacer algo, sino de estar con alguien hasta que nos convirtamos en su expresión para el mundo que nos rodea. Una de las mejores cosas que hice en mi vida me sucedió en Spokane, Washington, cuando participaba de cinco días de «Voto de silencio». Durante las primeras diez horas de cada día, siete personas nos reuníamos cada mañana solo para hablar de nuestra fe, y luego tomábamos un voto de silencio para las próximas doce horas. Eso significaba que no debíamos hablar en absoluto ¡Qué disciplina espiritual!

¡Qué día tan difícil, pero qué enriquecedor!

¡Esa semana en realidad «me cargó las pilas»! Para el cuarto y quinto día ya estaba inundado de una clase de revelación que me mantuvo encendido por meses. No fue otra cosa que la disciplina espiritual de alma ante Dios, prepararme a escuchar y esperar oír su voz. Con dificultad puedo describir el hondo sentido de paz interior y contentamiento que vino sobre mi vida en ese tiempo. El octavo capítulo de Proverbios provee tres principios importantes relativos a la oración contemplativa:

Ahora, pues, hijos, oídme, y bienaventurados los que guardan mis caminos. Atended el consejo, sed sabios, y no los menos preciéis. Bienaventurado el hombre que me escucha, velando a mis puertas cada día, aguardando a los postes de mis puertas. Porque el que me halle, hallará la vida, y alcanzará el favor de Jehová. Mas el que peca contra mí, defrauda su alma; todos los que me aborrecen aman la muerte (vv. 8: 32-36).

El versículo 34 contiene tres principios: «Escucha, "vela" y 'aguarda'». Los tres verbos están en hebreo en pasado continuo pasivo, indicando que son actividades que continúan en vez de ser momentáneas. Benditos son los que escuchan, y continúan escuchando; los que velan, y siguen velando; y los que esperan, y siguen esperando.

Para poder escuchar, tenemos que cerrar nuestras bocas. No podemos oír y hablar al mismo tiempo. Velar a las puertas significa: estar alerta y despierto. Josué, el siervo y sucesor de Moisés, con fidelidad se paraba afuera del tabernáculo de reunión cada vez que Moisés entraba. Porque estaba vigilante, era también el primero en ver la gloria que reflejaba el rostro de su líder cuando este salía de una reunión con Dios. Esperar en las puertas significa: estar en pie para escuchar lo que el Señor dirá, listos para cumplir sus órdenes o sentarse en quieta reverencia y adoración. Lo que sea que él desee. ¿Cuáles son las claves para una experiencia contemplativa? Escuchar, velar, aguardar.

El vocabulario de lo contemplativo.

La oración contemplativa no es una técnica. No es una terapia de relajación o una forma de autohipnosis. No es un fenómeno psíquico o paranormal. No es una aproximación de la Nueva Era a una manera de mejoramiento personal, ni un intento de poner la mente en blanco. No es algo nuevo, mucho menos una actualización de la meditación occidental envuelta en «ropas cristianas». La contemplación es una herramienta bíblica de antaño para entrar en intimidad con Dios. «Contemplar» significa mirar fijo a propósito, pensar a propósito, estudiar, esperar, meditar, reflexionar. La palabra «reflexionar» significa pensar acerca de algo, considerar de manera profunda, meditar. «Meditar» significa planear, tener intención de, pensar de forma profunda, reflejar sobre. La palabra «reflejar» significa devolver luz, sonido, una imagen en un espejo, traer de nuevo o llevar de nuevo como consecuencia o como gloria reflejada.

Cualquier concepto es confuso si no entendemos los términos del vocabulario usado. Por esta razón, quiero definir algunos de los términos que hallamos comúnmente en los escritos cristianos proféticos y contemplativos, tanto antiguos como modernos.

-Falso hombre:

Es la vieja naturaleza pecadora o el «viejo hombre» que Pablo les dice a los efesios: En cuanto a la pasada manera de vivir, despojaos del viejo hombre, que está viciado conforme a los deseos engañosos y renovaos en el espíritu de vuestra mente, vestíos del nuevo hombre, creado según Dios en la justicia y santidad de la verdad. (4: 22-24).

Este «falso yo» es el yo egocéntrico que se aferra a las cosas y los valores del mundo, confía en las posesiones, el poder u otras personas para tratar de hallar la felicidad, la paz, el propósito, el significado y la vida.

-Verdadero hombre:

«Este corresponde a la nueva naturaleza espiritual que tenemos como cristianos, el "nuevo hombre" de (Ef 4: 24; Col 3: 10)».

«No mintáis los unos a los otros, habiéndoos despojado del viejo hombre con sus hechos, y revestido del nuevo, el cual conforme a la imagen del que lo creó se va renovando hasta el conocimiento pleno». (Col 3: 9-10).

-Concentrarse:

Aunque fue un término usado de forma amplia por los cuáqueros, su uso no se limita a la teología y práctica cuáqueras. Significa, simplemente: alejar todas las distracciones que compiten por nuestra mente hasta que estemos en verdad presentes con él. ¡Me encanta! Concentrarse es el arte meditativo de aquietarnos y enfocarnos en el Señor, quien es el centro de toda vida.

-Recordar:

Es el proceso de recolectar partes separadas de un todo. Es permitirle al Espíritu Santo que arroje luz sobre las fragmentaciones de nuestra vida como para traer sanidad y limpieza a nuestras almas, emociones, recuerdos y pensamientos. Dos términos asociados que significan lo mismo son: recolección e integración.

-Unión con Dios:

Significa ser hechos uno con nuestro amo y creador. Es una obra que Dios hace en nuestros corazones, con dos ingredientes esenciales de parte de nosotros: amor por Dios y pureza de corazón. Primero, viene la revelación del inmenso amor que Dios tiene por nosotros; y segundo, permitirle a él producir en nosotros un corazón puro como expresión de nuestro amor por él.

-Éxtasis espiritual:

Este es en esencia lo mismo que vimos en el Capítulo 9 sobre la dimensión extática: un trance sobrenatural iniciado por el Espíritu Santo, en donde uno es tomado cautivo al reino espiritual para recibir esas cosas —revelaciones, visiones u otras experiencias— que Dios desea darnos. Todo esto refleja un deseo de parte de los creyentes contemplativos de describir lo indescriptible. Al final, quedamos reducidos a la simple confesión de Walter Milton: «Contemplación es amor encendido con devoción».

La oración contemplativa es un ejercicio, donde abandonamos el control de nuestras propias vidas y rehusamos apoyarnos en los bastones del viejo hombre. Es una clase de comunión con el propósito de aumentar nuestra intimidad con Dios y nuestra conciencia de su presencia. Es un paso de sumisión donde ponemos nuestro ser a disposición de Dios, a la vez que pedimos que su obra de purificación sea hecha en nuestras vidas. En Cristo Jesús nos abrimos a que el Espíritu Santo se conecte con el nuevo hombre, el verdadero hombre interior, y facilitamos un estado de unión con Dios.

-Recordar:

El cuáquero Richard Foster autor de los clásicos cristianos modernos *Celebration of Discipline and Prayer: Finding the Heart´s True Home* (Celebración de la disciplina y la oración: Hallando el verdadero hogar del corazón), es un estudiante avanzado de las distintas formas de oración. A través de sus estudios y experiencias, clasificó la oración contemplativa en tres etapas: recordar, la oración en quietud y el éxtasis espiritual. La fase uno es recordar, la cual vimos antes, cómo liberarse de todas las distracciones. Esa es la idea que está detrás del (Sl 46: 10): «Estad quietos y conoced que yo soy Dios». Algunas traducciones literalmente lo dicen de este modo: «Relájense y libérense, y conozcan que yo soy Dios».

Hay una correlación aquí entre el conocimiento interno, en una manera de revelación, del gran amor de Dios por nosotros y el arrepentimiento de nuestra parte. Arrepentimiento significa volverse del pecado hacia Dios. En la rememoración nos alejamos de todas las distracciones para concentrarnos en el Señor y su presencia.

Un ejemplo de distracción es enfocarse en lo que ya pasó, en particular cuando nos hizo vivir en culpa y condenación. Mientras continuamos en esta senda de meditación, la verdad se ilumina dentro de nosotros. Una de las primeras cosas que veremos es la gravedad de nuestro pecado, todas nuestras fallas, heridas y fracasos. Parte de la fase de recordar es aprender a entregar esas cosas como un acto de adoración al Señor, y luego vivir en la simple realidad de la fe en la sangre de Jesús y el proceso de sanidad a través de la cruz en nuestras vidas. Este proceso tiene que ver con echar nuestros temores, ansiedades, miedos y preocupaciones sobre él, porque él tiene cuidado de nosotros (ver I Pe 5: 7). Mientras descansamos en la quietud, le pedimos al Espíritu Santo que haga real a Jesús en nosotros y anule todo lo demás.

Richard Foster nos enseña que una manera de hacer esto es ver a Jesús sentado en un sillón enfrente de nosotros. Él con certeza está presente, pero a veces necesitamos cierta ayuda para visualizar esa realidad. Dios creó nuestra imaginación y, al igual que cualquier otra facultad que poseemos, precisamos santificarla, rendirla y usarla para los propósitos de Dios. Nuestra habilidad de fluir en el don de obrar milagros, incluyendo los milagros creativos, viene en parte por rendir al Señor la parte creativa de nuestras vidas, nuestra imaginación, porque allí es donde comenzamos a creer lo imposible. Utilizar nuestra imaginación en la contemplación es cuando le pedimos a Dios que llene nuestros sentidos con su Espíritu Santo. Por su puesto, esto no es lo mismo que las imágenes usadas en la Nueva Era, sino de manera simple lo que el Hermano Lawrence llamó: «La práctica de la presencia de Dios».

Si las frustraciones y distracciones comienzan a presionarnos, necesitamos una estrategia para cerrarles el paso. Madame Jeanne Guyon, la cristiana francesa y mística de fines del siglo XVII y principios del XVIII, y verdadera pionera de la oración contemplativa, recomendaba la meditación sobre las Escrituras para este propósito. Cuando las distracciones llaman nuestra atención, ella nos recomienda reflexionar, meditar, considerar y susurrar textos bíblicos. Todas estas palabras están contenidas en el significado de la palabra meditar. Meditar en las Escrituras nos ayuda a reenfocar nuestra atención en el Señor, lo cual es lo que se supone que hagamos. Las palabras de madame Guyon:

Primero, lea un pasaje de las Escrituras. Una vez que sienta la presencia del Señor, el contenido de la que ha leído ya deja de ser importante. La palabra ha cumplido su propósito: ha inquietado su mente y lo ha acercado a él.

El objetivo es apaciguarnos ante el Señor, quieta y reposadamente, y permitir que el silencio serene nuestros corazones ruidosos. Esta es una habilidad que no se logra con facilidad, si no que se desarrolla en el tiempo a través de un proceso. Reconocer el problema ya es un paso en la dirección correcta. Ser conscientes de nuestra torpeza para conquistar las distracciones por nuestros medios es un gran avance. Todo eso es parte del proceso de recordar.

-Oración en quietud:

Cuando nos acostumbramos a los beneficios de la primera etapa, somos guiados a la segunda fase de la oración contemplativa, lo que Teresa de Ávila y muchos otros llamaron: La oración en quietud. En la fase anterior superamos los obstáculos del corazón, todas las distracciones de la mente y las vacilaciones de la voluntad. Las gracias divinas del amor o la adoración nos inundaron como olas del océano, el centro de nuestro ser está acallado, y hay quietud para escuchar. Algo en lo profundo de nuestro ser fue despertado y traído a nuestra atención, y nuestro espíritu anda en puntas de pie, alerta y escuchando. Desde afuera viene una firme mirada que entra al corazón, a veces llamada: «Contemplación al Señor».

Ahora nos calentamos en la tibieza de su abrazo. Al esperar delante de Dios, él nos da un espíritu enseñable. Nuestra meta, por supuesto, es llevar este a cada área de nuestras vidas, aunque por lo general, eso no se produce de un día para el otro. Sin embargo, al experimentar más y más de esta introspección divina, comenzaremos a ser portadores de su presencia a lo largo de todo el día. Así como el humo penetra en nuestras ropas, así también el aroma de la presencia de Dios plasmará nuestro ser y seremos así mismo portadores de su fragancia donde quiera que vayamos. Este es uno de los beneficios de la oración de comunión: entibiarnos al resplandor del amado. Entonces, cuando salimos de estar con él y vamos al mundo, llevamos ese brillo de su majestuosa presencia.

-Éxtasis espiritual:

La tercera etapa de la oración contemplativa es el éxtasis espiritual. Cualquiera que estuvo en contacto cercano con una persona profética o vidente, sabe que ellos tienden a ser tranquilos por naturaleza. Se calman a sí mismos, muchas veces cerrando los ojos, y esperan en un reposo casi pasivo. En ese lugar, de quieto distanciamiento de la realidad que los rodea, la iluminación (el espíritu de revelación) se les otorga y sus seres pronto comienzan a llenarse con las imágenes, los pensamientos y el corazón de Dios.

Así funciona conmigo. Aplico la sangre de Cristo a mi vida y aquieto mi ser exterior. Luego entro en adoración a mi querido Señor y me deleito en la belleza de su hermosa presencia. Entonces él me lleva a recámaras permeadas con la luz de su amor, y llena mi ser con las visiones que desea darme. Por momentos, estoy tan cautivo por su amor, que me lleva más alto, al lugar celestial donde mi espíritu parece remontarse. ¡Oh, qué maravillosas son sus habitaciones! ¡Oh, qué asombroso es nuestro Señor!

El éxtasis espiritual, este paso final en la oración contemplativa, no es una actividad o algo que hacemos, sino una obra que Dios hace en nosotros. El éxtasis es la oración contemplativa elevada a la máxima potencia. Aún las autoridades reconocidas en materia de oración contemplativa admiten que es una experiencia breve en vez de una dieta básica. De ese estado de éxtasis, Theodore Brackle, un pietista holandés del siglo XVII, escribió: «Fui transportado a un estado tal de gozo que mis pensamientos fueron elevados a un nivel en el que podía ver a Dios con los ojos de mi alma, y sentirlo al mismo tiempo. Fui lleno de gozo, de paz y una dulzura que no puedo expresar».

Otra manera de describir este estado extático es ser «embriagado» con la presencia de Dios. Para un observador externo, alguien tomado por el Espíritu, y llevado a un estado de rapto así, puede parecer borracho. La esencia de esta experiencia es ser envuelto con la presencia de Dios, sea o no que oigamos o veamos algo.

Agustín de Hipona, el célebre doctor en teología del siglo IV, le dio la espalda a Dios durante los primeros años de su vida adulta. Su madre Mónica, quien llegó a ser conocida como Santa Mónica, oró fiel y diligente durante muchos años por su hijo, hasta que al fin este entró en el Reino de Dios. Juntos tuvieron una experiencia en el río Tíbet, en la ciudad italiana de Ostia. Agustín describe la experiencia en sus Confesiones:

Así estábamos solos y hablando juntos y tan dulce nuestro hablar era...discutiendo entre nosotros y en presencia de la verdad... cómo sería la vida eterna de los santos... Aún con la boca de nuestro corazón resollábamos por las corrientes celestiales de tu fuente, la fuente de vida. Entonces, con los afectos ardiendo aún más fuerte hacia el mismísimo, nos elevamos más alto y paso a paso atravesamos las cosas materiales, aún en el cielo mismo, del cual el Sol, la Luna y las estrellas arrojan su luz sobre la Tierra. Y con suavidad fuimos hacia arriba, meditando y hablando, y mirando con asombro tus obras. Y llegamos a nuestras propias almas, y seguimos más allá de ellas para alcanzar esa región de plenitud sin fallas donde alimentaste a Israel para siempre con el alimento de la verdad. Y, mientras conversábamos, anhelando esta sabiduría, lo hicimos, con todo el impulso de nuestros corazones, de manera suave entramos en contacto con ella, y miramos, y dejamos allí las primicias del Espíritu, y regresamos al sonido de nuestras voces, donde una palabra era tanto comienzo como fin.

Parte del problema que mucha gente tiene con estas corrientes desconocidas de lo profético y otras experiencias místicas, es que aquellos que las describen (aquellos contemplativos que lo han experimentado por sí mismos) no pueden sino usar un lenguaje de romance divino e hipérbole poética, que hace poner nerviosos a algunos. A menudo, el lenguaje del corazón no tiene sentido para la mente, excepto para aquellos que están involucrados en el mismo sentir. El libro de Cantar de los Cantares es nuestro ejemplo bíblico de este tipo de mensajes inspirados en vocabulario poético.

-La línea de llegada:

Una vez que llegamos a conocer estas formas de Cristo en nosotros (la gloria de Dios mismo viviendo y habitando en nuestro ser) e ingresamos a la vida de unión y comunión con aquel que ahora reside sobre el trono de nuestras vidas, nos damos cuenta, de repente, que fuimos creados justo para eso. Caminar en esta vida y luz interior, nos da el poder para avanzar y hacer las obras de Cristo en lo exterior.

La gloria de Dios era tan brillante sobre Moisés, que tuvo que poner un velo sobre su rostro. En el Nuevo Pacto en Cristo bajo el cual vivimos, tenemos una invitación abierta del Señor: el velo rasgado es como una llamada a mirar su rostro tanto tiempo como deseemos hacerlo. La puerta está siempre abierta.

¡Entremos y contemplemos su brillante rostro! Al mirar a nuestro Maestro, ¡seremos cambiados de gloria en gloria!

Después de todo, ¿no es esa la línea de llegada, la meta de nuestra búsqueda apasionada? Él es el río de agua viva que hace que mi corazón se sienta feliz. Busquemos las «corrientes ocultas» de lo profético y abundemos en intimidad con el amante de nuestras almas. Él es el destino de nuestra jornada.

Al concluir la lectura de esta hermosa explicación dada por Jim W. Goll acerca de lo que es de manera verdadera la oración contemplativa, hay tres posibles reacciones de quienes nunca conocieron el tema. La primera es rechazar en lo absoluto cualquier revelación desconocida o no promovida por el contexto teológico del que nos encontramos. Los que se ubiquen en esta categoría, y dependiendo de su énfasis doctrinal, llamarán a la oración contemplativa un ejercicio esotérico, aunque no lo sea. Crearán toda clase de excusas para no abrirse a un nuevo nivel de comunión con el Espíritu Santo en la esfera de la oración. Ellos preferirán aferrarse al típico clamor fundamentado en el «yo quiero o yo necesito». Estos con dificultad podrán subir los siguientes escalones a los que pretende llevarnos la interpretación de las experiencias visionarias.

El segundo tipo de reacción es del que considera esto un tema ya conocido, pero con un nombre distinto, como era mi caso. Con este tipo de persona la lucha mental no lo confrontará con su contexto teológico, mas sí lo enfrentará con su orgullo. Hoy existe una generación que ha crecido bajo un contexto neopentecostal muy abierto al fluir del Espíritu Santo en sus «nuevas formas». Sin embargo, su gran pecado es menospreciar a los que estuvieron antes. Sentirse en una dimensión profética profunda puede llevar a que algunos dejen de ver importante la oración en su estado más puro. Para salir de este estado lo que más se requiere es sencillez de espíritu genuina, la cual como ya se ha mencionado es indispensable para añadir luz sobre lo que está oculto en los sueños.

El tercer tipo de reacción es la de aquel que no comprende nada o le resulta muy difícil asimilar la mayoría de los conceptos. Sin miedo a equivocarme el mejor antídoto frente a esto es el conocimiento. No hay mejor manera de acabar con la ignorancia que a través de la disposición de ser enseñado. El Espíritu Santo es el dador de todas estas hermosas revelaciones, por lo tanto, pedirle de manera humilde su capacitación es la llave para abrir lo que hoy parece cerrado. Piérdale el temor al conocimiento. Sumérjase en las profundidades de su presencia y demande como hijo lo que anhela su corazón.

-Solicité I. E. (Inteligencia Espiritual):

A la par del conocimiento humano hay otro tipo de «inteligencia» que camina paralela, la cual no mana del intelecto, sino del espíritu de cada persona. Esta clase de entendimiento puede ser obtenido por la experiencia, pero la mayor cuota se gana a través de la impartición directa del Espíritu Santo y se le denomina: discernimiento. Dentro de ese don espiritual se abarcan dos grandes esferas: natural o también conocida como sabiduría y el espiritual centrado en el conocimiento de la esfera sobrenatural. En cuando a la sabiduría, ampliaré en un rubro más adelante, mientras tanto en esta sección abarcaré los aspectos espirituales del discernimiento.

Para el escritor Jim W. Goll el discernimiento en la esfera espiritual «va más allá de nuestras habilidades naturales de aprendizaje. Ninguna cantidad de esfuerzo humano nos capacitará para discernir los espíritus. Solo Dios puede impartir esa habilidad, y lo hace soberanamente».

I Corintios 12: 8-11

Hay a quien le es dada palabra de sabiduría por el espíritu, y a otros, palabras de conocimiento por el mismo espíritu; a otro, fe por el mismo espíritu; a otro, dones de sanidad por el mismo espíritu; a otro, el hacer milagros; a otro, profecía; a otro, discernimiento de espíritus; a otro, géneros de lenguas, y a otro, interpretación de lenguas. Pero todas estas cosas las hace el mismo espíritu, repartiendo a cada uno como a Él le place.

La sabiduría y el discernimiento de espíritus «son diferentes», dice el autor.

Uno viene a través del estudio disciplinado y una vida santa, mientras que el otro viene a través de la impartición divina. Sin embargo, los principios para crecer en ambos son los mismos: meditación regular en la Palabra de Dios y el crisol de la experiencia vivida, señala Goll.

El primer aspecto en el que incide el discernimiento, en cuanto a la interpretación de los sueños y las visiones, está en la distinción de la fuente de la cual proceden. Determinar algo tan básico, pero también tan fundamental ayuda a establecer si estos son válidos o no, aun antes de intentar traducirlos. Muchos autores opinan que las posibles fuentes de las cuales emanan los sueños son tres básicamente: el Espíritu Santo, el espíritu humano y los espíritus malignos (Satanás y sus demonios). Desde mi perspectiva personal, esta teoría aplica en el caso de las personas que están sujetas por espíritus inmundos, no en el caso de los hijos de Dios que han sido redimidos por la sangre del Cordero. En mi revelación, un creyente como fuente solo tiene dos opciones: su propia alma o al Todopoderoso, ya que a mi entender Satanás no tiene acceso alguno a nuestro espíritu o mente después de que Cristo ha tomado el trono de nuestro corazón. No pongo en duda que el diablo sea capaz de afectar o incidir de manera externa sobre la vida de un hijo de Dios para que esta sea propensa a tener pesadillas diabólicas, aun así, no considero que Satanás pueda ser fuente de los sueños en la vida de un hijo de Dios.

Una de las principales características que distingue al sueño y la visión, en contraposición con la profecía, es que los primeros son comunicados íntimos del Señor con cada persona, mientras que la profecía es pública, tanto para la demás gente, como para Satanás mismo. Partiendo de la hipótesis donde se supone que el enemigo es capaz de darles sueños a los creyentes, también se podría suponer que Satanás tendría libre acceso al espacio dentro del espíritu de cada individuo donde el Eterno les entrega a los redimidos sus sueños, lo cual carecería de sentido y orden bíblico.

Perry Stone en su libro *Como interpretar los sueños y las visiones* explica que, aunque:

… parece extraño que debamos juzgar un sueño o visión, debemos hacerlo, ya que hay sueños que vienen de la carne, sueños que vienen del Espíritu de Dios y dardos mentales de fuego, (Ef 6: 16) que pueden crear un sueño por la presencia de un espíritu impuro, que le puede disparar una flecha a la mente del creyente.

Lo expuesto es la línea de pensamiento con la que coincido. El enemigo puede crear un contexto nocivo alrededor del soñador que puede llegar a afectar sus experiencias, no darlas. El diablo puede orquestar heridas, como violaciones, maltrato o robos, donde la persona será expuesta a fuertes traumas, que más tarde podrán dar a luz pesadillas.

Independiente de todo lo mencionado, el soñador necesita discernir la diferencia que hay entre un sueño divino y todos los demás, sin importar cuál creamos que pueda ser la fuente. Esa importante distinción se llega a conocer de forma única mediante el don de discernimiento. Para un soñador que anhela crecer en el don de la interpretación es trascendental aprender a diferenciar la clase de fuente de la que proviene su experiencia, ya que, de lo contrario, podría terminar siendo víctima de sí mismo o de las mentiras del enemigo. Al conocer la procedencia de un sueño se evitan los engaños generados por una experiencia donde existió la intervención diabólica u ocultista o cuando ha sido manipulada por las emociones del soñador. «Entonces os volveréis y discerniréis la diferencia entre el justo y el malo, entre el que sirve a Dios y el que no le sirve (Ml 3: 18). Esta distinción entre lo que procede del Espíritu y lo que no, se logra solo a través del discernimiento espiritual.

Para una persona inconversa, la diferencia entre la verdad y la oscuridad puede ser tan delgada que les sea imposible determinarla, por lo que, al no tener discernimiento, con facilidad, se involucran en prácticas equivocadas. La gente que ha crecido en un contexto pagano y sigue sin acercarse a Cristo, a duras penas sabrá distinguir las tergiversaciones demoniacas de las revelaciones espirituales genuinas dentro de un sueño. El discernimiento espiritual es una llave muy importante para conseguir interpretar las experiencias visionarias. Los hijos de Dios debemos reclamar ese tipo de dones por parte del Espíritu Santo, si en realidad deseamos interpretar toda clase de vivencias que el Señor haya entregado.

En las Escrituras existen varios casos donde el uso del discernimiento ayudó al soñador a identificar que su experiencia provenía del cielo. Entre ellas podemos encontrar la de Jacob de quien se dice que «cuando se despertó de su sueño, dijo: Ciertamente Jehová está en este lugar, y yo no lo sabía». (Gn 28-16). Resulta evidente que esa conclusión a la que llegó Israel no la pudo obtener gracias a un análisis humano, sino a través del discernimiento espiritual.

También se pueden encontrar los casos de dos personajes paganos, quienes fueron incapaces de interpretar el mensaje de sus sueños, pero al menos tuvieron la habilidad de identificar que su experiencia era especial. Debido a que sus vidas espirituales estaban centradas en la adoración de dioses falsos, no pudieron emplear un verdadero discernimiento, pero sus espíritus quedaron inquietos después de lo que vivieron. Son los ejemplos de Faraón y Nabucodonosor. En ambos podemos encontrar rastros de un discernimiento primitivo, lo bastante fuerte como para provocarlos a buscar la interpretación de sus sueños. En el caso del rey babilónico encontramos la siguiente descripción: «En el segundo año del reinado de Nabucodonosor, tuvo Nabucodonosor sueños, y se turbó su espíritu y se le fue el sueño». (Dn 2: 1). Esa turbación en otras traducciones se entiende como «sorpresa», lo cual da a entender que el monarca logró captar espiritualmente la importancia de lo que había sucedido esa noche, aunque ni siquiera se acordaba con exactitud lo que hubo sucedido.

Luego está el caso de Faraón de quien se escribe que: «se despertó y vio que era un sueño. Sucedió que por la mañana estaba agitado su espíritu, y envió llamar a todos los magos de Egipto y a todos sus sabios. Les contó sus sueños, pero no había quien se los pudiera interpretar al faraón». (Gn 41: 7b-8). Casi coincidente con Nabucodonosor, el gobernante egipcio supo discernir la trascendencia de su sueño, a pesar de que no tenía la inteligencia espiritual para descifrarlo. Según él, ocupaba la ayuda de sus adivinos para entenderlo, a quienes también les resultó imposible por no conocer la fuente correcta.

Es curioso y además importante destacar que al despertar Faraón reconoció que su experiencia sucedió mientras dormía, dejando entrever que había tenido un sueño vívido, o sea que parecía realidad. Esa particularidad también la mencionamos en el caso de Salomón, cuando Dios le dejó pedir lo que deseara. Al terminar esa experiencia, el rey de Israel también se percató de que aquello había sido un sueño, dando a entender con exactitud lo mismo. Eso podría representar que cada vez que tengamos una vivencia con estas características debemos prestarle especial atención. Si bien no se puede asegurar a priori que aquello será un sueño espiritual, es muy probable que algunos de ellos sí procedan del cielo, por lo que no debemos pasarlos por alto.

Otra relación importante que tiene el discernimiento con la interpretación de sueños es la habilidad de conferirle significado a los símbolos. Como ya se ha mencionado, los signos son parte del lenguaje de las experiencias visionarias, por lo tanto, es indispensable darles una correcta traducción. Si bien gran parte de la descodificación de los simbolismos viene gracias al conocimiento de estos, siempre es necesario el discernimiento para ser en realidad acertado en su interpretación. En algunos casos, un símbolo dentro de un sueño puede apartarse de la representación que encontramos en las Escrituras. A raíz de ello entendemos que cada segmento de un sueño debe interpretarse de acuerdo a un contexto espiritual, que es posible exponer solo a través del discernimiento. En resumen, este don celestial permite contestar las preguntas que corresponden al significado de cada símbolo.

Fue mediante el discernimiento que Daniel pudo dar a conocer el significado de los símbolos aparecidos en el primer sueño de Nabucodonosor. Literalmente la palabra indica que «el secreto le fue revelado a Daniel en visión de noche, por lo cual bendijo Daniel al Dios del cielo», (Dn 2: 19). No cabe duda de que la solución del enigma, el profeta no la encontraría en la ciencia, la astronomía o algún libro, puesto que el secreto estaba guardado por el Señor en el corazón del rey. Fue a través del discernimiento espiritual que los ojos del vidente fueron abiertos hacia el misterio que Nabucodonosor planteaba, como él mismo más adelante lo testifica:

Él revela lo profundo y lo escondido, conoce lo que está en tinieblas y con él mora la luz. A ti, Dios de mis padres, te doy gracias y te alabo, porque me has dado sabiduría y fuerza, y ahora me has revelado lo que te pedimos, pues nos has dado a conocer el asunto del rey. (Dn 2: 22-23).

Un tercer rubro que señala la trascendencia del discernimiento, es la posibilidad de darle significado no solo a los signos, sino al conjunto de ellos. Por experiencia he logrado entender que el discernimiento espiritual le permite al intérprete contestar las preguntas involucradas con el «por qué» o el «para qué» que están relacionadas con el sueño. José, por ejemplo, no solo explicó la representación de las vacas y las espigas dentro del sueño de faraón. Él también reveló por qué ambas experiencias fueron dadas la misma noche al gobernante y para concluir dijo para qué esta revelación había sido traída.

A través del discernimiento se logran unir todas las piezas del rompecabezas para permitirle a las mentes humanas comprender el mensaje divino que trascendía aun por encima de la misma experiencia. Luego de entregada la traducción completa de un sueño, el discernimiento también permite que el intérprete pueda exponer un comunicado celestial, que va más allá del sueño, y que se basa en el mismo, y que pretende traer consejo, consuelo o exhortación a los demás. En otras palabras, gracias al discernimiento espiritual, un intérprete puede convertir un sueño en una profecía. Una habilidad que se ve reflejada en el propio José cuando aprovecha la interpretación del sueño del faraón para recomendarle que establezca a alguien que administre los bienes del imperio (Gn 41: 33-37). Igual ocurre con el profeta Daniel, luego de interpretar el sueño de Nabucodonosor relacionado con el gran árbol, donde el vidente exhorta al babilonio a practicar la justicia y apartarse de sus malas obras (Dn 4: 27). Ambos usaron el sueño como la base de un mensaje más importante. Emplearon las experiencias de los gobernantes para hacerles entender el propósito de todo aquello.

En otro orden de cosas, es bueno apuntar que a pesar de que el discernimiento espiritual es un don impartido de manera directa por el Señor, también debe ser ejercitado. Esta habilidad podría compararse con el entrenamiento que se lleva a cabo dentro de un gimnasio. En ese lugar, la persona que llega por primera vez empieza levantando determinado peso y con el tiempo, y la disciplina va logrando levantar cada vez más. Si por alguna razón este individuo deja de ejercitarse y al transcurrir un par de meses quiere regresar al acondicionamiento físico, no podrá volver a empezar con el último peso que levantó, con probabilidad, necesitará comenzar con el peso inicial o al menos con uno menor. El paso del tiempo afectó la fuerza de los músculos. Al don de discernimiento de espíritus le sucede igual, se agudiza en la medida que se utiliza. Al dejar de poner en práctica esa sensibilidad sobrenatural se va atenuando al punto de perderse por completo. Por eso, Pablo señala que «el alimento sólido es para los que han alcanzado madurez, para los que por el uso tienen los sentidos ejercitados en el discernimiento del bien y del mal», (Heb 5: 14). Dicho en otras palabras: Quienes ponen a trabajar sus sentidos espirituales, también lograrán digerir información más compleja. En la medida que una persona dispone su don para ser usado por el Espíritu Santo, las encomiendas del cielo serán mayores en la proporción de su obediencia.

Otra consideración importante que debe tenerse con respecto al discernimiento es que, a pesar de haber recibido este hermoso regalo, hay factores que pueden generar que este se vea distorsionado. Por ejemplo, buscar respuestas a enigmas en sitios incorrectos, como la adivinación o la hechicería, provoca la pérdida del discernimiento. En ocasiones, movidos por la curiosidad, muchos son capturados por el enemigo mediante conferencias sugestivas o títulos de libros rimbombantes. Una muestra perfecta fue Israel, nación juzgada por Dios a causa de la multitud de sus pecados. El profeta Oseas declaró de parte del Señor que los hebreos eran semejantes a palo, más, sin discernimiento y por culpa de ello terminaban clamando a dioses egipcios y a sirios. Dios les anunció que debido a ello les tendería una trampa cuando fueran a esos sitios idolátricos (Os 7: 10-12).

El Eterno se mostró, con claridad, enemistado con quienes por falta de discernimiento se revelaban contra su palabra. Delante del Señor no había justificación en ser ignorante del mundo espiritual, es una responsabilidad en cada uno buscar ese conocimiento. Así como los gobiernos terrenales se basan en que nadie puede acusar la ignorancia de la ley para no ser juzgados, los hijos de Dios debemos procurar tener el discernimiento espiritual apropiado para mantenernos alejados de las prácticas incorrectas.

Otro posible alterante del discernimiento de espíritus es el deseo del alma. Las actitudes emocionales son una seria aflicción con la que los cristianos conviven. Muchos movidos por las enseñanzas de positivismo, prosperidad y éxito, asumen toda oportunidad o respuesta afirmativa en sueños o a través de cualquier otra vía como una confirmación del Señor, siendo esto falso en su totalidad. Cada creyente debe ser honesto consigo y debe dejar a un lado sus anhelos personales para analizar de forma veraz si lo que recibió proviene del Señor o no (Sl 19: 12).

Por último, entre los aspectos distorsionantes del discernimiento se encuentra la interacción con personas impías, ya que estas lejos de entender lo que sucede en la esfera espiritual intentarán analizar todo con su intelecto.

Permitir que personas inconversas juzguen «espiritualmente» los sueños y las visiones es demasiado riesgoso aun cuando estas aseguran ser versadas en el área. Lo que viene del Espíritu solo puede ser juzgado en el espíritu correcto.

I Corintios 2: 9-14

Antes bien, como está escrito: Cosas que ojo no vio ni oído oyó ni han subido al corazón del hombre, son las que Dios ha preparado para los que lo aman. Pero Dios nos las reveló a nosotros por el Espíritu, porque el Espíritu todo lo escudriña, aun lo profundo de Dios, porque, ¿quién de entre los hombres conoce las cosas del hombre, sino el espíritu del hombre que está en él? Del mismo modo, nadie conoció las cosas de Dios, sino el Espíritu de Dios. Y nosotros no hemos recibido el espíritu del mundo, sino el Espíritu que proviene de Dios, para que sepamos lo que Dios nos ha concedido. De estas cosas hablamos, no con palabras enseñadas por la sabiduría humana, sino con las que enseña el Espíritu, acomodando lo espiritual a lo espiritual. Pero el hombre natural no percibe las cosas que son del Espíritu de Dios, porque para él son locura; y no las puede entender, porque se han de discernir espiritualmente.

En resumen, el discernimiento espiritual es un componente básico a la hora de interpretar un sueño. No puede intentarse entender un mensaje de esta envergadura solo a través del razonamiento, hay un componente espiritual fundamental que se añade a través del discernimiento. Quien no tenga discernimiento necesita orar con fervor para que el Señor le imparta su conocimiento. No hay mecanismos humanos que puedan suplir la carencia del discernimiento espiritual. Por lo general, una puerta que siempre abre nuevos niveles de revelación es la humildad, como ya se planteó con anterioridad, reconocer que no se sabe o se necesita la información puede ser trascendental para obtener la misericordia del Eterno.

-No les dé las perlas a los cerdos.

Al ser los sueños mensajes codificados no todos tendrán la capacidad de entenderlos. Es preferible reservarse esas experiencias para compartirlas con personas que en realidad puedan ayudarnos a salir del pozo del desconocimiento y no a hundirnos más en él. Si logra cuidar este principio como soñador, le garantizo que dará un paso enorme hacia su sana interpretación. A veces puede parecer algo sin importancia, cuidar con quién se habla o no de estas cosas, pero en verdad es vital. La gente sin revelación se expresará en el nivel en el que se encuentra y de igual manera hará con las manifestaciones sobrenaturales que observe o escuche.

Alguien que no crea en milagros o en el Espíritu Santo mostrará escepticismo de cualquier experiencia asociada a ellos. Con dificultad ayudará a edificar o motivar a quien le testifique de las maravillas de Dios. Por el contrario, quizá consiga que la persona que experimentó aquello se cuestione si habrá sido cierto o no. Para algunos inconversos y hasta creyentes más tradicionales cualquier manifestación sobrenatural del cielo en la tierra es imposible, por lo tanto, tener un sueño espiritual lo encontrarían casi demencial.

El profeta Daniel aplicó este principio cuando le fueron impartidas las revelaciones de los últimos días. «En cuanto a mí, Daniel, mis pensamientos me turbaron y mi rostro se demudó; pero guardé el asunto en mi corazón» (Dn 7: 28b). Resulta notorio que al identificar lo abrumador que era ese mensaje, lo más responsable era guardarlo para el tiempo oportuno. No era un asunto que debiera usarse de forma irresponsable, puesto que muchos no lo iban a entender, en especial por su contenido profético. El vidente cuidó muy bien lo que le había sido mostrado.

Un triste ejemplo de los malos intérpretes o personas a las que no se les puede contar un sueño fueron los hermanos de José y aun sus propios padres. En el caso de los primeros, los sueños de José despertaron celos y molestia contra él, al punto de estar dispuestos a venderlo como esclavo y en el caso de sus progenitores, quienes de manera inmisericorde le restaron credibilidad a su sueño (Gn 37: 5-11). A veces pensamos que la gente más cercana es la que más interesada puede estar en lo que nos sucede, pero en ciertos casos es todo lo contrario. Hay gente que le incomoda sobremanera ver surgir a otros y hay que cuidarse de ellos, resérvese las experiencias visionarias para personas que en realidad tengan la intención de bendecirlo.

Los sueños son mensajes espirituales, que podrán ser comprendidos por personas espirituales. No vale la pena compartir algo tan íntimo, como la ministración de Dios, a gente que no tiene entendimiento de cosas como estas. Es muy probable que ellos por su ignorancia procederán a la crítica, la chota o más aún a la humillación. Encontrar un buen intérprete es un tesoro de gran precio, pero en el proceso de búsqueda es mejor cuidarse de aquellos que no harán más que menospreciar el regalo que se ha recibido. Jesús de forma clara les enseñó a sus discípulos: «No deis lo santo a los perros, ni echéis vuestras perlas delante de los cerdos, no sea que las pisoteen y se vuelvan y os despedacen» (Mt 7: 6). Cuide esos tesoros que el Eterno le ha otorgado, así como lo haría con una herencia millonaria. No le entregue a cualquiera las llaves de sus riquezas espirituales, porque sin darse cuenta esa misma gente se volverá y lo hará añicos sin misericordia.

Si alguna vez usted le confía su carro a alguien que nunca ha tenido uno propio es mejor que se prepare para cualquier cosa. Para quien nunca ha tenido un buen auto es irrelevante cuidar y mantener en óptimas condiciones el de su amigo o vecino. Quienes nunca han sido dueños de un carro no saben lo que cuesta un neumático, un cambio de aceite o arreglar un golpe en una puerta, por lo que con dificultad tendrán conciencia, mientras manejan el de otro, de todos los daños que pueden causarle a la máquina si lo hacen con irresponsabilidad. Igual sucede cuando un creyente le comparte un sueño espiritual a un inconverso, ellos no tienen la menor idea de cuán importante puede ser esa experiencia para la vida del soñador por lo que les resulta fácil decir cualquier cosa, tenerla en menos u opinar disparates.

Recuerdo que alguna vez en mi empresa tuvimos un empleado que debía realizar un trabajo en el cual necesitaba quedarse a dormir fuera de su casa, mientras estaba de gira. Llevaba a cabo rutas en la zona rural de mi país, con el auto que le entregábamos por parte de la empresa. Estando yo en un viaje ministerial, mi socio decidió facilitarle el carro para que él se desplazara hasta su vivienda, cosa que de manera regular no permitíamos. Él se comprometió a estacionarlo durante la noche en un lugar adecuado para evitar que sufriera algún perjuicio.

Esa noche, haciendo caso omiso de su responsabilidad y sin una buena explicación, lo estacionó afuera de su casa, a la intemperie, mientras pernoctaba. Aquello fue un flagrante caso de ineptitud, lo cual se agravó porque el auto fue robado y jamás se recuperó. De forma evidente, su accionar se prestó para que sospecháramos de sus acciones, en especial porque el personaje nunca asumió la responsabilidad de lo ocurrido y eso nos perjudicó como administración. A pesar de que habíamos sido comprometidos durante mucho tiempo con las finanzas, aquel acto nos desestabilizó tanto en lo económico como en lo emocional, porque sumió a la oficina en una desazón que no pudimos curar, sino hasta meses después de su salida. Confiarle un bien tan preciado para la empresa a una persona que no lo valoró nos causó un grave perjuicio.

Aunque depositamos nuestra confianza en él, fue evidente que a esta persona poco le importó.

La moraleja de la historia es clara. Jamás le entregue cosas de valor a gente que es incapaz de apreciar lo que usted está haciendo. En el caso de los sueños es preferible ser paciente y aprender a encontrar a las personas correctas con las cuales realmente se puede compartir esos tesoros.

-Diseccionar el sueño.

Es probable que en casos donde los sueños son complejos, las personas no tengan absoluta claridad sobre el mensaje que creen puede tener alguno de sus sueños, aun después de haber orado y pedido discernimiento para entender la experiencia. En esos casos, luego de anotar de manera detallada la experiencia, recomiendo diseccionar la experiencia por símbolos. Separar cada signo puede ayudar a encontrar el significado individual de estos y al fusionarlos, a posteriori, quizá sea más simple comprender el mensaje completo. Lo que pretende esta herramienta es crear una especie de rompecabezas simbólico, donde las diversas partes unidas pueden crear una gran imagen.

Dentro de las Escrituras se pueden encontrar siete tipos básicos de símbolos: acciones, colores, criaturas (animales, monstruos, etc.), direcciones, nombres, números y objetos. Cuando necesitamos saber qué puede ser o no considerado como un signo, estas categorías ayudan enormemente. Encuentre si las descripciones realizadas en sus anotaciones están relacionadas con algunos de los rubros indicados, para luego encontrar su posible significado.

El profeta Daniel usó este instrumento para dar a conocer las interpretaciones de los sueños de Nabucodonosor. En el primer sueño del rey babilónico, el profeta explicó cada uno de los componentes del sueño y al final dio a conocer su significado completo. Primero, relacionó la cabeza de oro con el gobierno de Nabucodonosor (Dn 2: 36-38). A posterior, indicó que la parte de plata representaba un imperio gobernante de inferior calibre que los babilonios y; un tercer poder representado en el bronce que dominaría la tierra (Dn 2: 39). Señala luego, que el cuarto componente de los pies hechos de barro y hierro representaba un reino que estaría dividido; sin embargo, que habría algo de firmeza. La conclusión del simbolismo lleva a Daniel a asegurarle a Nabucodonosor que este imperio se mezclaría por medio de alianzas humanas, aunque nunca se fusionarían (Dn 2: 40-43). Por último, la piedra que destruyó toda la imagen venía a significar un reino que jamás sería desplazado y permanecería para siempre (Dn 2: 44).

Similar sucedió en el segundo sueño de Nabucodonosor, Daniel apareció en escena para darle una interpretación al sueño del rey, símbolo por símbolo. En primera instancia, le explicó al monarca que el árbol que había mirado en la experiencia era él mismo (Dn 4: 20-22). Luego al vigilante santo que da un decreto contra el árbol, lo asocia con una profecía del Altísimo en contra del rey (Dn 4: 23-24). Después explica que la misma sentencia dada contra el gran árbol vendría sobre su vida (Dn 4: 25). Por último, le dijo a Nabucodonosor que al reconocer que las raíces del árbol permanecerían en la tierra se indicaba que el reino babilónico continuaría firme luego de que su líder reconociera el señorío del Dios eterno.

José también empleó esta herramienta para explicarle a Faraón lo que significaban sus sueños. En primer lugar, señala que ambas experiencias traían idéntico mensaje, porque, aunque eran distintos componentes reflejaban lo mismo y el Señor se apresuraba a realizar lo que había mostrado en visión nocturna (Gn 41, 25, 32). En segunda instancia, asoció la cantidad de vacas y espigas con años y abundancia sobre Egipto (Gn 41: 26, 29). A continuación, explicó que las siete vacas flacas y las siete espigas feas eran años de hambre que venían sobre la tierra (Gn 41: 27).

Otro profeta que hizo algo semejante fue Zacarías quien recibió una visión donde observaba un candelabro con características muy peculiares, ante lo que el vidente exclamó: «¿Qué es esto, señor mío?». (Za 4: 4b), a lo que el ángel que le acompañaba le dio la debida respuesta, pero no satisfecho continuó: «¿Qué significan estos dos olivos que están a la derecha y a la izquierda del candelabro?», (Za 4: 11b) e insistió luego: «¿Qué significan las dos ramas de olivo que por los dos tubos de oro vierten su aceite dorado?», (Za 4: 12b). El profeta procura entender cada parte de lo que observa, en ocasiones, enfocarse en el mensaje final nos impedirá darnos cuenta de la riqueza de cada sección de la revelación.

Como se ejemplifica de manera amplia, esta herramienta fue utilizada desde hace mucho tiempo por los más importantes intérpretes de sueños bíblicos. Es en lo absoluto consecuente imaginar que su uso es válido hoy en medio de la iglesia. Tomar cada elemento del sueño y darle un significado espiritual ayudará a unificar las piezas del mensaje que nos ha sido enviado por el Señor; no solo en un sentido espiritual, sino también humano. Calzando las piezas del rompecabezas.

Es importante tener presente que en el transcurso del Antiguo Testamento la mayoría de interpretaciones sobre sueños, visiones o profecía dependían casi de forma exclusiva del discernimiento espiritual, puesto que no existían todavía muchas alternativas. Hoy, gracias a la misericordia del Eterno, se cuenta con una ayuda invaluable, como lo es la Biblia. Es evidente que en este tiempo el discernimiento sigue vigente para interpretar los sueños, no obstante, es indispensable hacerlo amparándose siempre en las Escrituras. Nadie en su sano juicio prefiere arar con una yunta de bueyes, si tiene a su alcance la compra de un tractor moderno. ¿Por qué desgastarse quebrándose la cabeza descodificando símbolos, cuando la palabra misma nos los enseña? Ser práctico le ahorrará tiempo y muchos dolores de cabeza. Al conocer el significado simbólico de los componentes de un sueño de acuerdo a la Biblia, se facilita en demasía la traducción de un sueño. «Cuando un creyente experimenta un sueño espiritual con el significado escondido en simbolismos, el significado del sueño se puede comprender por medio de utilizar las Escrituras para interpretar el simbolismo», explica Perry Stone en su libro *Cómo interpretar los sueños y las visiones*

En este punto recomendaré varios pasos a seguir para obtener un posible significado dentro de la palabra, algunos basados en conceptos de manera amplia aceptados por estudiosos y otros fundamentados en la experiencia personal:

1) Conviértase en arqueólogo.

En primer lugar, aconsejo retirar las «capas distorsionadoras» que puede tener un símbolo encima, aun antes de buscar cualquier posible interpretación. Yo comparo esta acción con el simple acto de comerse un caramelo, antes de llegar a la parte que todos queremos comer primero, necesitamos retirarle su envoltorio. Si usted quiere puede metérselo a la boca tal como lo venden en el supermercado, pero de seguro no le agradará tener que tragarse el material sintético que lo protege. Lo mismo ocurre con los símbolos, muchos de ellos tienen coberturas que dificultan su interpretación de acuerdo a la palabra.

Para lograr una correcta asociación entre el contenido bíblico y los símbolos, que aparecen en sus experiencias, primero hay que quitarle a cada signo tres tipos de envoltorios. Entre ellos se puede comprender la cultura, el lenguaje y la tecnología, todas actuando de una forma distinta.

En el primer caso, entendemos que el entorno sociocultural afecta de forma inevitable la vida del soñador y es muy probable que lo mismo sucederá con sus sueños. Es posible que dependiendo del contexto en el que se desenvuelva la persona, los signos de las experiencias también varíen. En países tropicales como el mío, la naturaleza tiene una exuberancia difícil de encontrar en países del Oriente Medio. Las frutas, tradiciones y prácticas cotidianas son en absoluto distintas a las de países como Israel o Palestina, por lo tanto, hay que contextualizar un símbolo, dependiendo de la cultura del soñador para luego ajustarlo al ámbito bíblico. No sería difícil equiparar, por ejemplo, un mango o un durazno con un higo, tanto por su forma como por sus usos. Lo mismo aplicaría con la uva, tan común en las tradiciones hebreas, aunque un tanto desconocida en los países tropicales en comparación con la mora, el nance o la fresa. Una idea similar podría utilizarse para la sustitución del león o leopardo, máximos depredadores en Asia, con la del jaguar o el puma, que ejercen el mismo puesto en las selvas lluviosas del centro de América. Una pregunta importante que le ayudará a retirar estas capas distorsionadoras es: ¿Qué función tiene ese símbolo dentro del sueño? ¿Para qué sirve ese signo dentro de la experiencia? Al resolver esos cuestionamientos puede buscarle algún símbolo paralelo dentro de las Escrituras.

Pasa lo mismo con los oficios, en países con climas de cuatro estaciones es común encontrar ovejas y por supuesto pastores que las cuidan. En un país como Costa Rica es raro ver rebaños, visto de esa forma, sería difícil comprender un simbolismo que lo involucre; un ganadero o granjero sería un oficio más fácil de traducir para un costarricense.

El lenguaje, como ya se citó, también es otro factor alterante. Dentro del español conocemos la existencia de diversos acentos que pueden llegar a ser tan diferentes unos de otros, que resulte imposible entenderse entre sí. Eso representa que en muchas ocasiones un mismo objeto puede tener diversas palabras que lo caracterizan y algunas, tal vez, siquiera estén en el diccionario porque son de uso popular. Es evidente que si alguien tratara de tomar uno de esos vocablos para interpretarlos a la luz de las Escrituras le será imposible, puesto que no aparecerá con ese nombre. Debido a ello, necesitamos quitarle esa capa distorsionadora del lenguaje, al símbolo, para poder interpretarlo. En mi país, por ejemplo, debido a la tradición campesina es frecuente el uso del machete en el campo y aún más para defensa en contra de fieras salvajes o serpientes venenosas. Si alguien intentara encontrar la misma palabra (machete) en la Biblia perdería su tiempo, pero si se intentara trazar un paralelo con algún objeto similar, encontraríamos que la espada calza a la perfección, puesto que se asemeja en forma y cumple las mismas funciones. Esa relación nos podría permitir buscar la espada en lugar del machete y terminaríamos concluyendo cosas muy interesantes, ya que tiene muchas menciones en las Escrituras.

Ocurre también, que el uso de ciertas versiones de la Biblia, y dependiendo del año de su actualización, muchas de las palabras que se emplean son arcaicas o se les desconoce su significado, en ocasiones se requiere de un estudio más profundo para entenderlas. Esta otra variable, nos hace recaer en la misma conclusión ya expuesta, necesitamos retirarle el envoltorio del lenguaje a cada símbolo para entenderlo de manera correcta.

Como tercer punto se mencionó la tecnología, la cual hoy incide muchísimo como un factor distorsionador de los símbolos. Objetos que hoy son comunes para la humanidad no lo fueron en el tiempo bíblico y viceversa. Teléfonos,

Internet, cocinas, luz eléctrica, automóviles, aviones, planchas, microondas, etc. Son parte de la realidad actual y, por ello con facilidad, encontrados en los sueños. En principio puede resultar difícil identificarles un paralelo bíblico, aun así, la clave está en buscar su función original. El uso de un refrigerador que mantiene la carne en buen estado, lo cumplía en el pasado la sal; una bicicleta que hoy lleva a destino sería sustituida por un caballo en la antigüedad. Cada nuevo invento tiene un propósito y allí es donde está la pista para resolver el enigma.

Independientemente de cuál sea el envoltorio que está estorbando la traducción del símbolo, hay que retirarla primero para buscar después la interpretación. Comparo esta práctica con la de un arqueólogo que ha encontrado un esqueleto prehistórico. Al saber dónde se encuentran los huesos, se dedica a desempolvarlos con delicadeza para que no se destruyan. Con mucha paciencia toma su escobilla y limpia cada pieza con cuidado hasta estar seguro de que logró recuperarla por completo. Si el investigador se desespera por sacar un trozo sin retirarle la suciedad antes, puede ser que se desprendan pedazos importantes. ¡Conviértase en un arqueólogo de sus símbolos antes de buscarles interpretación! Le ahorrará tiempo y confusiones, se lo garantizo.

2) Ley de la primera mención.

Dentro de los principios de la interpretación bíblica existe lo que se denomina como la «ley de la primera mención». Este principio de la hermenéutica enseña que cuando un animal, color, número u objeto aparece por primera vez dentro de las Escrituras, se establece un patrón para tal elemento simbólico.

En estos casos, la búsqueda de la simbología profética no puede ser rígida ni hermética, por el contrario, debe ser flexible y ante todo anhelar la sana interpretación de los sueños y las visiones. Si bien una forma práctica para obtener el simbolismo profético de algún elemento en la Biblia es ir a la primera aparición del término en las Escrituras, no siempre esto trae luz, por lo que en lo personal aconsejo buscar también la primera ocasión donde aquel elemento se encuentra descrito dentro de un contexto profético. Referencia especial merecen los libros denominados de esta forma como Isaías, Jeremías, Daniel, Ezequiel y aún los poéticos entre los que están Salmos, Proverbios, Job y Cantares, por ejemplo, los cuales son bastante enriquecedores para encontrar simbolismos. Esto en contraposición con los libros denominados históricos como, por ejemplo, Números o los dos libros de Reyes, en los cuales aparecen muchos elementos mencionados y por orden se encontrará, antes que, en otros libros, pero la descripción es meramente numérica. Carecen de un contenido profético que permita relacionarlos con la interpretación de los sueños.

En la actualidad no existe una reglamentación clara que establezca normas puntuales para aceptar un símbolo como profético o no. En la mayoría de las oportunidades es el mismo Espíritu Santo el que revela si es o no un elemento de índole profético.

3) Análisis balanceado.

Ocurre también que, al buscar la interpretación de un símbolo dentro de la Biblia, los significados que se encuentran son antagónicos. Con ello no se quiere decir que la palabra se contradiga, sino que el signo depende de diversos factores para ser entendido. Hay que realizar un análisis profundo y balanceado del significado del signo dentro de la palabra para llegar a sanas conclusiones. Esto se ve reflejado en el simbolismo del ciervo, que tiene una connotación de fragilidad en (Sl 42: 1; Lm 1: 6), pero al mismo tiempo de júbilo en (Is 35: 6). Eso indica que otros elementos asociados, como en este caso, es el estado anímico del signo, pueden variar en gran medida su significado.

Recuerdo que, en alguna oportunidad, realizando un seminario, alguien me consultó por el significado de la serpiente. Como en muchas otras oportunidades le expliqué que su interpretación dentro del contexto bíblico es el de un denomino; sin embargo, en aquella ocasión la persona me preguntó por la representación de la astucia como parte del simbolismo de la serpiente, lo cual también es bíblico. Esa consulta me llevó a dar una explicación más amplia sobre el tema, y creo que también en este caso se puede clarificar lo que representa, hacer un verdadero análisis balanceado. A la hora de revisar en las Escrituras, la palabra serpiente se menciona alrededor de cincuenta veces, dependiendo de la versión y descontando todas las similares como víbora o áspid. De todas esas ocasiones que se cita a la serpiente, el noventa por ciento se le relaciona con algo negativo y en gran cantidad en esas menciones tiene una connotación espiritual muy clara. Solo un cinco por ciento restante hace alusión a su astucia o prudencia y el otro cinco por ciento se le cita como un simple animal, donde carece de una representación profética. Si alguien quisiera realizar un análisis balanceado del significado primario de la serpiente salta a la vista que su referencia es diabólica. Tratar de darle otra explicación es viable, aunque podría estar muy cerca del error.

Luego de terminar aquella ilustración, recuerdo que la persona que realizó la consulta confesó que siempre tuvo en alta estima la astucia de la serpiente, ya que desde niña había es cuchado a su abuela decirle que «las mujeres tenían que ser astutas como la serpiente». Frente a ese adagio popular, resultó notorio que su interés por relacionar a la serpiente con algo positivo partía más de un tema personal que bíblico, un deseo del que hay que cuidarse, puesto que la equivocación estará a la vuelta de la esquina.

Este tipo de análisis yo lo empleé a la hora de realizar el *Manual elementos proféticos*, que en lo personal recomiendo si desea conocer en mayor profundidad símbolos específicos. En ese material aclaro en muchos casos que la forma más acertada de entender ciertos símbolos es haciendo una valoración de sus apariciones y el contexto en el que se encuentran. Casos como el de la mosca, la hiena, el perro, el piojo, el cerdo, el comején o el lobo, son típicas alusiones a espíritu demoniacos, puesto que de forma generalizada bíblicamente se le califica dentro de un espectro espiritual negativo. Sería muy riesgoso tratar de entenderlos de otra forma, ya que al menos, dentro de la Palabra no se nos da esa licencia.

Es también importante aportar que, a la hora de llevar a cabo un estudio amplio de los simbolismos, siempre le demos prioridad al Nuevo Testamento por encima del Antiguo Testamento en cuanto a la revelación. Por ejemplo, el signo del escorpión dentro de las enseñanzas de Jesús representa un espíritu demoniaco (Lc 10: 19), mientras en el Pentateuco hay una referencia que relaciona al insecto con «estar en aflicción» o como una «prueba de Dios» (Dt 8: 15). Esto no quiere decir que uno anula al otro, sin duda son complementarios, sin embargo, el énfasis prioritario es el que marca el Nuevo Testamento. De cierta manera, es como decir que la traducción simbólica está más actualizada.

En definitiva, si alguien pretende dar rápidas y simplistas interpretaciones a sus enigmas, *Laboratorio de sueños* no es el libro que le servirá. Ya que la propuesta para los soñadores que lean este texto es que se responsabilicen de lo que reciben. No pueden satisfacerse con cualquier respuesta. Tienen que ser incisivos hasta que haya testimonio del

Espíritu de que han llegado a la conclusión acertada. En ocasiones he tenido que hacer amplios estudios bíblicos durante días, para comprender lo que significa determinado elemento dentro del contexto espiritual. Eso más que desmotivarme, ha logrado que gane conocimiento vital para interpretaciones posteriores y me ha ayudado a crear enseñanzas que en el momento oportuno he podido impartir. Es hermoso estudiar las Escrituras, y es todavía más apasionante escudriñarlas en busca de respuestas concretas a enigmas de experiencias visionarias, porque cuando encuentras la luz es semejante a hallar un tesoro invaluable. Lo invito a que haga el ejercicio, no se deje derrotar por la desidia.

4) Imponga la Biblia ante los estereotipos.

Aprovecharé este punto para retratar mi propia experiencia, espero le ayude a encontrar respuestas significativas. Por mucho tiempo tuve la idea errónea de los significados de ciertos colores, culpa estoy seguro, de los estereotipos tan marcados de nuestras sociedades. Hago esto con el fin de apercibirle de que nunca es tarde para transformar el entendimiento. Siempre hay tiempo de aprender algo nuevo y si es para mejorar es más válido todavía. Mi mayor confusión estaba asociada al color negro. No hace falta que haga un recuento de los ingratos estereotipos que la cultura occidental tiene en contra de las personas de tez negra, lo cual se traduce en rechazar consciente o inconscientemente cualquier asociación relacionada a esta tonalidad.

Al crear el *Manual elementos proféticos*, el cual aborda el significado de los distintos simbolismos bíblicos para la interpretación de la profecía, los sueños y las visiones, me llevé una interesante sorpresa con respecto a este color. En primer lugar, entendí que el negro no significa pecado, como la mayoría de personas cristianas considera. Este color, en realidad, está asociado al juicio de Dios en (Ap 6:

5, 12), al luto o tristeza en (Lm 4: 7-8) y hasta hermosura masculina en (Cnt 5: 11), aún tiene una referencia a sanidad en (Lv 13: 37). Aclaro que no es igual hablar de oscuridad, que citar el color negro. Cuando se interpreta una experiencia visionaria es fundamental distinguir este tipo de características, ya que ello abre una gran brecha entre los posibles significados.

Por otro lado, en cuanto a otros elementos que contienen el color negro tampoco encontré las referencias negativas relacionadas de manera frecuente con él. La piedra ónice, por ejemplo, cuyo color es por completo negro está relacionada con pacto en (Ex 28: 9-11) y con sacerdocio en (Ex 35: 27). También tiene un simbolismo de perpetuidad y fundamento en (Ap 21: 19-20). De realeza y riqueza en (Gn 2: 12).

En otro ámbito se encuentra el cuervo, ave del mismo color que tiene una connotación de maldad para la mayoría de la gente, afirmada en gran medida por las películas de Hollywood. Al revisar las Escrituras ningún texto señala que este plumífero sea la representación de un demonio o enemigo del Señor, todo lo contrario, aparece como una ayuda divina para los hombres en (Gn 8: 7; I Re 17: 3-6). También se establece como el representante del juicio divino en (Pr 30: 17; Is 34: 11).

Otro ejemplo que demuestra lo que le estoy planteando, es la referencia que tenemos del diamante. Dentro del contexto occidental moderno, los diamantes son sinónimo de riqueza sin igual. Es quizá la piedra preciosa más valiosa en este momento. A pesar de eso, en el contexto bíblico, el diamante está más relacionado con su dureza (Jr 17: 1; Za 7: 12), que con otra cualidad. El material del que está constituido no puede ser dañado, sino es por otro diamante. Le motivo a que haga una pequeña encuesta con la gente a su alrededor, pídales que le señalen el posible significado del símbolo de un diamante. No dudo de que con rapidez se dará cuenta de que la extensa mayoría de la gente piensa que el diamante tiene que ver con realeza, recursos o dinero; mientras tanto la palabra apunta hacia otro lado. Es probable que si alguno de ellos tuviera un sueño donde apareciera un elemento de este tipo, su interpretación sería errada, puesto que imaginarían que serán avasallados por un vendaval de tesoros y jamás en algo como lo que Dios le dijo a Ezequiel. «Como el diamante, más fuerte que el pedernal he hecho tu frente; no los temas ni tengas miedo delante de ellos, porque son una casa rebelde». (Ez 3: 9).

No debemos permitir que los estereotipos culturales afecten nuestra interpretación simbólica. Puede ser que Dios esté tratando de hablarme en un lenguaje que sea incomprensible para mí, porque estoy usando el diccionario equivocado. Nunca puedo olvidar que el punto de referencia siempre serán las Escrituras. Entre más me aleje de ellas para interpretar, estaré en mayor peligro de caer en un error. Necesito regresar de manera constante al fundamento y en él siempre estaré seguro. Sé que anteponer las Escrituras frente a sus estereotipos le ayudará muchísimo.

5) Consenso de sabios.

En ciertas oportunidades, encontrar el significado profético de un símbolo requerirá la consulta a más de una persona entendida en la materia para llegar a un posible concepto. Recomiendo que pregunte siempre que tenga dudas, acérquese a las personas que son autoridad sobre su vida para hacerles la consulta que necesite. Recuerde siempre tener cuidado con esos sabios autoproclamados, es mejor ser cauteloso en estos casos, porque muchas veces la respuesta requerirá la búsqueda de varios sabios para crear un consenso con respecto a un símbolo. Por ello, la palabra enseña: «Donde no hay consulta, los planes se frustran, pero con multitud de consejeros, se realizan» (Pr 15: 22). Sea disciplinado y esforzado, un solo significado no siempre será suficiente. Entre más respuestas tenga, mayor será su panorama. ¡Búsquelas! Vuelva a la disección

Separar un sueño por símbolos va a permitirle llevar a cabo todos los procesos descritos. No se apure en encontrar el significado completo de un sueño si considera complejo algún signo en especial. Tómese el tiempo que sea necesario para encontrar cada pieza del rompecabezas.

Benny Thomas aconseja sobre este particular que:

No se desanime si no entiende los símbolos de su sueño. Cada pieza está ahí por una razón. Aísle cada pieza para encontrar su significado. Al entender las piezas pequeñas, usted recibirá la interpretación del sueño entero. Una vez que el sueño está dividido en partes, tenemos que entender el significado de cada parte (…) Una vez que tenga un corazón dispuesto para escuchar, ore sobre cada pedazo de su sueño. Pregunte a Dios qué podría significar ese pedazo. Después de preguntar, escuche para ver si recibe pensamientos o impresiones.

Lo importante es disfrutar el proceso y sacarle jugo a cada una de las etapas de la interpretación. Los mensajes del Espíritu Santo no siempre son claros para nuestro entendimiento y acrecentar el conocimiento bíblico es lo que muchas veces hace falta para que se vaya aclarando el panorama. Quizá Dios en su infinita misericordia lo que quiere provocar es de forma simple que le busquemos, ya sea por necesidad, amor puro o curiosidad; él quiere tener un encuentro personal con nosotros.

6) Buscar sabiduría para la interpretación.

La sabiduría ha sido un don anhelado por la humanidad desde la antigüedad. El inagotable deseo por conocer y generar conocimiento ha alentado a miles para entrar en una carrera sin fin. Sin dudas quien obtiene ese maravilloso regalo de la sabiduría, lo gana en gran medida gracias a su estudio, esfuerzo y dedicación. Según el autor Jim W. Goll la sabiduría es una especie de discernimiento en la esfera natural, en su libro *El vidente* se define como «tener un lugar de percepción en nuestra vida, adquirido a través de la meditación, el estudio y la experiencia, que nos habilita para dar consejos sabios». Este concepto permite entender que la interpretación de un sueño es un trabajo integral, no solo de carácter espiritual. Tiene que haber disciplina y responsabilidad si en realidad deseamos descubrir los misterios del Reino de los Cielos.

Aunado a que la sabiduría se alcanza gracias a mecanismos humanos hay que tomar en cuenta que el proverbista señala al temor a Dios como el principio de la sabiduría (Pr 9: 10). El conocimiento del que hace referencia las Escrituras no mana de una fuente humana, sino del propio Creador. Él es quien imparte este preciado don, según lo muestran las evidencias bíblicas. «Y reposará sobre él el espíritu de Jehová: espíritu de sabiduría y de inteligencia, espíritu de consejo y de poder, espíritu de conocimiento y de temor de Jehová» (Is 11: 2).

Poseer conocimiento en diversas áreas, de manera especial en el ámbito bíblico será una gran herramienta de interpretación, puesto que la capacidad de asignarle significado a los símbolos no puede ser solo a través del discernimiento. Debe existir una actitud responsable para buscar la información acertada que permita relacionar todos los elementos involucrados dentro de un sueño. Profundizar en el estudio de las Escrituras de modo inevitable generará sabiduría. Aprender pasajes, desarrollar enseñanzas y aplicarse en la búsqueda de símbolos específicos será de gran ayuda para descodificar cualquier experiencia visionaria.

Es difícil encontrar un «sabio» que haya conseguido su conocimiento de manera espontánea. En su mayoría, quien desea ser entendido en algún área necesita cultivarse en ello para alcanzar su meta, ya sea leyendo, investigando, compartiendo con otros o relacionándose con maestros en la materia. La palabra apunta con claridad cómo la sabiduría ayuda a contestar preguntas que son claves para comprender el propósito que puede tener un mensaje divino de esta especie.

Eclesiastés 8: 1-7

¿Quién como el sabio? ¿Quién como el que sabe interpretar las cosas? La sabiduría del hombre ilumina su rostro y cambia la tosquedad de su semblante. Te aconsejo que guardes el mandamiento del rey, por el juramento que pronunciaste delante de Dios. No te apresures a irte de su presencia, ni en cosa mala persistas; porque él hará todo lo que quiera, pues la palabra del rey es soberana y nadie le dirá: ¿Qué haces? El que guarda el mandamiento no conocerá el mal; el corazón del sabio discierne cuándo y cómo cumplirlo. Porque para todo lo que quieras hay un tiempo y un cómo, aunque el gran mal que pesa sobre el hombre es no saber lo que ha de ocurrir; y el cuándo haya de ocurrir, ¿quién se lo va a anunciar?

Una persona sabia reconoce que lo aprendido siempre será poco y de manera permanente está en la búsqueda del verdadero y mayor conocimiento, el cual mana de Dios. Para alcanzar dicha meta no es suficiente utilizar herramientas espirituales. También son necesarias las armas naturales como el estudio, la investigación, el análisis y hasta la misma observación, que le permiten entender a la mente humana cosas que antes ignoraba.

La ausencia de conocimiento no fue, es, ni será una excusa válida delante del Eterno para los errores que comete el ser humano. Su deber es educarse en la *verdad* para aprender el camino correcto. «Mi pueblo fue destruido porque le faltó conocimiento. Por cuanto desechaste el conocimiento, yo te echaré del sacerdocio; puesto que olvidaste la ley de tu Dios, también yo me olvidaré de tus hijos», (Os 4: 6).

De forma evidente, es necesario que ese conocimiento siempre surja de las Escrituras, porque son estas el único parámetro incuestionable delante del Señor, que podrá señalar la verdad y a la vez descubrir la mentira.

7) Compare con las Escrituras.

De manera indudable, el mayor riesgo que corren las personas cuando prestan atención a sus sueños y tratan de interpretarlos, es que su doctrina cristiana esencial se vea afectada. Si este don no se utiliza de forma responsable, termina siendo muy fácil que la gente pierda el rumbo correcto. Dejan de buscar a Cristo como respuesta para su vida, porque dentro de sus experiencias creen poder encontrar las soluciones que necesitan. Error en el que muchos han caído.

Para evitar esos abusos lo más recomendable es que los sueños o la interpretación a la que lleguemos sean analizados con base en las Escrituras. Es un requisito indispensable someter toda revelación a la *verdad* de la palabra. Utilizar esta herramienta de forma sistemática nos ayudará a mantenernos siempre en la senda correcta, evitaremos las tergiversaciones y la manipulación que podría provenir de nuestra propia carne.

No podemos olvidar que el resultado de interpretar un sueño da como consecuencia una profecía, es por ello delicada la forma en la cual la Biblia nos permita confirmar o contradecir la experiencia que hayamos tenido. Recuerdo en alguna oportunidad haber atendido a una líder de otra congregación, quien me había solicitado una cita para hablar sobre un sueño inquietante que había tenido. Ella recientemente había participado en el seminario *Laboratorio de sueños,* por lo que consideré importante atenderla. Durante los primeros minutos de la conversación, ella intentó que le ayudara a comprender una experiencia bastante compleja y, a mi entender, sin sentido. Al ver su buena actitud y el esfuerzo que hizo para llegar, dediqué tiempo para explicarle diversos factores que podrían estar afectando el mensaje, ya que ella consideraba que el sueño era espiritual.

Luego de transcurrida casi una hora y de contestarle varias preguntas, yo pretendía terminar la reunión para atender otros compromisos. Cuando entendió mi deseo, me pidió la oportunidad para comentarme sobre otro sueño, que luego entendería, era la verdadera razón por la que me había pedido la cita. Ante su insistencia acepté bajo el acuerdo de que fuera breve y concisa. La descripción que ella realizó, evidenciaba que la experiencia tenía relación con un sentimiento romántico, por lo que yo le expliqué muy puntual, que esos sueños no podían asumirse como mensajes de Dios, que era algo muy riesgoso. Por el contrario, le recomendé que se preocupara en valorar de forma consciente si aquel hombre cumplía con los requisitos para ser su esposo. Durante el relato ella me hizo saber que además de servir en su iglesia era una mujer profesional y con un buen puesto, evidencia de una edad madura, y por supuesto, soltera. En vista de todo eso, la alenté a que no tratara de esconder sus sentimientos detrás de una experiencia así, que era mejor manejar las cosas con naturalidad. Luego le hice unas cuantas preguntas básicas sobre el candidato, asumiendo su buen juicio, y en todas parecía ser una excelente opción. Frente a mi urgencia por terminar la alenté a que explorara la posibilidad de compartir sus sentimientos si lo consideraba propicio, ante lo que me respondió que en el pasado había tenido una relación con este personaje.

Entre mi incomodidad por el tiempo transcurrido y el deseo de la mujer por recibir de mí una aprobación me terminó diciendo: «Hay otra cosa importante que deseo comentarle sobre él». Ya con cierto desagrado le pedí que fuera puntual, por lo que decidió confesarme que aquel varón era casado. Casi como sabiendo el vendaval que se le vendría encima de mi parte, trató rápido de justificarse, argumentando que el sujeto le dijo que se divorciaría. Para ese momento, yo ya estaba en verdad muy molesto, esta mujer me había hecho perder casi dos horas para buscar una respuesta que estaba en la palabra. Fui muy tajante y le dije que no podía pretender justificar su pecado a través de un sueño, le señalé que Dios no aprobaba esa clase de cosas y que eso debía ser suficiente para que ella descartara esa experiencia.

La moraleja de la historia es muy clara, nunca va a ser suficiente un sueño o cualquier tipo de revelación personal para anular las Escrituras. Ellas siempre van a tener prioridad por encima de todo y bajo esa regla es que nosotros debemos trabajar en la descodificación de los mensajes. Por su parte, Benny Thomas en *Explorando e interpretando sueños* señala que: «la dirección recibida a través de un sueño dado por Dios, nunca contradecirá el consejo general de la Palabra escrita. Cualquier dirección que usted reciba, que le motive a pecar o a violar los preceptos que se hallan en la Biblia es errónea y no debe seguirse». Dios amonestó a su pueblo sobre «los soñadores de sueños» que podrían desviarlos en el camino. Un texto que encontramos en el libro de Jeremías y es un señalamiento directo hacia las perversiones que pueden tener lugar si no se tiene el cuidado debido.

8) Desintoxique su cuerpo.

En la actualidad, muchos emplean hoy el ayuno como una forma de protestar en contra de decisiones políticas o como manera de llamar la atención sobre algún tema en específico. En contraposición, la Biblia muestra el ayuno como un ejercicio espiritual que nos permite sensibilizarnos frente a la atmósfera invisible, al tiempo que permite desintoxicar su cuerpo de los efectos producidos por la comida. Hay diferentes tipos de ayuno que se pueden llevar a cabo y es saludable conocer cada uno de estos para entender que la intención de esta práctica no es matar a nadie de hambre ni de sed, sino aprender a someter el cuerpo para que prevalezca el espíritu. Cuando una persona, que de forma recurrente sueña con mensajes celestiales, aprende a ayunar con cotidianidad y estará más sensible para la ministración del Señor en esta dimensión. Eso se ve reflejado en el caso del profeta Daniel, quien buscó no contaminarse con la comida babilónica para mantenerse consagrado. Al tomar esta determinación, el vidente contó con el apoyo de su autoridad inmediata, quien le servía solo legumbres y agua a diferencia del resto, quienes tenían toda clase de manjares para comer. Esa decisión, que nadie le obligó a tomar y que surgió por deseo propio, le deparó nuevos niveles de revelación en la interpretación de sueños y visiones específicamente.

Según registran las Escrituras, cuando el imperio de Nabucodonosor invadió Israel buscaron jóvenes entre los hebreos con ciertas características para servir delante del rey. Entre esas cualidades que se buscaron en los muchachos, ninguna era la traducción de los enigmas de los sueños (Dn 1: 4), pero al concluir los tres años de preparación, donde Daniel y sus compañeros realizaron un ayuno parcial para no contaminarse con la comida pagana, el profeta fue mencionado como sabio en estas artes espirituales (Dn 1: 17). Y es que, con precisión, los beneficios del ayuno no solo se aplican para el campo espiritual, también favorece la salud física, creando un complemento perfecto que le permite al espíritu estar apercibido en los momentos de su descanso.

Como se explicó con anterioridad, el sueño permite que los sentidos humanos trabajen al mínimo para un mejor descanso. La mayoría de los sistemas orgánicos bajan su operación al mínimo requerido para sostener la vida mientras se duerme, pero de manera lastimosa, en muchos casos, eso no se le permite al aparato digestivo. Las sociedades actuales y sus vidas nocturnas obligan al estómago a permanecer trabajando aún mientras la persona descansa, intentando procesar los alimentos que se ingirieron reciente. Dicho patrón de conducta provoca, según la ciencia, alteraciones en el sueño al punto de generar pesadillas o trastornos en el proceso de descanso.

Estudios médicos demuestran que las comidas son sincronizadoras de los ritmos cronobiológicos de las hormonas. Se sabe que la composición de una comida puede adormecer o espabilar. Las comidas abundantes requieren un trabajo digestivo extra, y exigen una mayor cantidad de sangre en el sistema digestivo, en detrimento de otros órganos, como el cerebro. Entre las comidas que afectan el sueño se pueden encontrar los chocolates, los refrescos y los dulces, ya que afectan a la vigilia o al sueño. Una comida rica en proteínas reduce la síntesis de serotonina en el cerebro, y, por lo tanto, incrementa la alerta. Por supuesto, si se quiere dormir, hay que evitar la cafeína, ya que se trata de un poderoso excitante.

A continuación, le expongo diez beneficios físicos que trae consigo la práctica del ayuno regular, que al mismo tiempo demuestran la repercusión positiva inmediata que generan sobre el sueño:

1) Depuración del aparato digestivo. Durante el ayuno se evacuan un aproximado de 2,5 kilogramos de materia fecal y residuos acumulados en el intestino.

2) Limpieza de la sangre, los riñones y el hígado. Estos tres órganos acumulan muchas toxinas que ingresan a través de las bebidas, comidas y el ambiente que respiramos.

3) Desintoxicación de las células. Estas sustancias tóxicas se acumulan en las células del cuerpo. La única forma de limpiarlas es evitar el ingreso de las toxinas durante un tiempo determinado, mientras el organismo se ocupe de eliminarlas.

4) Pérdida de peso con poca o sin hambre. El cuerpo luego de pasar los primeros días, llega a un estado de equilibrio donde no siente el hambre.

5) Desaparición de la retención de líquidos. El ayuno permite limpiar el aparato renal, eliminando los líquidos acumulados en los miembros inferiores y en el abdomen.

6) Renovación de la piel y el pelo. Al depurarse el organismo, los tejidos como la piel y el cabello crecen de manera rejuvenecida, desapareciendo ciertas manchas y arrugas.

7) Mejoría de las funciones sensoriales. El ayuno mejora la visión, el olfato y el gusto.

8) Control de la presión arterial. El ayuno normaliza la presión sin necesidad de medicamento alguno.

9) Aumento de la lucidez mental. Ayuda a mejorar la memoria, la atención y la capacidad de concentración.

10) Aumento de la energía física. Con el ayuno se incrementa el vigor y la energía corporal.

Acompañado del enorme beneficio físico están los testimonios bíblicos de cómo el ayuno colaboró en un proceso de búsqueda divina, donde el Señor respondió de manera sobrenatural a través de sueños y visiones.

Ejemplos de ello fueron también Cornelio y el propio Jesús, los dos antes de recibir la visitación a través de una experiencia visionaria, primero se prepararon a través del ayuno, el cual no solo disponía su espíritu, sino también su cuerpo. Una persona que desee ser ministrada por el Señor, a través de sueños y visiones, debe procurar ayunar de forma regular para que de esa manera su organismo no sea un obstáculo para lo que el Espíritu del Señor quiere revelarle.

En lo personal, cuando una persona testifica vivir de manera constante bajo manifestaciones de sueños o visiones divinas, le aconsejo tomar el ayuno como una práctica de vida, mínimo una vez por semana. Es algo que practico y a través de lo cual he notado cambios importantes en mi sensibilidad espiritual. Comer alimentos difíciles de digerir, con mucha grasa, justo antes de dormir puede causar trastornos en el descanso, y también provoca sueños no espirituales. Cuando una persona en realidad valora el don que se le ha entregado, está dispuesto a hacer cambios sustanciales en todas las áreas de su vida. Así como cuando dos personas que se casan deciden adaptarse de forma mutua porque se aman, la misma actitud debe prevalecer en quien anhela que el Espíritu Santo le ministre durante la noche. Ajustará su alimentación y su dieta para que esta no le perjudique en los instantes más valiosos en los que el Señor le hablará.

9) Devocionales nocturnos.

Las Escrituras, de forma reiterada, incitan al creyente a vigilar en oración. Tal como ya se citó la oración es insubstituible para poder interpretar de manera correcta un sueño que se haya recibido, no obstante, a ello se une otra herramienta importante: vigilar. El apóstol Pedro motivó a la Iglesia diciendo: «el fin de todas las cosas se acerca; sed, pues, sobrios y velad en oración» (1 Pe 4: 7).

Al unir ambos conceptos (oración y vigilia) se entiende que la demanda del Señor es un tiempo devocional con él. La mayoría de los cristianos considera que es muy importante tener ese tiempo durante las mañanas cuando se levantan; sin embargo, la Biblia enseña que es igual de relevante que se lleve a cabo ese tiempo de intimidad con el Señor antes de acostarse, y en especial si se desea ser ministrado a través de los sueños. Esta costumbre puede verse como la forma de ponerle un punto final al día de trabajo. Las agitaciones, problemas y circunstancias que pudieran traer preocupación durante el reposo, se disipan con facilidad cuando se decide orar o leer la palabra antes de acostarse. Quizá parezca una práctica poco novedosa para un cristiano maduro, pero hacerlo de forma disciplinada trae significativos resultados.

I Tesalonicenses 5: 5-8 (Versión Peshitta):

Porque todos ustedes son hijos de luz e hijos del día, y no son hijos de la noche ni hijos de las tinieblas. No durmamos, pues, como los demás, sino estemos alertas y seamos sabios, porque los que duermen, de noche duermen, y los que se embriagan, de noche se embriagan; pero nosotros, que somos hijos del día, estemos alertas en nuestra mente y vestidos con la coraza de él y amor, y colocado el yelmo de la esperanza de la salvación.

Pablo incita a los habitantes de Tesalónica a que busquen fortalecer su espíritu previo al dormir. A diferencia de los impíos que ven el sueño como un simple proceso de descanso, el cristiano debe concebir el sueño como un tiempo de mayor comunión de su espíritu con el Padre celestial. Yo describo el descanso como el tiempo en el que nuestro espíritu tiene a diario para interactuar con la fuente de la cual procede, que es nuestro Dios maravilloso.

Adicional al beneficio espiritual de vigilar en oración, se ha descubierto por parte de la ciencia un beneficio físico en esta práctica. Se ha comprobado fisiológicamente que «las personas que están privadas de sueño se convierten en durmientes con un sueño más eficiente, ya que en su sueño hay una proporción más alta de ondas lentas, lo que parece servir a la principal función de recuperación». Con ello se entiende que una persona que acostumbre a prolongar el tiempo de vigilia, al acostarse tendrá un sueño más plácido. Eso no significa que todas las noches el tiempo de oración se tiene que extender hasta altas horas de la madrugada, debe haber un balance. La vigilia es un ejercicio de fortalecimiento espiritual que le permite a los sentidos sobrenaturales de nuestro ser consolidarse. Lo que sí debe ser constante en nuestra vida son los devocionales nocturnos que le permitan a la carne preparase para el descanso.

10) Busque en su memoria.

A través de la experiencia de interpretar sueños he llegado a descubrir la importancia de intentar reducir al máximo los márgenes de error que estos pueden tener por causa de nuestra falibilidad. Los sueños están sujetos a muchas variables de error por culpa de nuestra propia naturaleza humana. Hasta donde nos sea posible debemos velar para que no influyan en nuestras experiencias. Por eso es que he dedicado un capítulo completo a los alterantes de los sueños.

Uno de los principales problemas que enfrenta un soñador para entender sus experiencias es su memoria. Muchos pierden por descuido o desinterés revelaciones valiosas que el Padre celestial les ha ministrado durante la noche. No son conscientes de la necesidad de revisar las imágenes en su cabeza justo al despertarse, para explorar si Dios pudo haber hablado. Benny Thomas en *Explorando e interpretando sueños* ahonda en el tema:

Cuando despierte, pregúntese: ¿Me habrá despertado Dios? Tan pronto como se dé cuenta de que está despierto, trate de ver si hay un sueño en su memoria. Algunas veces será muy claro; otros sueños pueden parecer opacos o borrosos. Posiblemente recuerde solo un poquito al principio. Cuando medite en eso, lo demás puede venir a su mente. Entonces usted puede rehacer el sueño entero. A medida que aprenda a recibir sueños de Dios, muchas veces, se despertará al final de un sueño. El momento de despertarse será perfecto. Ese es el momento para mirar en su memoria y ver si puede recordar el sueño. A usted le parecerá que se despertó naturalmente. Sin embargo, por más natural que parezca, usted puede haber sido despertado sobrenaturalmente. La Biblia dice: «Porque en él vivimos, y nos movemos, y somos» (He 17: 28). ¿Ha considerado alguna vez que en él vivimos, y nos movemos y despertamos? (…) Muchas veces, las cosas que suceden en forma perfectamente natural son en realidad inspiradas por Dios. Algunas veces, cuando parece que se despierta naturalmente, verdaderamente está siendo despertado de manera sobrenatural. Cuando usted despierte inesperadamente, vele y esté atento para escuchar la voz de Dios. Vea si puede traer un sueño a su memoria. (…) Si un hombre puede inventar una máquina capaz de detenerse al final de un programa de televisión, ¿cuándo más puede Dios despertarnos precisamente al final de su sueño? Si Dios le da un sueño, entonces él sabe cuándo comienza y cuándo termina. Esas es la razón por la cual muchas veces usted despertará inmediatamente después de un sueño. Con un poquito de esfuerzo, usted puede retroceder el sueño y volverlo a ver mientras está fresco en su memoria.

Quizá usted nunca se planteó la posibilidad de revisar su memoria justo al despertar, esa puede ser la clave que le ayude a capturar lo que se ha estado perdiendo por tanto tiempo. No se dé por vencido e insista. Perseverar en esa dinámica agilizará su memoria, que pronto dejará de ser un obstáculo para convertirse en una gran ayuda.

11) Compleméntelo todo con señales.

Si bien hay sueños que nos revelarán situaciones cotidianas y personales, también alcanzaremos a distinguir experiencias mucho más complejas, que nos direccionarán de manera dramática. Cambios de vivienda, retos financieros o lanzamientos al ministerio de tiempo completo. Esas revelaciones pueden ser tan profundas y trascendentes que pueden incidir más aún en la vida de quienes nos rodean. Padres, pastores o políticos que sean visitados por el Espíritu Santo durante la noche, puede llegar a influir sobre grupos de personas posteriormente por las decisiones que tomen a raíz de las revelaciones que han recibido. Los ejemplos no son pocos: Faraón, Jacob, Cornelio, José, el padre de Jesús, Pablo, Pedro, etc.

Frente a esa realidad es muy importante que, al interpretar sueños, complementemos la revelación con otro tipo de señales, de preferencia que no sean del mismo género. Podemos comparar la vida de algunas personas con la de un capitán de barco, sus determinaciones sobre el navío afectarán a un colectivo tan pequeño como una familia y tan grande como una congregación o un país completo. Por tal razón, la descodificación de las experiencias debe ser cuidadosa y responsable.

Al estudiar el caso de Gedeón vemos cómo de forma insistente pidió señales. ¡Claro! Porque de su lanzamiento a la guerra dependían cientos de hogares que perderían a sus padres si se equivocaba. No podía darse el lujo de tirarse a pelear, a sabiendas de que perdería. Ante eso, Dios sin reparos le dio evidencias de que lo respaldaría. Es entonces que el novel líder israelita pudo tener la certeza de que estaba haciendo la voluntad del Altísimo y no los deseos de su corazón.

Bajo la misma dinámica encontramos un tema todavía más delicado: los cambios doctrinales que se presentan dentro de un ministerio. A través de mi tiempo en el servicio no he conocido decenas, sino cientos de pastores que arrancaron su llamado bajo un tipo de enseñanza y de forma paulatina fueron mutando, algunos para bien y otros no tanto. Esa metamorfosis, en la mayoría de los casos, comenzó debido a experiencias personales que les impulsaron a tomar la decisión del cambio. En algunos fueron los sueños, en otros las visiones, la profecía y hasta las impresiones del Espíritu Santo las que fueron gestando esa transformación. En el camino, es probable, que se les presentaron adversidades para encontrar la senda correcta, pero paralelo tienen que haber percibido señales divinas que les confirmaron que estaban haciendo lo correcto.

Pedro es un ejemplo que ilustra este punto a la perfección. Al partir Cristo a la presencia del Padre, la Iglesia quedó bajo una meta: predicar el Evangelio, solo que hasta ese momento se dedicaban en hacerlo de forma única entre los judíos. Jesús se dedicó con especial atención a los hebreos durante sus años de ministerio en la tierra; sin embargo, el Espíritu Santo impulsaría a los apóstoles a ir más allá. Dios quería que el Evangelio de las «buenas nuevas» llegara también a los gentiles. ¿Cómo lo logra? Incitando a los líderes mediante una experiencia sobrenatural: el éxtasis. Pedro, como lo citamos en un capítulo anterior, se encontraba orando en la ciudad de Jope cuando el Señor se le reveló.

Hechos 10: 11-14

Vio el cielo abierto, y que descendía algo semejante a un gran lienzo, que atado de las cuatro puntas era bajado a la tierra, en el cual había de todos los cuadrúpedos terrestres, reptiles y aves del cielo. Y le vino una voz: Levántate, Pedro, mata y come. Entonces Pedro dijo: Señor, no; porque ninguna cosa común o impura he comido jamás.

Con notoriedad el Espíritu Santo no se estaba refiriendo a la dieta de Pedro, sino a un cambio en el paradigma de la Iglesia. No podía seguirse dedicando de forma exclusiva a los judíos, debían empezar a conquistar griegos, romanos y macedonios para Cristo. Quizás hoy nos resulte simplista aquella revelación, sin embargo, para esos días, el tema causó toda una revolución, en especial entre aquellos denominados «fieles de la circuncisión». El mismo Pedro, luego de haber recibido la experiencia y al ser llamado por Cornelio para ir a su casa reclamó:

Hechos 10: 28a

«… Vosotros sabéis cuán abominable es para un judío juntarse o acercarse a un extranjero».

Esa es la descripción más gráfica que tenemos del comportamiento de la Iglesia hacia los gentiles de la época. Al ser los apóstoles judíos, les resultaba inimaginable mezclarse con impíos, por tal razón era necesaria la intervención divina. Aquella actitud debía cambiar de modo sustancial, a pesar de que había sido el mismo Dios quien estableciera esa ley. Claro, hay que ser muy consciente de que Pedro no predicó esta nueva doctrina de buenas a primeras. Él gozó de multitud de señales que le permitieron identificar que lo recibido era genuino.

La primera señal que tuvo fue la misma confirmación de la experiencia a través de su repetición. Ya hablamos de esto en los «tipos de sueños» y lo vemos reflejado cuando se indica que: «Esto ocurrió tres veces; y aquel lienzo volvió a ser recogido en el cielo», (He 10: 16). La segunda señal se manifiesta en el mundo natural. El Espíritu Santo advierte al apóstol sobre la llegada de quienes venían a buscarlo para poner en práctica la nueva revelación.

Hechos 10: 19-20

«Y mientras Pedro pensaba en la visión, le dijo el Espíritu: Tres hombres te buscan. Levántate, pues, desciende y no dudes de ir con ellos, porque yo los he enviado».

Es claro para Pedro que a partir de ese instante Dios está involucrado en el asunto. Suceden cosas a su alrededor que no están relacionadas de manera directa con su sueño y sobre las que él no puede incidir. La tercera señal ocurre cuando una persona, ajena al apóstol, y dentro de un mismo período de tiempo testifica de una experiencia que reafirma la nueva revelación.

Hechos 10: 21-22

Entonces Pedro, descendiendo a donde estaban los hombres que fueron enviados por Cornelio, les dijo: Yo soy el que buscáis. ¿Cuál es la causa de vuestra venida? Ellos dijeron: Cornelio el centurión, varón justo y temeroso de Dios, y que tiene buen testimonio en toda la nación de los judíos, ha recibido instrucciones de un santo ángel, de hacerte venir a su casa para oír tus palabras.

Por más que quisiéramos creer que Cornelio y Pedro se pusieron de acuerdo, resulta evidente que la coincidencia de los sucesos es en realidad divina. Pareciera que todo estaba siendo alineado de tal forma que superaría las posibilidades humanas. El Eterno le estaba dando a Pedro la oportunidad perfecta de poner por obra lo que le había ordenado hacer.

La cuarta gran señal fue la manifestación del Espíritu Santo, como les fue prometido a los creyentes. Según narra la historia, al entrar Pedro en la casa de Cornelio, lo esperaba una multitud para oír lo que el Señor tenía que decir. Es entonces que el apóstol comienza a evangelizar a los presentes y…

Hechos 10: 44-46

Mientras aún hablaba Pedro estas palabras, el Espíritu Santo cayó sobre todos los que oían el discurso. Y los fieles de la circuncisión que habían venido con Pedro se quedaron atónitos de que también sobre los gentiles se derramara el don del Espíritu Santo, porque los oían que hablaban en lenguas y que glorificaban a Dios.

Como queda en evidencia, la nueva revelación no fue predicada de forma alocada e irresponsable. El apóstol no empezó a predicar cosas extrañas de la noche a la mañana. No se despertó un día con un mensaje novedoso de su volátil imaginación. El Espíritu, de forma progresiva, fue llevando a Pedro a entender que su voluntad era la salvación de la humanidad, no solo de los judíos. Es cierto que todo empezó con una experiencia sobrenatural, pero se complementó a través de todo tipo de señales, las cuales son indispensables en este tipo de casos. Y eso que no mencionamos que por otro lado el apóstol Pablo también estaba recibiendo la misma comisión de predicar a los gentiles.

Benny Thomas autor de *Explorando e interpretando los sueños* nos confirma esta llave:

Un buen detective analiza las instrucciones constantemente tratando de hacerlas encajar. Su propósito es resolver el misterio. Pero él debe usar todos los hechos disponibles para llegar a la conclusión correcta. El seguir a Dios es lo mismo. Muchas veces él habla en pedazos, y cada pedazo encaja para transmitir su mensaje completo. Los sueños complementan otras formas en que Dios habla. Sus sueños pueden ser la llave para recibir alguna guía importante. A medida que aprende a oír de parte de Dios en sueños, añada esa información a las otras claves que Dios le dé. El mensaje de Dios se hará cada vez más claro para usted.

No podemos movernos, de forma exclusiva, por sueños para la toma de nuestras decisiones. Para estar por completo seguros de que lo que hacemos es la voluntad del Señor, debemos buscar otras evidencias que nos permitan tener esa garantía. Un gran respaldo es la aprobación pastoral. Si en algún momento se ve tentado a tomar una determinación arriesgada en su vida personal, familiar, empresarial o ministerial, busque a sus líderes inmediatos. Ellos siempre tendrán un buen consejo para darle. En la medida que alcanzamos madurez en esta área también entendemos que la vida del creyente debe ser integral, no solo puede basarse en revelaciones personales. Seremos altamente efectivos, si logramos aplicar esta herramienta.

12) Busque un intérprete.

Un instrumento válido y al mismo tiempo confirmatorio de cualquier revelación recibida durante un sueño o visión es la búsqueda de un intérprete maduro. Resulta evidente que en un tema tan complejo como este nadie nace aprendido. Es importante tomar en cuenta que la ayuda de una persona con mayor recorrido en este campo siempre será bien recibida. Personas con trayectoria en la unción del vidente pueden ser grandes consejeros, si se tiene un corazón dispuesto a aprender, son voces autorizadas para guiarnos por la hermosa carrera de la interpretación de una experiencia visionaria.

Para saber escoger quién puede ayudarnos, primero, hay que considerar que de manera bíblica los intérpretes de sueños o visiones fueron personas con testimonios de vida intachable, sabios y videntes, habilidades que les capacitan para interpretar. Los buenos maestros, por lo general, no son fáciles de alcanzar y ello causa que la gente incauta caiga en el error de conseguirse a cualquier voluntario. Con regularidad, quienes se ofrecen de forma abierta como intérpretes y a cambio de ello solicitan una remuneración no son buenas opciones, sean o no creyentes.

Una característica importante que debería estar presente en un buen intérprete es que también sea un soñador. Es extraño que alguien que no tenga activo el don del vidente en su ministerio pueda interpretarlos de manera acertada. Un riesgo importante de buscar intérpretes que no tengan el don manifiesto es que con probabilidad sus explicaciones serán racionales y poco espirituales, lo cual eleva de forma significativa su margen de error. Pablo lo señaló a los corintios en su primera carta cuando les advirtió de que los asuntos espirituales debían ser juzgados e interpretados por personas que se mueven en la misma esfera. Tratar de dar respuestas lógicas frente a las incógnitas de un sueño no es la mejor manera de interpretarlos. Al ser el Creador quien da estas manifestaciones es indispensable traducirlas mediante la misma vía.

De manera adicional, hay que considerar cuán atinadas han sido las explicaciones que esa persona les ha dado a otros soñadores. Pida referencias de ese intérprete antes de pedirle ayuda, consúlteles a otras personas cuál ha sido su experiencia con ese profeta. ¿Dan en el blanco las interpretaciones que trae el vidente? ¿Causan problemas las profecías que da esta persona? No olvide tampoco hablar con la autoridad espiritual de ese ministro para saber en qué condición se encuentra. En ocasiones, una de las formas más simples en las que el diablo engaña a la gente para causar rebelión es mediante el uso ilegítimo de su don, así que manténgase atento para que no caiga en la trampa. Recuerde que el espíritu de adivinación se mueve paralelo al profético. No se deje seducir con facilidad por un vaticinio correcto, vaya más profundo y analice los frutos de ese ministro.

Una clave para valorar a un vidente está en las revelaciones propias que le han sido dadas mediante sueños. Es bastante frecuente que los falsos videntes tengan sueños sobre sí mismos o interpretaciones de ellos donde se demuestra el espíritu que los gobierna. La mayoría de las principales sectas surgieron gracias a experiencias visionarias falsas o genuinas, pero que fueron interpretadas de manera perversa. Antes de solicitar ayuda, pregúntele al profeta sobre sus propias vivencias ¿Qué le ha mostrado últimamente el Espíritu Santo? A través de esas radiografías espirituales, usted mismo puede sacar conclusiones. No olvide que una persona que resulta incapaz de descifrar de forma correcta sus propias experiencias, con dificultad podrá ayudarles a otros. Recuerde nunca irse detrás del primero que le ofrezca sus servicios. Tal vez parezca algo simple, sin embargo, le ahorrará muchos problemas si pone este consejo por obra.

En las Escrituras hay documentados varios casos en los que un soñador necesitó de la ayuda de un intérprete para entender los sueños o visiones que había recibido. Entre esas relaciones soñador intérprete se encuentra las siguientes:

1. Copero-José.
2. Panadero-José.
3. Faraón-José.
4. Soldado madianita – compañero de guerra.
5. Nabucodonosor-Daniel.
6. Daniel-varón en dos ocasiones Capítulos 7 y 10.
7. Daniel-Arcángel Gabriel.

Estos ejemplos certifican que la participación de un intérprete dentro de la traducción de una experiencia visionaria es algo por completo bíblico. No hay pecado alguno en pedir ayuda o explicaciones, que le permitan ampliar su panorama. En ocasiones, muchas de estas ayudas no van a dar una interpretación contundente, aun así, ayudarán a paliar obstáculos mentales o áreas de desconocimiento bíblico. Como le repito, encontrar un buen maestro es difícil; si ya lo halló atesórelo y si no lo ha descubierto aún, haga un esfuerzo para hacerlo, porque en las primeras etapas del desarrollo del don visionario es fundamental acercarse a gente con igual capacidad espiritual y la misma unción profética. Es saludable que, aunque la visión o sueño sea abrumadora, la persona que tiene aquella experiencia no tema en buscar apoyo para comprender mejor el mensaje que ha recibido. Dios ha puesto autoridades espirituales, de forma precisa para dar dirección en momentos de oscuridad.

13) Dese tiempo para interpretar.

Si usted es una persona que tiene el don de interpretación y la gente lo busca con regularidad para pedir consejos en esta área debe ser siempre prudente. Aprenda a pedir «tiempo fuera» antes de contestar de forma apresurada. Las respuestas rápidas, como lo veremos en los alterantes, con frecuencia no son buenas ayudas, puesto que ignoran a priori la variedad de significados que puede tener un símbolo y la complejidad que trae consigo la interpretación de una experiencia divina. Es mucho más responsable solicitarle a la persona que pregunta, un tiempo prudente para averiguar sobre el asunto en profundidad. Debemos estar seguros de lo que vamos a decir, porque la interpretación profética es un verdadero don.

Imagínese estando usted en la misma posición de José frente al panadero, cuyo sueño le indicaba que moriría pronto. Si yo hubiera sido el intérprete habría deseado que me dieran la posibilidad de pensar cómo iba a decir algo semejante. Transmitirle a una persona que va a fallecer, enfermar o pasar por una dura prueba no es sencillo, sin dudas. Aún en momentos donde fuera necesario exhortar, como le pasó a Daniel con Nabucodonosor a través de su segundo sueño, sería prudente reservarse un tiempo para pensar cómo se van a plantear las cosas.

Daniel así lo hizo, justo después de darse cuenta del tremendo problema en el que estaban metidos todos los sabios de Babilonia, incluido él por supuesto, requirió tiempo para resolver el enigma (Dn 2: 16). No se apuró en llevar una respuesta rápida, supo que su Dios podía traerle la revelación de lo que parecía imposible. En su infinita misericordia, el Todopoderoso transmitió luego a su profeta lo que se le había olvidado a Nabucodonosor.

Esta herramienta merece especial atención por parte de los líderes, puesto que son ellos quienes reciben las consultas con mayor regularidad. Como ministro itinerante es frecuente que algunos creyentes se me acerquen al terminar una reunión para pedir oración o consejo sobre alguna área de su vida, como lo puede ser un sueño. Ellos vienen con toda clase de preguntas, que van desde un conflicto marital hasta temas ministeriales. Por supuesto, algunos son en verdad relevantes y otros rayan en lo superfluo; sin embargo, a todos se les debe prestar la debida atención. Cuando ciertos casos exceden mi competencia, por ejemplo, en temas doctrinales o de opinión pastoral, yo prefiero solicitar un tiempo para comentar el asunto con el líder a cargo. Para mí sería simple arrojar cualquier criterio, no obstante, al ser consciente de lo que implica la tarea pastoral, trato de procurar no dejar un problema mayor con mi consejo.

En el caso puntual de los sueños se debe aplicar el mismo principio. Por más que la supuesta experiencia apunte con claridad sobre algo, no puedo dejarme llevar por el deseo de responder con rapidez, podría caer en un error. Sea muy cuidadoso. Decirle al individuo incorrecto que su sueño refleja un pronto llamado al ministerio, puede ser la excusa justa para una rebelión dentro de la iglesia a la que pertenece. Confirmarle a otro sus deseos sentimentales reflejados a través de sus propios sueños podría depararle fuertes dolores de cabeza al consejero matrimonial, que luego de usted atenderá el caso. Es preferible que aplique la receta de los entrenadores de baloncesto cuando sienten que su equipo no encuentra respuestas frente a su rival, grite: ¡Tiempo fuera! Y luego regrese a la cancha a ganar el juego.

14) Reconozca a quien revela los misterios.

¡Cuán importante es darle los créditos a quién se lo merece! Cualquier intérprete genuino sabe y reconoce que la sabiduría necesaria para entender un sueño o visión no proviene de su gran experiencia ni de su intelecto ni por ser un iluminado; el conocimiento que necesitamos para desvelar un sueño proviene del Cielo. Es Dios quien en su inmensa misericordia nos permite entender los enigmas. De ahí en adelante, nosotros simplemente somos vasos útiles en sus manos, los cuales el Señor utiliza para dar a conocer sus pensamientos.

José, por ejemplo, fue muy puntual cuando lo llevaron delante de Faraón para ayudarle a entender el sueño que había tenido. Él dijo antes de interpretar: «No está en mí; Dios será el que dé respuesta propicia al faraón». (Gn 41: 16b). Casi de forma instintiva, el joven dirige la atención de todos hacia el verdadero responsable de solucionar el asunto. Lo mismo hizo Daniel luego de recibir conocimiento sobre un sueño que Nabucodonosor había olvidado. «Durante la noche, Daniel recibió en una visión la respuesta al misterio. Entonces alabó al Dios del cielo». (Dn 2: 19 NVI). El profeta glorifica su nombre, puesto que reconoce que aquello era imposible de saber a menos que hubiera existido la intervención divina.

Darle la honra al Espíritu Santo de manera constante es una herramienta valiosísima, ya que al ponerla en práctica permitimos que se cumplan tres cosas fundamentales. En primer lugar, damos pie a que las miradas se enfoquen en el verdadero propósito del sueño y no en nosotros mismos.

Es fácil, sin duda, que un falso intérprete se vanaglorie de haber resuelto una duda, puesto que no tiene su norte claro. Un hijo de Dios no puede caer en esa clase de errores. Es neurálgico tener presente que toda experiencia es dada por nuestro hacedor con el fin de llevarnos a una mayor intimidad con él. Si en algún momento le restamos ese reconocimiento como el inspirador de la sabiduría, será inevitable que un inexperto soñador termine adulando en exceso a ese intérprete, y en el peor de los casos, dependiendo de él para entender todos sus sueños.

La segunda cosa que permitimos que tenga lugar cuando le damos la gloria al Señor por habernos revelado un enigma es mantenernos como intérpretes humildes. Es impresionante la facilidad con la que un ser humano puede desubicarse. En ocasiones, por pequeños o grandes logros la gente se desorbita y pierde por completo la perspectiva de la realidad. Se miran al espejo como la solución a los problemas del resto y es entonces que comienza un camino de deterioro muy agresivo, parecido a cualquier cáncer. Primero, inunda ciertas áreas como la lengua hasta terminar en el cerebro. ¡Vacúnese contra este mal! Dele con regularidad la gloria al Creador de todo lo que hace y le sucede, le servirá como un baño de realidad desinfectante para cualquier bacteria de egocentrismo que lo quiera convertir en su presa.

Por último, al darle el mérito al Señor por la interpretación de hoy estamos abriendo la puerta para la interpretación de mañana. Si entendemos quién es la fuente genuina de los sueños y sus mensajes, debemos tener una actitud de permanente gratitud. En el instante en que perdamos la brújula es probable que se nos cierre la llave de esa fuente, puesto que la Escritura es clara en cuanto al repudio que siente el Señor hacia los altivos, mientras que a los humildes los acoge en sus brazos.

Proverbios 3: 5-7, 13-15, 19-20, 23-26

Confía en Jehovah con todo tu corazón, y no te apoyes en tu propia inteligencia. Reconócelo en todos tus caminos, y él enderezará tus sendas. No seas sabio en tu propia opinión: Teme a Jehovah y apártate del mal (…) Bienaventurado el hombre que haya sabiduría y el que obtiene entendimiento; porque su provecho es mayor que el de la plata, y su resultado es mejor que el oro fino. Es más valiosa que las perlas; nada de lo que desees podrá compararse con ella (…) Jehovah fundó la tierra con sabiduría; afirmó los cielos con entendimiento. Con su conocimiento fueron divididos los océanos, y los cielos destilan rocío (…) Entonces andarás confiadamente por tu camino, y tu pie no tropezará. Cuando te acuestes, no tendrás temor; más bien, te acostarás, y tu sueño será dulce. No tendrás temor del espanto repentino, ni de la ruina de los impíos, cuando llegue, porque Jehovah será tu confianza y él guardará tu pie de caer en la trampa.

Puede parecer simple, pero es transcendental que cada vez que cierre el proceso de interpretación lo haga glorificando el nombre del Señor. Nunca omita hacerlo, puede resultarle innecesario en algún momento, pero no menosprecie esta llave. Le servirá a usted y a quienes intenta ayudar. Enséñeles a posicionar sus miradas en el Omnisciente. Persevere hasta el final de la aventura.

Al hacer un repaso por todas las herramientas expuestas en tramos en la conciencia del enorme trabajo que nos espera. Puede resultar abrumador ponerlo todo en práctica de un momento al otro. Es más, quizá llegue a necesitar años para desarrollar una disciplina en algunas áreas, pero el secreto es nunca rendirse. No deje de lado ninguna herramienta, tómelas todas y trate de avanzar con cada una hasta donde le sea posible.

El adagio popular reza: «el que persevera alcanza», enseñanza aplicable en la interpretación de los sueños. Cuando comenzamos a transitar por el maravilloso mundo de las experiencias visionarias debemos prepararnos para esforzarnos en aplicar los instrumentos expuestos constante y cíclicamente. No podemos darnos por vencidos porque al primer intento no logramos la meta, debemos volverlo a intentar. Las Escrituras nos enseñan que:

Proverbios 25: 2

«Gloria de Dios es encubrir un asunto, pero honra del rey es investigarlo».

Hay que ser incisivo con la revelación que recibimos. En muchos casos la respuesta no es evidente y hay que acudir a la Palabra o libros de autores cristianos, que nos arrojen más luz sobre el asunto. Habrá oportunidades donde la oración y el ayuno serán indispensables para descifrar los enigmas, sin embargo, a pesar de nuestros muchos intentos, no podemos descartar que haya casos donde ninguna de estas herramientas dé resultado. En esas situaciones debemos empezar el proceso de nuevo. Sé por experiencia que habrá sueños guardados por largo tiempo, que al repasarlos y empezar un nuevo proceso de interpretación serán esclarecidos. Soy testigo de primera mano de cómo un sueño incomprensible adquirió sentido con el transcurso del tiempo. Los nuevos ángulos, la experiencia y los acontecimientos que hayan tenido lugar son grandes ayudas en momentos en los que parece que las experiencias no tienen sentido.

Benny Thomas en *Explorando e interpretando sueños* nos motiva a este mismo sentido.

Como cualquier diestro artesano o artista, usted necesita practicar para adiestrarse en la interpretación de los sueños. No se desanime si no alcanza los resultados dramáticos inmediatamente. Siga trabajando en ello. La destreza y los resultados correspondientes se desarrollarán en un periodo de tiempo.

De forma evidente, con la perseverancia no puede usted caer en la fijación extrema. Hay momentos en los que luego de una incansable búsqueda debe dejar todo en las manos del Altísimo. Él sabe por qué no estamos comprendiendo el sueño y se encargará de revelárnoslo en el momento adecuado. Haga usted su parte y Dios le ayudará a alcanzar lo que le resulta imposible.

CAPÍTULO XIII
Alterantes de los sueños

A través de la experiencia personal y amparado en la palabra he descubierto que los sueños pueden verse afectados por diversa clase de alterantes, los cuales inciden de forma directa en la vivencia. Este tipo de elementos que perturban los sueños, al mismo tiempo les restan validez como mensajes celestiales. En este capítulo pondremos peso en el otro lado de la balanza para crear conciencia de que no todo lo que soñamos es divino. Un hijo de Dios debe ir a descansar, esperando ser ministrado por el Altísimo, pero con la mente clara de que eso no siempre sucederá y existirán casos donde los sueños no procederán de la fuente de vida, sino de las emociones, los traumas o las pasiones. Lejos de sobreexcitar la imaginación del lector con respecto a las experiencias visionarias, este libro intenta exponer información integral de todo lo que involucra los sueños, y los alterantes sin duda son un rubro importante a considerar.

Benny Thomas en su obra *Explorando e interpretando sueños* aconseja sobre seis puntos en los cuales un creyente debe tener mucha atención para no caer en errores a la hora de asumir un sueño como divino. La primera de esas seis recomendaciones, tiene que ver con el cuidado que debemos tener mientras aprendemos a recibir instrucción en cuanto a sueños. La segunda, ya lo mencionamos en las herramientas de interpretación, no depender solo de los sueños para tomar decisiones importantes. El tercer consejo, es tener presente que Dios usa de manera frecuente términos conocidos para hablarle de las cosas espirituales. En cuarto lugar, menciona que la mayor parte de los sueños no deben tomarse literalmente. Como quinto punto, está no permitir que la confusión o el temor le atormenten como resultado de su sueño y; por último, no permitir que nuestras revelaciones personales contradigan las Escrituras, lo cual también ya lo mencionamos en un capítulo previo.

En mi recorrido como soñador he aprendido a descartar con rapidez las visiones nocturnas, donde aparece alguno de los alterantes que se documentaran en este capítulo. Todo vidente responsable tiene que concentrarse de manera única en las manifestaciones, donde tiene el testimonio del Espíritu de que son verdaderas. No podemos perder el tiempo y la paz con manifestaciones donde con claridad intervienen factores que no son espirituales. Alguien que de forma recurrente recibe mensajes de Dios a través de sueños tiene que ser práctico, no puede entretenerse con todo lo que se esté imaginando para encontrar un posible significado. Sostener una dinámica de ese tipo puede provocar que erremos en el blanco. Concentrarse demasiado en los sueños no es una doctrina bíblica, los sueños no fueron creados para convertirse en el elemento fundamental a través el cual el Señor habla, son una vía más.

Cuando una persona se adentra en el «gran río profético» debe tener claro que ninguna de sus manifestaciones es infalible, ni la profecía, ni las lenguas, ni los sueños ni tampoco las visiones. El apóstol Pablo le explica a los corintios en su primera carta que todas estas evidencias espirituales fueron diseñadas por Dios en un contexto de imperfección (I Cor 13: 8-10), lo que significa que en algún momento dejarán de existir, al tiempo que advierte de los márgenes de error humano del que están sujetas.

Especial atención deben prestar aquellos que reciente se han convertido a Cristo o están introduciéndose en este maravilloso mundo. Esas primeras experiencias pueden lograr que usted se convierta en un intérprete hábil o en un frustrado de por vida. Thomas también amplia sobre esto diciendo:

Cuando un nuevo cristiano descubre una nueva verdad, su anhelo puede hacer que actúe prematuramente. Estos creyentes no informados no entienden que Dios tiene un límite de velocidad. De la misma forma en que un motorista encuentra señales para dirigirle mientras conduce, un creyente alerta encontrará que Dios coloca señales a su paso para darle dirección espiritual. Dios da señales de aviso, dirección, de parar, e incluso límites de velocidad. (...) Cuando comience a moverse bajo la guianza que ha recibido de Dios en sueño o cualquier otra forma que sea nueva para usted, acuérdese del límite de velocidad. Vaya despacio, especialmente cuando sigue la dirección recibida en sueños. Cuando comience a escuchar de parte de Dios en los sueños, probablemente recibirá un sueño y encontrará la interpretación fácilmente. Usted podrá decir: "Esto es fácil. ¡Ya lo tengo!", y comenzar a basar las decisiones en los sueños que recibe. No se vuelva demasiado confiado mientras aprende.

Los sueños, en este caso, no pueden ser considerados infalibles, todo lo contrario, hay que estar conscientes de que al estar involucrada la humanidad este tipo de experiencias son propensas a equivocación. Al aprender sobre los factores que pueden alterarlos, nos quedan dos herramientas valiosas. La primera es buscar la manera de evitar esos distorsionadores, de ser posible, y, por otro lado, se aprende a determinar de forma ágil los sueños que no proceden del Creador. Entre los alterantes de los sueños más comunes se pueden encontrar los siguientes:

-Pecado:

El principal obstáculo y alterante para recibir un sueño o visión genuina del Espíritu Santo es el pecado. Desde el inicio de la creación, el pecado ha sido el gran muro divisorio entre el Cielo y la Tierra. Cuando una persona determina alejarse del Señor por medio de sus acciones, su espíritu va perdiendo sensibilidad al mundo invisible al punto de ser incapaz de tener visiones o sueños de parte del cielo, así como otros dones espirituales.

De manera evidente, esta condición varía en el caso de que una persona venga a los pies de Cristo para ser transformado por su sangre. Al existir arrepentimiento por los pecados y el anhelo por tener una vida íntegra, él Espíritu Santo se encarga de transmitirle a cada uno la voluntad del Rey, ya sea mediante voz audible, palabra revelada, consejos pastorales, sueños, visiones, etc.

Es impensable que Dios sea capaz de ignorar el pecado para comunicar revelaciones espirituales. Si alguien que vive alejado del Creador recibe un mensaje de parte del cielo a través de sueños o visiones, como se mencionó en los primeros capítulos, desde la perspectiva bíblica solo existen dos motivos: llamar al arrepentimiento de su maldad al soñador o porque habrá un escogido del cielo para darle la debida interpretación a esa manifestación que, sin duda, también redundará en la búsqueda del Señor. No es compatible el pecado con revelaciones doctrinales. Creerles a las experiencias visionarias que pueda tener un inconverso para que direccionen nuestra vida es a lo sumo riesgoso. Sea cauto e inteligente.

Entre uno de los máximos ejemplos de cómo afecta el pecado la comunicación con Dios a través de los sueños está el pueblo de Israel. Los hebreos vieron debilitado su contacto con el cielo a causa del pecado que se había propagado entre ellos. Tanto los que fluían en la dimensión del profeta, como quienes tenían una capacidad de videntes fueron esterilizados a raíz de la maldad que cundía en el pueblo.

Isaías 29: 10-13

Porque Jehová derramó sobre vosotros un espíritu de sopor, cerró los ojos de vuestros profetas y puso un velo sobre las cabezas de vuestros videntes. Y os será toda visión como las palabras de un libro sellado, el cual, si lo dan al que sabe leer, y le dicen: Lee ahora esto, él dirá: No puedo, porque está sellado. Y si se da el libro al que no sabe leer, diciéndole: Lee ahora esto, él dirá: No sé leer. Dice, pues, el Señor: Porque este pueblo se acerca a mí con su boca y con sus labios me honra, pero su corazón está lejos de mí y su temor de mí no es más que un mandamiento de hombres que les ha sido enseñado.

Literalmente el Eterno había cerrado toda posible fuente de revelación genuina, ya fuera a través de profecía o visiones. Con ello les anunciaba a los incautos que cualquier supuesta manifestación profética por esos días no sería más que una falsedad, ya que la maldad había cortado la comunicación entre Jehová e Israel.

Una de las peores características que tiene el pecado es que se asemeja a la arena movediza, la cual sigue tragando más y más profundo a su víctima a menos que se arrepienta a tiempo. Si la persona no reconoce su error seguirá cayendo más hondo cada vez, ya que al no tener respuestas de parte del cielo muy probable las terminará buscando en sitios incorrectos, como lo hizo Saúl. Luego de un ayuno prolongado de respuestas divinas, el rey israelita se vio cercado y terminó hundiéndose más al consultar de forma secreta a una adivina. En medio de una sesión espiritista el Señor terminó mostrándole por completo la espalda, y evidenciando al mismo tiempo, cómo el pecado es un verdadero impedimento para las genuinas manifestaciones sobrenaturales del Espíritu.

I Samuel 28: 15-17

Samuel dijo a Saúl: ¿Por qué me has inquietado haciéndome venir? Saúl respondió: Estoy muy angustiado, pues los filisteos pelean contra mí. Dios se ha apartado de mí y ya no me responde, ni por medio de los profetas ni por sueños; por esto te he llamado, para que me digas lo que debo hacer. Samuel respondió: ¿Para qué me preguntas a mí, si Jehová se ha apartado de ti y es tu enemigo? Jehová te ha hecho como predijo por medio de mí, pues Jehová ha arrancado el reino de tus manos y lo ha dado a tu compañero, David.

Esta historia refleja lo que comúnmente le sucede a quienes se alejan de Dios. Primero, empiezan con pecados «insignificantes» semejantes a los de Saúl en un inicio, pero en la medida que el patrón de pecado es constante se van distanciando del Señor, al grado de hacerlo prescindible en sus vidas. El punto de quiebre viene cuando estas personas enfrentan problemas, es entonces que su memoria les hace recordar que existe un Creador Todopoderoso, el cual esperan que les ayude o al menos le conteste frente a su necesidad. Al ser Jehová un Dios de principios y propósitos, no reacciona tal como la gente lo espera «por medio de los profetas ni por sueños», provocando desesperación. Es en medio de esa desesperanza que se olvidan los valores y la ética dando paso a las decisiones incorrectas. Así como Saúl recurrió a la adivina, aún a sabiendas de que era pecado, muchos intentan encontrar soluciones rápidas a los conflictos que enfrentan, sin importarles que se adentran en una espiral descendente. La gente en este nivel va en caída libre, sus determinaciones en lugar de acercarles al Señor les alejaran de él.

Cuando el pecado cunde, las probabilidades de que el Señor hable a través de sueños o visiones son bastante bajas. Es responsabilidad de todo creyente mantener su vida a cuentas con el Padre celestial para que su forma de conducirse no sea un obstáculo en lo que el Eterno quiere comunicarse.

Es recomendable que toda persona que anhele tener revelaciones genuinas del Espíritu, se presente de forma permanente delante del Eterno para que en sus caminos no sean hallados rastros de perversidad. Y esto, a la vez, debe llevar a la persona a ser consciente de que si está viviendo en pecad, el factor de falibilidad de sus vivencias es demasiado alto y al considerarlas espirituales estaría arriesgándose a seguir cayendo aún más profundo en su error.

-Preocupaciones:

La vida moderna del ser humano está llena de situaciones estresantes. Las exigencias de la inmediatez en los trabajos generan que las personas vivan sometidas a una preocupación constante, tanto por lo que tienen que hacer, como por lo que creen que pudieron olvidar que debían hacer. A eso se añaden los inconvenientes incontrolables de toda labor, lo cual en general significa pérdida de recursos, tiempo y hasta el mismo trabajo. Vivir sumergido en esa vorágine y no salir a tiempo es un alterante del sueño. Las personas que se duermen junto a sus preocupaciones tienen altas probabilidades de tener un descanso poco placentero.

Eclesiastés 5: 3 (Nueva Versión Internacional):

«Quien mucho se preocupa tiene pesadillas, y quien mucho habla dice tonterías».

Traducción hebrea:

«Porque las pesadillas vienen por preocuparse mucho; y la voz de un necio está en la multitud de sus palabras».

Esas ansiedades cuando no son controladas pueden verse reflejadas en los sueños de manera fácil y crear un doble tormento. Cuando se está pasando por episodios de alto estrés en la vida es mejor descartar cualquier sueño que pueda involucrar esa situación. No es bueno dejarse dirigir por experiencias visionarias que se relacionen con esas preocupaciones, porque las probabilidades de que esté alterado son en realidad altas.

Recuerdo un sueño particular que tuve cuando empezaba a dar los primeros seminarios de *Laboratorio de sueños*. Fue corto y conciso, yo estaba ingresando a uno de los pasillos de esas bibliotecas antiguas, cuyos muebles son muy altos y están cargados de libros. Justo cuando iba pasando por medio del pasillo, todos los libros se me vinieron encima, dejándome sepultado bajo una montaña de papel. Frente a semejante impresión me desperté asustado, cuando entré en conciencia traté de buscarle alguna explicación a lo sucedido. Luego de varios segundos analizando el sueño recordé que durante esos días estuve intentando conseguir unos libros relacionados con el tema de la interpretación de los sueños y las visiones para ofrecérselos a los estudiantes. Había sido en verdad difícil encontrarlos, puesto que tuve que llamar a diversas librerías. Al instante en que este recuerdo vino a mi memoria me despreocupé y continué durmiendo. Supe de inmediato que aquel sueño era el reflejo de mi ansiedad por encontrar los títulos necesarios para ponerlos a disposición de los estudiantes.

Más tarde ese mismo día, analicé un poco más la experiencia, supe que no debía darle importancia al sueño, pero también aprendí algo. No tenía que seguir preocupándome por conseguir más libros de otros autores, yo tenía que escribir uno. Si bien esa experiencia no estaba diseñada para edificar mi vida, ya que era el resultado de mi angustia, yo pude usarla como una motivación y una señal de alerta. Fue suficiente esa experiencia para tomar la determinación de escribir el libro que hoy usted tiene entre sus manos. En otras palabras: «Sabemos que Dios hace que todas las cosas ayuden para bien a los que le aman, esto es, a los que son llamados conforme a su propósito». (Ro 8: 28).

Un sueño que sea el resultado del estrés debe ser desechado como un mensaje del Señor, aunque no por ello es inservible para nuestro crecimiento espiritual. Esa experiencia puede convertirse en una evidencia de lo que está arrastrando nuestra alma y de la cual debemos liberarnos. Nuestro Señor puede usar estas experiencias como una radiografía espiritual para ayudarnos a ver nuestra condición, con el fin de que hagamos cambios o tomemos decisiones.

También es cierto que algunas preocupaciones de la vida diaria son inevitables y hasta necesarias. El creyente nunca debe olvidar que Dios está en control de su vida y, a pesar de la adversidad, el Señor ha vencido por él. «En paz me acostaré y asimismo dormiré porque sólo tú, Jehová, me haces vivir confiado», (Sl 4: 8).

He llegado a comprender que gran parte del estrés que vivimos a diario, nace de la desconfianza en su poder. Cuando aprendemos a reposar, pero no solo por instantes, sino a vivir reposando en él, encontramos que nada puede robarnos su tranquilidad. Dios siempre está sentado en su trono de autoridad, tiene bajo su domino todo lo que sucede y no hay manera de que esto varíe.

Un consejo práctico para evitar que las preocupaciones invadan los sueños es mantener la práctica del devocional nocturno. Antes de ir a descansar, es muy importante que cada persona dedique tiempo a la oración, adoración o lectura de las Escrituras. Acostumbrar estas cosas ayuda al cuerpo a entrar en el proceso de reposo de una forma idónea y sensibiliza al espíritu de la persona para el tiempo que está por vivir. Cuando esta es una práctica regular, el cuerpo y la mente pueden concentrarse en otra cosa que no sea, con precisión, ese problema que causa la ansiedad. El sueño debe ser un tiempo de verdadero descanso, a pesar de que estemos pasando por una tribulación, porque al levantarse, la mente tendrá mayor lucidez para enfrentar la situación con la ayuda del Todopoderoso.

-Traumas:

Los traumas de cualquier tipo son graves alterantes de las visiones, pero en especial de los sueños. Después de que una persona ha vivido una situación difícil a nivel personal o familiar, esas experiencias quedan grabadas de forma inevitable en el inconsciente. Es normal que las reviva de manera repetida en diversas formas. Entre posibles traumas que alteran el sueño y podrían generar alucinaciones están los accidentes, las muertes repentinas o dolorosas, las violaciones sexuales, el maltrato físico o emocional (esto incluye asaltos o secuestros por ejemplo), el abandono de un ser querido (padre, madre, esposo, esposa, hermanos), enfermedades en extremo dolorosas, vivencias impactantes: (ser testigo de un asesinato, una violación, una guerra, un asalto), fuertes pérdidas económicas: (entregar la casa a un banco por no pagar la hipoteca, grandes deudas, despido inesperado) y el padecimiento de graves necesidades: (pasar hambre, carencias de hogar, vestido o trabajo para una vida digna).

Job, por ejemplo, fue un hombre que pasó por un trato muy fuerte, tanto en su alma como en su cuerpo. Además de padecer múltiples dolores físicos experimentó la pérdida de sus seres queridos, situaciones que lo llevaron a sufrir aún a través de sus sueños.

Job 7: 3-6, 13-16

Así yo he recibido meses de desengaño y noches de sufrimiento me tocaron en suerte. Cuando estoy acostado, digo: ¿Cuándo me levantaré? Mas la noche es larga y estoy lleno de inquietudes hasta el alba. Mi carne está vestida de gusanos y costras de polvo; mi piel hendida y abierta, supura. Mis días corren más veloces que la lanzadera del tejedor, y perecen sin esperanza. (…) Cuando digo: Mi lecho me consolará, mi cama aliviará mis quejas, entonces me atemorizas con sueños y me aterras con visiones. Por eso tuve por mejor ser estrangulado, y quise la muerte más que a mis huesos. ¡Aborrezco mi vida! No he de vivir para siempre; ¡déjame, pues, ya que mis días solo son vanidad!

El texto evidencia con claridad cómo Job buscaba durante su descanso un reposo de sus aflicciones naturales. Aún en contra de sus deseos, durante sus sueños le invadían recuerdos de todas las vicisitudes que atravesaba. Ni aún dormido su tormento cesaba, lo cual demuestra que aún en el reposo del cuerpo se pueden ver reflejados los traumas.

Es normal que, como consecuencia de una herida emocional, la persona entre en grave aflicción de su alma. Perder algo que se ama como la salud, un ser querido, el sustento de la familia, la casa, conlleva a un proceso de luto y renuncia, que no a todos les es fácil sobrellevar. Hay personas que necesitarán días, otros meses y algunos hasta años para olvidar y recibir sanidad por causa de lo sucedido. En el transcurso de ese proceso, donde se entierran los recuerdos, es importante considerar que el trauma estará presente en la memoria, siendo recordado con frecuencia, tanto a través de posibles alucinaciones como de pesadillas. Por tal razón, no se pueden tener como divinas estas vivencias, sino como el resultado de la herida que aún no se ha cerrado.

Dentro del mismo orden de cosas, merecen una mención especial los traumas profundos como las violaciones, los asesinatos brutales o las torturas, los cuales marcaran de por vida. Eso no significa que el Espíritu Santo sea incapaz de traer una plena libertad sobre lo sucedido. Es más, una de las máximas evidencias de que la sanidad genuina ha llegado al alma, sucede cuando la víctima puede tener experiencias sobrenaturales con Dios, como lo pueden ser los sueños y las visiones del Espíritu.

Comparo esta situación con la primera apertura de una llave de agua en una casa recién construida. En el transcurso de la edificación, mucha basura pudo quedar dentro de la tubería, como restos de cemento y tierra. Al abrir por primera vez la llave hay que permitir que el agua salga durante varios minutos con todos esos desechos, que pueden estar escondidos en la instalación. La evidencia de que ya la basura salió por completo es cuando el agua sale clara. Si alguien tiene agua limpia (sueños y visiones de Dios) brotando de su espíritu se demuestra que la herida ha cicatrizado y ha dado comienzo a una nueva etapa en su vida.

En estas situaciones se recomienda descartar o al menos ser muy cauteloso en valorar un sueño donde aparezcan elementos, circunstancias o personas que hagan referencia directa al trauma sufrido. Por ejemplo, es bastante frecuente que luego de la partida de algún familiar, los allegados sueñen con él o ella, lo cual no significa que esa persona se está manifestando después de su fallecimiento (siendo esto antibíblico), sino que los afectos y recuerdos están haciendo ebullición en el inconsciente. Cuando estas circunstancias se presentan es preferible orar con intensidad antes de considerar la experiencia de Dios, ya que las posibilidades de que lo sean son realmente bajas.

-Sentimientos y deseos.

Las emociones son uno de los alterantes más peligrosos de los sueños y las visiones, ya que estas operan de una forma muy sutil en la mente. De manera inconsciente, los sentimientos y los deseos engañan a la gente haciéndoles creer que lo que tuvieron fue una experiencia divina o una confirmación celestial (ya que sueñan con lo mismo que quieren), cuando realmente es solo un reflejo de lo que anhela su alma.

Los sentimientos son en realidad muy engañosos y en especial con lo que respecta a los sueños. Si bien la Palabra no apunta de manera precisa a que todos los sueños sean deseos reprimidos, la ciencia y en especial el sicoanálisis ha logrado albergar esa hipótesis. Eso enseña que no es descartable que mucha gente inmadura espiritualmente sueñe con elementos, que reflejen sus deseos o sus sentimientos escondidos. El rey David da una pequeña muestra del grave efecto que tienen las aflicciones del alma en lo que respecta al descanso.

Salmos 13: 2- 3

«¿Hasta cuándo tendré conflictos en mi alma, con angustias en mi corazón cada día? ¿Hasta cuándo será enaltecido mi enemigo sobre mí? Mira, respóndeme, Jehová, Dios mío; alumbra mis ojos, para que no duerma de muerte».

Al leer el ejemplo anterior, se concluye que todo soñador necesita discernir entre lo que viene del Espíritu Santo y lo que esté manando de su propia fuente. Anhelos del corazón como un carro nuevo, una casa lujosa, un casamiento o un buen trabajo son con frecuencia reflectados en los sueños de diversas maneras. Si una persona es incapaz de diferenciar entre los elementos emocionales y los espirituales de sus sueños, mostrará inmadurez a la hora de interpretarlos, por ello, es fundamental que busque una guía sabia, que le dé luz sobre sus experiencias.

Una mención especial en este rubro merece los sentimientos románticos. De forma creciente en el medio evangélico se ha venido fomentando una mezcla de conceptos en este campo, que han resultado a lo sumo perjudiciales para muchas familias. De modo lamentable, gran parte de estos desatinos procede de algunos predicadores, que teniendo la mejor de las intenciones, comparten sus experiencias personales. En ellas hacen creer a la audiencia la sobrenaturalidad de sus relaciones amorosas. Ese tipo de testimonios han colaborado a excitar la imaginación de muchas personas, quienes terminan idealizando su noviazgo, compromiso matrimonial o boda. Importantes ministros cuentan sus historias sentimentales sin nada que envidiarles a las películas norteamericanas por el sinfín de maravillas que los unieron. Describen de manera teatral cómo conocieron a «la mujer o el hombre escogida o escogido por Dios para ellos». Historias más asociadas a fantasías medievales, que a la realidad en la que está envuelta la mayoría. Si bien nadie puede cuestionar la veracidad de sus testimonios, es peligroso cuando se considera esto una regla que aplica para todos.

Hoy en las iglesias se encuentran no pocas damas y caballeros esperando que el Señor «revele» quién será su compañero o compañera de vida. Aunque en ocasiones es notorio que esa retórica solo intenta excusar la falta de determinación para abandonar la soltería, también se encuentran quienes en realidad están afectados por la doctrina del «matrimonio soñado». Hay quienes pierden años valiosos de su juventud, literalmente, esperando que un profeta, ángel o manifestación divina indique quién es él o la escogida por Dios para sus vidas. Ante semejante esperanza no es difícil verse seducido por experiencias visionarias que reflejan las pasiones almáticas, pero que revestidas de un manto profético pueden convertirse en armas muy apropiadas para manipular.

Dentro de esta doctrina mistificadora del matrimonio, hay quienes llegan al punto de perder la cordura gracias a un sueño donde se supone que se les confirma o revela que su matrimonio deberá realizarse con una persona en específico, aun cuando ese sentimiento no es correspondido. Para lograr justificar y alimentar aquello, espiritualizan sus emociones carnales. De manera dolorosa, con estas actitudes lo que en verdad crean son mundos ficticios en sus cabezas, que en algunos casos llegan a tener ribetes de locura.

La realidad muestra que la escogencia de un esposo o esposa no pasa por una revelación divina de forma necesaria. Si bien hay muchos que pretenderán mistificar este importante paso en la vida, es claro que la escogencia de una pareja está relacionada con un tema del libre albedrío. Es por ello que deben tratarse con mucho cuidado los sueños que involucren sentimientos románticos o de atracción física, los cuales, por lo general, son falsos en el sentido espiritual. El deseo carnal no pude espiritualizarse, por más mundano que parezca, todos los seres humanos, sin importar su llamado ministerial, tienen impulsos de atracción natural hacia el otro sexo, que se reflejan con facilidad dentro de los sueños. En el libro poético de Cantares se evidencia cómo la atracción hacia una persona puede provocar reacciones emocionales y al mismo tiempo sufrir perturbación durante el descanso.

Cantares 3: 1- 4

Por las noches busqué en mi lecho al amado de mi alma; lo busqué, mas no lo hallé. Pensé entonces: Me levantaré, recorreré la ciudad, y por calles y plazas buscaré al amado de mi alma. Lo busqué, mas no lo hallé. Me hallaron los guardias que rondan la ciudad, y les pregunté: ¿Habéis visto al amado de mi alma? Apenas me aparté de ellos un poco, hallé al amado de mi alma; me así a él, y no lo dejé hasta llevarlo a casa de mi madre, a la habitación de quien me dio a luz.

Cuando se siente atracción física o romántica hacia una persona, sea o no correspondido ese sentimiento, es probable que se exprese en los sueños, y no con necesidad sea la voluntad de Dios revelada. Lo más recomendable es descartarlos, porque asumirlos cómo una confirmación podría llevar perfectamente al error, o en su defecto, crear obsesión a pesar de que la emoción no sea correspondida. Es mejor aprender a crear relaciones de noviazgo o matrimonio saludables fundamentados en el respeto, la confianza y por supuesto en la mutua atracción física.

De igual forma, se debe ser cauteloso con los sueños que involucren personas hacia las cuales hay un resentimiento o un odio escondido como, por ejemplo, maridos infieles, amantes que hayan enamorado al ser querido o personas que hayan afectado la vida del soñador de alguna manera, ya sean en el campo financiero, laboral o ministerial.

No hay que olvidar que los sueños genuinos del Señor son dados para ministrar el espíritu, no las emociones ni alimentar falsas esperanzas u odios. El sueño es por excelencia un tiempo donde el Eterno hablará desde el Espíritu hacia el espíritu, por lo tanto, todo aquello que no muestre esta verdad carecerá de fundamento.

-Sustancias alterantes de la conciencia:

La humanidad ha creado todo tipo de estimulantes, algunos de ellos provenientes de la naturaleza y otros por modernidad creados en laboratorios científicos. Si bien en los tiempos que se escribió la Biblia ni si quiera existían muchos de ellos, es incuestionable que cualquier producto que altere la conciencia de una persona puede ser un obstáculo para las vivencias genuinas del Espíritu Santo.

Por ejemplo, en los días bíblicos era frecuente el uso del vino y la sidra como acompañantes saludables de las comidas y por su capacidad de preservación eran frecuentes en las mesas hebreas, que por aquellos días no tenían ningún tipo de refrigeración. A pesar de ello, el Señor igual advirtió que el abuso de ellas podía afectar de gravedad las manifestaciones proféticas.

Isaías 28: 7

«Pero también estos erraron por el vino y por la sidra se entontecieron; el sacerdote y el profeta erraron por la sidra, fueron trastornados por el vino; se aturdieron con la sidra, erraron en la visión, titubearon en el juicio».

El Espíritu de Dios les hace una clara advertencia a los videntes sobre cómo el abuso del alcohol podía afectar de manera significativa su don para percibir el mundo sobrenatural. Cualquier persona a la que le haya tocado convivir con un alcohólico sabe que uno de los síntomas del estado etílico son las alucinaciones. No es raro ver a personas ebrias en la calle, hablando solas o haciendo referencia a cosas extrañas que vieron u oyeron, lo cual evidencia cómo ciertas sustancias son capaces de incidir de forma directa sobre cualquier experiencia.

Al consumo de bebidas espirituosas, en la actualidad, se le han unido toda serie de sustancias alterantes de la conciencia, tanto legales como ilegales, que al igual que el alcohol pueden restarles genuinidad a los sueños, pero en especial a las visiones. Estudios científicos han demostrado cómo diversas drogas pueden ser causantes de alucinaciones, lo cual deslegitimaría, en lo absoluto, un supuesto mensaje divino entregado por esta vía. Una vez más entra en juego el principio que señala que toda manifestación del Espíritu Santo debe ser espontánea y no inducida. Un individuo que consume de manera adictiva narcóticos, lo hace en específico por la sensación que le provocan. Por tal razón, aunque se trate de validar las experiencias provocadas por una sustancia alterante de la conciencia, la propia naturaleza del cuerpo demuestra que es un burdo engaño.

Existen sectas, algunas más conocidas que otras, donde las plantas de marihuana o de coca son parte de sus ritos sacramentales. Son usadas durante sus ceremonias para estimular a los seguidores y aún hasta los líderes religiosos. Ante un panorama semejante es prácticamente impredecible saber lo que ocurre durante sus reuniones, que pueden ir desde grandes orgías hasta enseñanzas demenciales. Bajo la influencia de sustancias alterantes de la conciencia nadie puede dar garantía de nada, porque se pierde el uso de la razón. No puede ser válido entonces para un hijo de Dios mezclar cualquier droga con sus experiencias visionarias.

Ante esta realidad tan contundente deben descartarse todas las visiones o sueños, donde la persona haya ingerido cualquier tipo de medicamento que provoque alucinaciones, interfiera con el sueño o adormezca. Bajo la misma línea de pensamiento deben desecharse también las experiencias visionarias que un individuo haya experimentado mientras esté drogado, con cualquier tipo de sustancia ilegal como la mariguana, heroína, éxtasis, crack o cocaína, por ejemplo. También es importante añadir que existe otra lista de drogas toleradas o legales, que en muchos casos su abuso genera también los mismos efectos que las anteriores. Entre esas drogas legales están: el alcohol, el tabaco, el café, las bebidas energizantes y diversas variedades de té.

Con lo anterior se destaca que el creyente necesita revisar su vida con cuidad para valorar si cotidiana o de forma esporádica ingiere sustancias que alteren su conciencia, y, por lo tanto, también sus sueños o visiones. Es trascendental que los creyentes analicen muchos elementos que no son con necesidad espirituales, los cuales podrían estar afectando con gravedad la comunicación con el Espíritu Santo mediante visiones y sueños. Si en realidad se desea tener experiencias genuinas de parte del Señor hay que ser vasos limpios. Realice un análisis a conciencia de todas las áreas de su vida, con el fin de encontrar cualquier posible alterador de los sueños, si no lo encuentra gócese, pero si lo halla, haga lo posible para eliminarlo de su vida.

-Demasiados sueños:

Un material como este libro podría sobreexcitar la imaginación del lector, aunque ese no sea el fin. No soy ajeno al hecho de que estudiar sobre el tema podría estimular las experiencias oníricas, ante lo cual es indispensable guardar un balance. No podemos pretender recibir sueños de revelación todas las noches ni visiones diarias. El tema hay que contemplarlo en su justa dimensión. Es necesario permanecer receptivo a las experiencias del Espíritu, mas sin abusos.

La repetida frase: «todo en exceso es malo» aplica también para este caso. Si bien la ausencia absoluta de los sueños refleja posibles traumas del pasado o experiencias negativas con pesadillas y el no recordarlos alerta de la necesidad de apercibir el espíritu, los muchos sueños son síntoma de egocentrismo.

Eclesiastés 5: 7

«Pues, donde abundan los sueños, abundan también las vanidades y las muchas palabras. Pero tú, teme a Dios».

No es bueno volverse un amante de los sueños. Así como muchos hoy buscan ángeles, ídolos o intermediarios humanos para escuchar a Dios, podría haber quienes pretendan internarse en las profundidades del sueño para encontrar las respuestas que necesitan. Ante eso no está de más señalar el grave perjuicio espiritual que esto conlleva. La relación con el Señor debe ser directa y considerar los sueños o cualquier otra experiencia una añadidura de aquello, no más.

Vale la pena recordar que en la actualidad el ocultismo promueve el control de los sueños a través de la inducción.

Forzar esas experiencias puede causar una adicción bastante fuerte. Se sabe que han llegado a tal grado, que durante horas la gente permanece en su cama, sumergido en una burbuja creada por su imaginación. Resulta innecesario abordar los múltiples conflictos que eso le acarrea a alguien en su vida cotidiana. Todo queda zanjado cuando nos abocamos a señalar lo que dicen las Escrituras.

«La pereza hace caer en profundo sueño y la persona negligente padecerá hambre». (Pr 19: 15).

La vida cristiana a pesar de contener hermosas experiencias sobrenaturales, no promueve vivir dentro de un globo de fantasía. El cristianismo ideal es aquel que guarda un balance entre todas las áreas de la persona: cuerpo, alma y espíritu. Atentar contra cualquiera de ellas o caer en excesos solo provocará una perversión antibíblica. «No ames el sueño, para no empobrecerte; abre tus ojos y te saciarás de pan». (Pr 20: 13). No hay duda de que luego de escudriñar este material algunos lectores serán introducidos por el Espíritu dentro del don de los sueños divinos, aunque también habrá quienes tendrán una disminución significativa de estos al darse cuenta de que muchos de ellos no tienen asidero espiritual, sino carnal o del alma. No se angustie si esto último es lo que le sucede, ya que este don maravilloso no tiene relación alguna con la gran cantidad de experiencias, sino con la asertividad de las mismas. Si se considera alguien que sueña demasiado pídale en oración al Espíritu Santo que cuele esas manifestaciones para que le queden tan solo las que proceden de él.

-Televisión – medios audiovisuales.

La televisión es uno de los inventos más populares del siglo pasado y muy probable de los que lo continuará siendo en la primera parte del siglo presente. Aunque el Internet le ha relevado como el medio de comunicación masivo más importante, sigue siendo vital para una generación. En ella se pueden ver toda clase de imágenes, personas, objetos y animales. Sin lugar a dudas, la televisión ha colaborado de forma increíble al desarrollo de la imaginación de las sociedades modernas. El acceso a información visual es prácticamente infinito, algo que de otra manera sería imposible.

Este aparato fue tan importante para los hogares, como hoy lo son las computadoras personales y los teléfonos celulares. La gente consume mucho de su tiempo frente a uno de ellos aún más de lo que invierten estudiando o compartiendo con la familia.

Los medios audiovisuales son tan rutinarios dentro de las sociedades actuales que es difícil encontrar quién no los use durante al menos unos minutos en el transcurso de su día. Son tan populares que se han logrado colar en las habitaciones de miles y esto ha generado un fenómeno para el que el cuerpo humano no está diseñado: dormir con luz y ruido a su alrededor.

La fisiología humana está preparada para tener un tiempo de descanso diario en el cual las distracciones sensoriales se reducen al mínimo. La misma oscuridad de la noche predispone al cuerpo a limitar sus capacidades visuales, algo que con una televisión o computadora trabajando es imposible. Si bien muchos caen rendidos por el cansancio en las noches sin importar los ruidos o las luces a su alrededor, el reposo no es completo.

Está comprobado en el ámbito científico que esta costumbre desencadena afectaciones en la salud como, por ejemplo; calambres, grandes dolores musculares y hasta depresión. De manera lamentable, las múltiples preocupaciones diarias les impiden a muchos conciliar el sueño, ante lo que optan por dormirse con el aparato prendido. Según neurocientíficos a través del estímulo de la claridad o la oscuridad, se genera la liberación de hormonas y estas permiten al cuerpo realizar las funciones necesarias para mantener el equilibrio físico y mental.

El dormir frente a la luminiscencia de un televisor o la pantalla de un ordenador, el cuerpo recibe contraindicaciones, donde su organismo no producirá las sustancias necesarias para tener un sueño normal. Ante esa condición una persona será propensa a sufrir diversas clases de padecimientos como: somnolencia, irritabilidad, afección de la memoria, pérdida de la concentración, cansancio excesivo y menor productividad.

A estos inconvenientes físicos se añaden otros de carácter almático, que se ven reflejados ante la necesidad de dormir con luz en la habitación, ya que podría ser un mecanismo de defensa frente a la necesidad de una compañía. Esto de alguna forma podría estar evidenciando una sensación de soledad o un problema de relaciones interpersonales. Independiente de cuál sea el causante de este mal hábito, la espiral de problemas se podría ver agravada con la búsqueda sustancias somníferas, ya que, de forma fácil, estas se convierten en adicción.

Por último, aunque no menos importante, está el perjuicio espiritual. Como se ha citado con anterioridad, el espíritu de la persona permanece alerta mientras que el cuerpo descansa, por lo tanto, es fácil concluir que al estar el artefacto encendido mientras soñamos, este genere algún tipo de influencia sobre ellos. Al no tener control alguno sobre lo que aparece en la pantalla, el espíritu está expuesto a cualquier cosa, ya sea pornografía, películas de terror, imágenes chocantes o aún cosas espirituales que aparezcan.

Sin dudas, el sueño es una puerta abierta para el mundo sobrenatural y hacerlo con la computadora o el televisor encendido es semejante a dejar un hogar sin protección cuando se va de vacaciones. Al estar la mente en sus capacidades mínimas necesarias es casi imposible que esta impida la entrada de agentes nocivos para el espíritu, como sí sucede cuando se está despierto. Si bien con esto no se pretende satanizar a la televisión, como se hizo en el pasado dentro de la iglesia evangélica; sí es trascendental dejar de usarlo como compañía del sueño. Tanto por razones físicas como espirituales, la televisión tiene que quedarse afuera del descanso sin lugar a dudas.

-Necesidades fisiológicas:

A través del estudio de diversos casos presentados durante los Laboratorios de sueños, que he llevado a cabo en múltiples ciudades, he identificado cómo las necesidades fisiológicas pueden afectar de manera directa los sueños. Mediante el análisis de testimonios específicos he logrado encontrar dos variables donde las necesidades corporales inciden sobre las experiencias visionarias. La primera de ellas se da cuando alguien testifica haber orinado, obrado y vomitado durante el sueño. La segunda se relaciona con pesadillas que provocan que el soñador despierte para que este se levante con el fin de ir al baño, por ejemplo.

En el primer caso mencionado, hay que destacar que no existe registro bíblico que pueda respaldar una respuesta espiritual para un fenómeno semejante. Por el contrario, desde el punto de vista físico es por total comprensible que los sueños reflejen a modo de alerta la urgencia del cuerpo por evacuar. No vale la pena insistir en encontrarle un significado espiritual a las necesidades físicas manifestadas dentro de un sueño, lo más probable es que sean un síntoma corporal, y más aún si al despertar hay algún rastro de ello.

En el segundo rubro citado, las personas confiesan haber tenido sueños perturbadores, que les despiertan para luego sentir la urgencia de ir al sanitario. Rápido tienen que desplazarse aún aletargados por la exigencia de la situación. Ese tipo de experiencias, por lo general, demuestran que el propio cuerpo creó un mecanismo avizor, con el fin de despertar al individuo para que este realice sus necesidades corporales. En estos casos es mejor desconfiar de todo sueño que preceda una urgencia física, es bastante probable que la experiencia esté alterada. De esto se extrae la recomendación de siempre ir al baño antes de acostarse. Es saludable para el descanso que el cuerpo haya podido evacuar todo residuo de la alimentación diaria.

La misma Escritura nos enseña cómo una necesidad física puede trasladarse a los sueños, lo cual no representa un mensaje divino ni profético, es solo una reacción natural del organismo.

Isaías 29: 8a

«Será como cuando el que tiene hambre sueña, y he aquí está comiendo; pero cuando despierta, su estómago está vacío. Será como cuando el que tiene sed sueña, y he aquí está bebiendo; pero cuando despierta, se encuentra desfallecido, y su garganta está reseca».

Es frecuente que la confusión en estos casos se dé porque la vivencia (sueños o visiones) entremezcla diversas imágenes, donde no todo está relacionado con defecar, orinar, malestares estomacales, dolores de cabeza o vomitar. De ahí que la gente se confunda o crea que su sueño puede tener algún mensaje espiritual. Sin lugar a dudas, cuando un sueño contiene algunos de estos elementos es mejor ser cuidadoso a la hora de analizarlos, ya que las probabilidades de que esté relacionado con las necesidades del cuerpo son muy altas.

-La voluntad propia:

Existen personas que de forma voluntaria o involuntaria se han castrado la capacidad de soñar. Esto, por lo general, se presenta debido a dos factores esenciales: las malas experiencias sufridas durante los sueños o la incapacidad de comprenderlos. En el caso de las malas experiencias, como ya se ha demostrado antes, los traumas son en ocasiones causantes de pesadillas horribles y repetitivas, lo que provoca que el ser humano desee no tener estas experiencias y así detener el sufrimiento. Violaciones, accidentes, muertes repentinas o agresiones pueden aparecer una y otra vez en los sueños, por lo que es comprensible desear acabar con el suplicio de la revictimización. De manera lastimosa, en su ignorancia, quienes anhelan dejar de tener pesadillas terminan cortando los buenos frutos junto con la mala hierba. Como el ser humano no puede decidir qué va a suceder, mientras duerme termina suprimiendo, la mayoría de las veces de forma involuntaria, la capacidad de soñar cualquier cosa.

Este fenómeno puede llegar a prolongarse por muchos años de la vida adulta, aun hasta la muerte, a menos que la persona haga conciencia del perjuicio al que está sometiendo su vida al privarla de sueños. Lo mejor en estas situaciones es, por un lado, arrepentirse si es necesario; y por el otro, pedirle de forma expresa al Padre que haga regresar ese don que había sido cercenado por culpa de las emociones.

En el caso del segundo factor citado, la ignorancia para interpretarlos puede ser causante de que los sueños desaparezcan o no sean recordados con claridad. De igual manera, como en el fenómeno anterior la voluntad juega un papel fundamental, ya que de manera consciente o inconsciente se puede descartar un sueño por causa de que las experiencias personales anteriores indican que no sirven para nada.

«Las personas no saben que pueden tener esta manifestación en sus vidas, así que no la experimentan. Mucha gente no ha recibido un sueño de parte de Dios porque nunca se lo ha pedido», sentencia Benny Thomas en *Explorando e interpretando sueños.*

Cuando alguien con regularidad no entiende lo que sueña, va acumulando en su historial de la memoria una serie de reacciones negativas o de indiferencia hacia las propias experiencias. Es debido a ello que, con facilidad, se adquiere la costumbre de descartarlas, aún antes de tan siquiera analizarlas o de hacer un esfuerzo real por recordarlas. Esta conducta, en general, se va afianzando con el pasar de los años y es difícil que se revierta a menos de que haya una decisión consciente de la persona por cambiar la situación.

En estos casos es recomendable abandonar la apatía que puede provocar un sueño incomprensible y ejercer una disciplina constante para tratar de recordar los elementos que aparecen en los sueños hasta lograr clarificar la mayoría de los sucesos, palabras e imágenes de los mismos. Cuando se ignora un sueño por simple pereza podría parecer un pecado insignificante, pero que en la sumatoria de eventos termina anulando el don por completo.

Las Escrituras registran cómo en la antigüedad, el pueblo que se había apartado de la verdad procuraba que sus profetas no tuvieran experiencias visionarias de ningún tipo. La voluntad pecaminosa de ellos salía a flote para intentar impedir que el Espíritu del Señor los exhortara a través de estos medios, lo que demuestra que aún la mala relación con el Eterno puede ser una causante de que estas experiencias sean suprimidas de la vida de alguien.

Isaías 30: 9- 11

«Porque este pueblo es rebelde, son hijos mentirosos, hijos que no quisieron oír la ley de Jehová; que dicen a los videntes: No tengáis visiones, y a los profetas: No nos profeticéis la verdad, sino decidnos cosas halagüeñas, profetizad mentiras; dejad el camino, apartaos de la senda, quitad de nuestra presencia al Santo de Israel».

Es necesario que todo creyente haga un análisis serio y responsable de su situación. Considerar que no tener sueños o no recordarlos es algo normal, carece de fundamento bíblico. La palabra es clara y contundente en afirmar a través del profeta Joel, que una de las evidencias del derramamiento del Espíritu Santo son las visiones y los sueños. Lo contrario a ello es algo que debe llevar al cristiano a la meditación sobre la raíz de ese fenómeno, de ser necesario al arrepentimiento y, por último, a la oración para que el orden correcto sea reestablecido.

-Médiums:

Ha quedado muy claro cómo las Escrituras nos certifican la posibilidad de que un soñador necesite la asistencia de un intérprete correcto para entender sus experiencias, pero al mismo tiempo, estas nos advierten de que dicha tarea no puede realizarla cualquier persona. La palabra está llena de advertencias y graves castigos con respecto a las prácticas paganas de la adivinación, los oráculos y los falsos profetas.

Deuteronomio 18: 10- 11

«No sea hallado en ti quien haga pasar a su hijo o a su hija por el fuego, ni quien practique adivinación, ni agorero, ni sortílego, ni hechicero, ni encantador, ni adivino, ni mago, ni quien consulte a los muertos».

De forma contemporánea, las prácticas ocultistas en boga han acuñado toda clase de términos para describir a la gente que cumple con las mismas funciones paganas antes descritas, como, por ejemplo: médium, síquico espiritista, pitonisa o chamán. Toda persona cuya inspiración para interpretar un sueño o visión no sea el Espíritu Santo, es sin lugar a dudas, un mentiroso.

El creyente debe permanecer siempre apegado a las Escrituras para encontrar respuestas, apartarse a derecha o izquierda en ello hace que las personas, con facilidad, caigan en errores de interpretación. Aún la mezcla de conceptos culturales o supersticiosos junto a los principios que enseña la Biblia genera confusiones en ocasiones difíciles de clarificar. Muchas veces los incautos que caen en este error son atrapados al enfocarse más en la vivencia específica, que en la comunión con Dios. Son engañados al creer que la interpretación es el fin, mientras que el enfoque correcto enseña que la traducción de un mensaje divino codificado es solo un canal para guiarnos al conocimiento de la verdad.

En otros casos ocurre que la desesperación por vivir una situación de apremio o la falta de respuestas divinas ante circunstancia agobiantes puede orillar a quienes crecieron en un contexto de paganismo a buscar esas antiguas prácticas, como formas rápidas de respuesta. Un error que posteriormente cobra caras facturas, ya que se abren grandes puertas para la posesión demoniaca y las represalias diabólicas.

Isaías 47: 13- 14

Te has fatigado en tus muchos consejos. Comparezcan ahora y te defiendan los contempladores de los cielos, los que observan las estrellas, los que cuentan los meses, para pronosticar lo que vendrá sobre ti. He aquí que serán como el tamo; el fuego los quemará, no salvarán sus vidas del poder de la llama; no que dará brasa para calentarse ni lumbre a la que arrimarse.

Ante todo, ello, es recomendable que el único y permanente filtro para la interpretación de los sueños o las visiones sea la Biblia y los ministros llamados por el Señor para su obra. No es necesario apresurarse a buscar consejeros en cualquier parte, si estos no son siervos de Dios pueden causar mayores daños de los que trae un sueño sin interpretación. Pueden alterar cualquier posible traducción y afectar de modo significante las experiencias venideras, ya que gracias a su participación se le da espacio al infierno para intervenir en ellas. Perry Stone en su libro *Cómo interpretar los sueños y las visiones* plantea de forma clara la distinción entre un falso profeta y un vidente del Espíritu cuando expone que: «la diferencia es que el supuesto síquico (médium) te dirá lo que está en tu mente, ¡pero el hombre de Dios te dirá lo que está en la mente de Dios!». No se juegue ese chance, mantenga alejado a los médiums de su vida y de sus sueños.

-Alimentación:

Cada vez que desarrollo este tema no puede faltar la típica broma de: «Dime lo que comiste ayer y te diré lo que soñaste anoche». Es muy común que las personas relacionen sus experiencias nocturnas con su alimentación del día anterior, y de alguna forma tienen razón. Está demostrado científicamente cómo la ingesta de cierto tipo de comidas incide en el buen descanso y en los sueños que se tienen. Es inevitable que, al estar el organismo incómodo, las pesadillas reflejen esta insatisfacción. Si alguna comida ingerida a deshoras provoca un trabajo extra para el aparato digestivo es muy probable que este incida sobre el resto del cuerpo para hacerle ver que aquello no está funcionando de manera correcta. Este tipo de reacción natural podría ser visto como un mecanismo de defensa, donde nuestro propio organismo nos señala lo que le resulta saludable y lo que no.

Incuestionablemente, la alimentación influye en el dormir de igual forma como en todas nuestras actividades cotidianas. A pesar de que existen quienes testifican que logran comer cualquier cosa antes de dormir y no tener ningún tipo de problema durante la noche, son muchísimos más los que a una edad adulta comienzan a reconocer que es mejor variar la dieta de la cena si en realidad quieren descansar durante la noche. Bastante gente denuncia que, si come demasiado o cierto tipo de alimentos antes de acostarse, no logran disfrutar de un sueño reparador, duermen mal y se levantan con la sensación de no haber descansado bien o no lo suficiente. El sueño, como medio reparador, es en lo absoluto indispensable para estar bien durante todo el día, tanto física como mental. Clarifico entonces que en este rubro no pretendo referirme a un aspecto espiritual, sino más bien sobre la dieta y las costumbres alimenticias, las cuales no se pueden dejar de lado si se quiere tener una experiencia genuina del Espíritu.

No podemos obviar la gran importancia que Jehová le dio al tema de la dieta dentro de la ley de Moisés. A través de las Escrituras se encuentran infinidad de versos en el Antiguo Testamento, que señalan lo que un judío puede comer y lo que no. A pesar de que no se menciona ningún alimento relacionado con los sueños, es claro por otro lado, que una dieta saludable es parte de los intereses de nuestro Señor para nuestra vida. Ser responsables y aprovechar todo lo que la ciencia hoy ha descubierto nos ayudará a ganar la batalla en este campo.

Si termina siendo para usted imposible controlar estas áreas en su vida porque considera que no le afecta, es probable que con el pasar del tiempo, la mayoría de las noches, su cuerpo estará más enfocado en digerir los alimentos, que en percibir cualquier mensaje espiritual. Su espíritu será incapaz de estar alerta, puesto que su carne estará prevaleciendo durante la noche ante la necesidad de procesar la comida.

Existen diversos tipos de comidas que es mejor evitar antes de acostarse, no obstante, antes de señalarlas, es bueno mencionar que aún aquellas que son recomendables, no pueden consumirse en grandes cantidades. Las porciones deben ser mesuradas y entre más tarde sea es mejor comer menos. Esa regla siempre debe estar presente en su mente, en especial si es usted una persona de hábitos nocturnos.

Entre los alimentos que se recomienda no ingerir durante las noches se encuentran comidas que estimulan el sistema nervioso central; como el chocolate, que sin duda es delicioso, pero la tirosina que posee se convierte luego en dopamina, un estimulante que alerta e impide conciliar el sueño. También se encuentra el mate, el café o las bebidas gaseosas. Es importante recalcar que el café o cualquier bebida que contenga cafeína no es el líquido más recomendable antes de irse a dormir. La cafeína es un estimulante que elimina la somnolencia y nos pone alerta. En su lugar se recomienda tomar una taza caliente de leche con miel.

Junto a estos productos no recomendados se encuentran las comidas condimentadas con especias picantes, puesto que aumentan la temperatura corporal, sin contar que pueden dar problemas de reflujo gastroesofágico, provocando una digestión complicada con ardor y dolor de estómago. También existen alimentos que de manera indirecta alteran el sueño, como los alimentos flatulentos (legumbres), las comidas muy grasas o preparadas a base de ellas como, por ejemplo, las frituras. Dentro de ese mismo departamento entran los embutidos y la mayoría de los cortes de carne roja. La carne procesada o ahumada contiene proteínas y grasas que tardan mucho en ser digeridas, y esto puede provocar pesadez en el estómago y digestiones prolongadas. Las salchichas y los embutidos también contienen tiramina, un aminoácido que favorece la liberación de un neurotransmisor que activa el cerebro y nos mantiene alerta, como ya se mencionó.

El queso es otro de esos alimentos que no se debe consumir horas antes de acostarse. Contiene la misma tiramina que la carne y, por lo tanto, los mismos efectos, que en algunos casos puede derivarse en dolores de cabeza matutinos.

En caso de que la persona necesite levantarse durante la noche para ir a orinar con frecuencia es mejor no consumir bebidas durante la cena y evitar alimentos denominados diuréticos como los espárragos, el apio, la cebolla, la sandía, el melón, el perejil, el ajo y la berenjena.

Además, es válido señalar que cada organismo es distinto y debemos aprender a conocernos a nosotros mismos. Desde la infancia, cada individuo presenta ciertos patrones digestivos que se pueden mantener en la adultez o variar con el tiempo. Cada quien tiene y debe aprender a conocer el tipo de alimentos que no le sienta bien. Hay quienes se les dificultan digerir ciertas comidas (que no estén dentro de las mencionadas) y es mejor que no las coman durante la cena. En otros casos, las personas tienen lo que se conoce como intestino perezoso, o sea, su sistema digestivo es incapaz de procesar la comida con la misma rapidez que otros. Una realidad como esa condiciona de manera inevitable la dieta, en especial la de la noche.

Por otra parte, se pueden ubicar entre los alimentos que facilitan el sueño: los cereales como el arroz, la pasta, el pan, la avena o el maíz. Ciertas legumbres como lentejas, garbanzos y soja. Entre las verduras y hortalizas colaboradoras del descanso están las berenjenas, el apio, el tomate, los guisantes, la papa, el ajo, la lechuga o el aguacate. Son aconsejables las frutas como el banano, las ciruelas, los higos, el melón, y los dátiles. Los derivados de animales como la leche y la miel, así como la carne de pavo. También se recomienda incluir infusiones relajantes como el tilo o la manzanilla, por ejemplo.

Como creyentes no podemos perder de vista este aspecto, en especial, si Dios nos habla con regularidad a través de sueños. Buenas costumbres alimenticias antes de acostarnos nos garantizarán que la comida no se meterá dentro de ellos, dormiremos de forma reposada y si el Señor nos visita, nuestro espíritu estará dispuesto y alerta para ser sujeto de las revelaciones maravillosas que el Padre celestial desea mostrarnos. No permita que su alimentación sea un estorbo para la operación del Espíritu Santo en su vida, sea diligente, cambie sus hábitos y disfrute de su descanso.

-La confianza que raya en el orgullo:

En algún punto del viaje hacia la interpretación de los sueños es probable que lleguemos a sentirnos confiados en nuestra capacidad para descifrar enigmas, debido a la experiencia que hemos ido ganando. Esa seguridad en nosotros, que nace como un sentimiento positivo, puede llegar a convertirse en un orgullo desmedido si no se sabe regular. Por lo general, quienes comienzan a introducirse en estos temas al principio serán muy cuidadosos, pero luego cuando se obtiene cierta experiencia vienen los mayores problemas.

Benny Thomas en Explorando e interpretando sueños señala que:

El piloto más peligroso no es el que está comenzando a volar. El más peligroso es el que ha acumulado alrededor de cien horas de vuelo y es demasiado seguro de sí mismo. Muchas veces, él no tiene suficiente respeto por el tiempo o por la condición mecánica del avión, y toma riesgos innecesarios y peligrosos. Los creyentes que empiezan a escuchar de parte de Dios en sueños pueden también volverse demasiado confiados. No se vuelva orgulloso por su éxito inicial de interpretar sueños, y no tome riesgos innecesarios.

Debemos mantener la humildad, aunque el respaldo del Espíritu sea abrumador. Salir de ese perfil nos puede desencajar de tal forma que nos enrumbemos por el camino equivocado. Thomas agrega:

Los sueños pueden ser complejos por naturaleza. Al igual que al desarrollar la habilidad en una vocación, se comienza con lo básico y se aprende aspectos más complejos con el tiempo y la experiencia. Aunque el creyente más nuevo puede oír de parte de Dios en sueños, la habilidad y la destreza se desarrollan con el paso del tiempo. A medida que usted crezca en su entendimiento de los sueños Dios frecuentemente le dará sueños sencillos y gradualmente desarrollará su entendimiento de otros más complejos. Hay que gatear antes de poder caminar. Hay que caminar antes de poder correr.

El único antídoto frente a este posible alterador de los sueños es no confiarse demasiado. No demos las victorias por ganadas antes de entrar al campo de batalla. Nunca procure dar respuestas rápidas y simplistas a sus sueños o los del resto. Que su experiencia lo haga más precavido, no más impetuoso.

-Temor.

Dentro de los muchos sentimientos que un sueño puede transmitir hay uno en especial del cual debemos cuidarnos: el temor. Cuando este tipo de emoción embarga nuestro ser se pueden llegar a abrir puertas hacia el mundo espiritual. Darle cabida al temor alienta a los demonios a involucrarse en ese tormento para perpetuarlo luego en nuestra mente. Los espíritus malignos saben a la perfección que la mayoría de los traumas, que afectan la vida de la gente, comienzan cuando le damos espacio a esta emoción.

El temor puede nacer como algo infantil, pero si no se reprende a tiempo puede llegar a convertirse en un monstruo horrible y con raíces profundas en el alma. Se puede arraigar tan fuerte que hay quienes lo llegan a ver como algo con lo que se debe convivir a diario; una idea que no tiene asidero en las Escrituras. Así como hoy los restaurantes y espacios públicos se autopromocionan como «espacios libres del humo del tabaco», nuestros sueños deben estar libres de todo temor.

Las tramas de miedo, los personajes diabólicos y las persecuciones en los sueños pueden hacer temblar a cualquiera. No se deje atormentar por un sueño. Si le da lugar al temor o a la confusión, abrirá la puerta a estos espíritus inmundos. ¡Esa no es la voluntad de Dios! (…) Si usted sucumbe a esta forma de pensar, interferirá en su habilidad para escuchar a Dios. Aunque usted reciba un sueño como un aviso, su propósito es ayudarle, no confundirle ni asustarle, comenta Benny Thomas en su mencionado libro.

Es preciso el último punto señalado por el autor de *Explorando e interpretando sueños* del que debemos cuidarnos en especial. Hay quienes han tenido experiencias tan sobrecogedoras que el asombro producido, rápido se convierte en un terror desenfrenado. Si no sabemos controlar ese torbellino de sentimientos que se forma alrededor de un sueño vívido, por ejemplo, podemos terminar siendo incapaces de captar un mensaje de advertencia por culpa del temor. El Señor puede estar anunciando un diseño diabólico o alguna consecuencia del pecado que se avecina, mas eso no representa que de forma irremediable se cumplirá. Por lo general, cuando este tipo de mensajes viene a nuestra vida son para advertirnos a tiempo, enmendar la senda y ser librados del mal. Resulta entonces vital mantener la lucidez a la hora de interpretarlos y no dejarse llevar por las emociones.

Hay que mantener muy presente que: «Dios no es Dios de confusión, sino de paz». (I Cor 14: 33a), por lo tanto, no le podemos dar ningún espacio a lo que nos robe esa tranquilidad. Identifique la fuente del problema y séquela de raíz. No se haga de la vista gorda ni acostumbre a levantarse exaltado y temblando. Aprenda a controlarse, porque el temor puede ser el gran ladrón de sus sueños.

-Respuestas rápidas.

Interpretar una experiencia visionaria, visto desde una perspectiva profética, debe ser un proceso serio y responsable. Lograr entender a plenitud lo que un sueño divino dice es un tesoro invaluable para un creyente. Viene a ser como el abrir de un cofre repleto de joyas preciosas, que en ocasiones no se abre de forma instantánea. Hay experiencias que tomaran bastante tiempo en ser desveladas. Por tal razón, no se puede ser simplista a la hora de entender los símbolos que los componen.

No podemos intentar aplicarle respuestas rápidas a los símbolos mostrados en los sueños, como se acostumbra en ciertas culturas paganas. Hacer algo así, más allá de ser un acto irresponsable, puede rayar en lo esotérico. Hoy es frecuente encontrar en Internet listados de símbolos con sus respectivos significados, asemejándose mucho a un burdo horóscopo. No es raro darse cuenta de que dentro de algunos círculos algunas personas se dedican a relacionar los elementos simbólicos de un sueño con interpretaciones azarosas. Es común el empleo de esta dinámica entre adictos a los juegos de azar, donde los signos que aparecen en un sueño determinan cuál número debe jugarse. Otros, basados en interpretaciones populares, van al extremo de darle un significado completo a todo el sueño, solo por la aparición de un símbolo específico como, por ejemplo, cuando alguien asegura que soñarse con un muerto representa un matrimonio próximo.

En ocasiones los creyentes también caen en este tipo de trampas. Algunos se apropian de un diccionario profético donde aparece el significado de los números y los colores e intentan aplicar la misma fórmula en todos los casos. ¡Esa no es manera de interpretar sueños proféticamente! En mi caso, yo desarrollé el *Manual elementos proféticos* con el fin de complementar y facilitar el estudio de diversos símbolos aparecidos en las Escrituras. Nunca busqué crear esa herramienta para convertirla en una especie de horóscopo cristiano.

Un vidente maduro sabe que en el ámbito profético no se pueden utilizar reglas rígidas o esquemas estrictos, si bien es cierto que existen parámetros básicos, no se puede pretender convertirlos en leyes inamovibles. Benny Thomas en *Explorando e interpretando sueños* nos advierte sobre este mismo problema.

Tenga cuidado con la persona que siempre ofrece una respuesta rápida para el significado de los sueños. Aquellos que dan interpretaciones instantáneas casi siempre están equivocados en sus conclusiones. Cuídese de no llegar a conclusiones propias con respuestas simples y fáciles de los símbolos usados por el Espíritu Santo en un sueño. Aunque algunos sueños son más fáciles de interpretar que otros, nadie puede recibir interpretaciones rápidas para todos los sueños inmediatamente. Las interpretaciones con frecuencia requieren tiempo, además de requerir buscar y encontrar.

La principal repercusión que traen las respuestas rápidas a la hora de descodificar sueños es la confusión posterior que generan. Viene a ser como colocar una pieza de rompecabezas en el sitio incorrecto y a partir de ella intentar armar el resto del puzle. Si comenzamos mal o adoptamos un significado falso como correcto desde el inicio, todo lo demás de manera inevitable se alterará. Con frecuencia, atiendo personas que partieron de una respuesta rápida, que alguien les dio en la calle, y eso los ha llevado a divagar por un sinnúmero de significados sin dar en el blanco. No permita que sea usted otra víctima más de estos engaños.

Hasta donde esté a su alcance, no preste atención a esta clase de palabrerías y si le toca oírlas de manera forzosa, haga lo posible por desecharlas de su mente con rapidez. Quizá sean acertadas, aunque lo más probable es que no, no obstante, es preferible hacer las cosas de forma responsable y no acelerarse. Tenga siempre presente que el cristianismo fue diseñado para quienes están dispuestos a transitar por el camino largo y angosto, no por el fácil y ancho. Evite al máximo las respuestas rápidas y simplistas, no le serán de gran ayuda. Sueñe, pero manténgase despierto

Al haber desarrollado este seminario por tantos lugares, mi mayor preocupación son los excesos que cometerá la gente en el proceso de aprendizaje. La mayoría no pasará de ser víctima de errores irrelevantes y en algunos casos hasta infantiles, aun así, habrá una minoría que se verá en serio afectada por la iniquidad de sus corazones.

Este capítulo lo desarrollé porque siempre he considerado necesario enseñar de modo integral las cosas. Está escrito a manera de advertencia para que los lectores, que en realidad tienen una voluntad enseñable, se aperciban de los múltiples peligros a los que se enfrentarán. No por ello hay que suspender el viaje, solo hay que llevarlo a cabo con las herramientas y las precauciones debidas.

Si usted es de esa extensa mayoría, que en verdad quiere conocer las profundidades del mundo de los sueños divinos, siéntase en libertad de equivocarse. Nunca vamos a estar exentos de ello. Eso sí, póngase el salvavidas para que no corra peligro. Haga todo siempre en orden y bajo sujeción de sus autoridades. Le garantizo que no pasará de ser un susto a causa de las turbulencias.

Por otro lado, si es usted de la gente que este capítulo le resultó innecesario y no le gusta seguir las indicaciones, tenga usted también libertad de moverse a placer. Con o sin las advertencias debidas, usted hará lo que le venga en gana, por tal razón, en cuanto guste puede abrir la escotilla del avión para lanzarse. Eso sí no le garantizo que el paracaídas se le abra. ¡Buen viaje a todos!

CAPÍTULO XIV
Aflicciones del sueño

A través de los pasajes de las Escrituras se nos advierten de las posibles aflicciones del sueño que podríamos experimentar y sus razones. En evidencia y de acuerdo a la misma palabra, no todo lo que se relaciona con los sueños es positivo. A pesar de eso, basaremos el siguiente análisis en el principio de que Dios desea nuestro reposo cuando dormimos y que tengamos sueños placenteros, aun siendo revelaciones espirituales.

Isaías 57: 2b

«Descansarán en sus lechos todos los que andan delante de Dios».

De manera lamentable, en reiteradas ocasiones estas experiencias en lugar de ser placenteras o reveladoras se convierten en un dolor de cabeza, que puede prolongarse por una sola noche o a través de los años. Es por ello importante estudiar también esta otra parte de los sueños, lo que podríamos denominar como: «el lado oscuro de los sueños». Si bien no se puede describir con detalle todos los problemas médicos, que hoy se han identificado con respecto al descanso, hay varios de ellos que podemos estudiar a la luz de la palabra.

Durante los próximos párrafos analizaremos algunos, con el único fin de traer sanidad a quien los esté sufriendo. Si usted padece cualquiera de ellos, no adopte una actitud hermética ni se indisponga cuando alguna de las características descritas no coincida de manera exacta con su situación. La tozudez nunca será un buen aliado para resolver este tipo de conflictos. No es raro encontrar personas que frente a la posibilidad de estar viviendo un problema espiritual prefieren aferrarse a una explicación científica, aunque resulte evidente que la medicina no les resolverá su situación, solo les brindará alternativas paliativas.

Lo mejor que usted puede hacer antes de leer este capítulo es presentarse en oración delante del Padre celestial para que sea él quien escudriñe en lo profundo de su corazón y le revele cuál es la raíz del problema, que por supuesto, tampoco podemos descartar que sea de índole físico. Sea humilde y reconozca sus limitaciones delante del trono de la gracia, así como este autor de antemano le reconoce las suyas para que no se engañe creyendo que va a leer la verdad absoluta sobre sus problemas. Si siente una confirmación del Espíritu Santo mientras lee, busque la solución en su presencia; y si, por el contrario, no cree que las alternativas planteadas le resuelvan algo, explore otras posibilidades de mano de la prudencia y el sano juicio. El tormento del sueño: las pesadillas.

Dentro de esas distintas aflicciones que nos registra la Biblia encontramos una que en su mayoría todos las hemos vivido alguna vez, son las pesadillas. Una de las particularidades de este tipo de experiencias es que a pesar de que la persona duerme, su ritmo y presión cardíaca aumentan, en ciertos casos como si en realidad corrieran una maratón. Es tanta la impresión que pueden producir estos sueños, que las personas se despiertan sobresaltadas y en ocasiones hasta les cuesta respirar. No falta quien testifique que alguna vez gritó, lanzó un golpe o una patada al aire estando en la cama, puesto que en su mayoría las pesadillas son bastante envolventes. El cuerpo literalmente actúa como si el individuo estuviera despierto. Por causa de estas características, las pesadillas llegan a representar verdaderos tormentos cuando se repiten de modo constante. Hay quienes no pueden descansar por las noches, culpa de las constantes pesadillas que sufren.

Los estudiosos en este campo aseguran que las pesadillas recurrentes se presentan en individuos cuya personalidad se caracterizada por la ansiedad, la inseguridad o el nerviosismo. Los resultados científicos han demostrado que la mayoría de la gente que tiene pesadillas regulares ha tenido una historia familiar con problemas psiquiátricos, experiencias con drogas, personas que han contemplado el suicidio, y/o han pasado por relaciones tormentosas, claro está que estas opciones no contemplan las aflicciones espirituales. Estos sueños malos son una pista que el inconsciente transmite sobre posibles temores que no han sido reconocidos y confrontados, según los expertos.

Frente a todo esto, es bueno aprender a distinguir las tres fuentes potenciales de las pesadillas. El primer tipo es aquella que el diablo provoca para atormentar a la persona; la segunda, proviene de la propia humanidad, ya sea del alma o la carne; y, en último lugar, se encuentran aquellos sueños provenientes de Dios cuyo asombroso contenido podría ser confundido por el soñador con una pesadilla.

Al estudiar las pesadillas provocadas por el diablo, primero debemos entender que estas tienen lugar cuando existe algún grado de posesión demoniaca o al menos algún nivel de autoridad sobre la persona. Es impensable que un creyente en verdad consagrado y que haya pasado por un proceso de liberación genuina pueda tener como fuente de sus sueños a Satanás. Si bien es cierto que el enemigo puede afectar de forma externa las vidas, luego de que alguien ha sido libre ya no hay licencia para provocar ese tormento interno, puesto que la casa no está vacía, sino que Jesús mora en ella.

Cuando una persona está poseída por un demonio es común que el espíritu maligno aproveche su descanso para atormentarlo, puede hacerlo mediante imágenes horribles o violentas. En ocasiones también le recuerda episodios dolorosos de su pasado o el momento donde abrió una puerta para darle cabida a Satanás en su vida. Con bastante frecuencia, las pesadillas a través del tiempo mutan hasta resumirse en persecuciones interminables o sensaciones de ahogo. Existen casos documentados de quienes al despertar amanecen con rasguños o golpes inexplicables, lo cual refleja no solo la influencia de un demonio, sino una posesión severa. Es evidente que al mencionar estos últimos casos no me estoy refiriendo a situaciones esporádicas, sino frecuentes y, además, carentes de sentido. Este tipo de comportamiento podría tener un paralelo con el caso del joven que estaba poseído por el espíritu sordo y mudo, el cual durante muchos años buscó matar al muchacho (Mr 9: 16-2). Demonios cuya misión no solo se reduce a una tortura mental, sino también física.

Por otra parte, están aquellas pesadillas que son producidas por espíritus a causa de una autoridad, que les ha sido delegada sobre el soñador. Estos casos se reflejan de manera especial en niños cuyos padres han practicado algún tipo de brujería, donde se les ha consagrado para los servicios ocultos. Progenitores que practican la Nueva Era, el gnosticismo, la idolatría o la hechicería, de forma simultánea les abren los portillos de su casa a los demonios para que operen con libertad en la vida de sus hijos. No existe ninguna posibilidad de que una madre o un padre que haya cometido prácticas paganas puedan impedir que los espíritus malignos tomen autoridad sobre los miembros de su hogar.

Según lo expresa la misma palabra, el pecado de los padres alcanzará a su descendencia hasta la cuarta generación (Dt 5: 7-9). Es por esa causa que mucha gente recuerda que desde su infancia veía o soñaba con muertos con regularidad, movía objetos sin tocarlos o realizaba desdoblamientos de forma empírica. Todas estas manifestaciones, al presentarse en los niños, son evidencia del pecado de sus ancestros, puesto que con dificultad una criatura de corta edad podrá tener contacto natural con estas prácticas. A menos que los pequeños estén exponiéndose a películas o series de televisión, tan comunes por estos días, que retraten acciones diabólicas, desarrollen temas de hechicería, violencia extrema o de contenido sexual.

Resulta incuestionable que la única forma de solucionar este tipo de problemas, que pocas veces se reduce solo a pesadillas, es arrepentirse de pecado y recibir a Jesucristo en el corazón. Él es el único capaz de liberar a quien está poseído por espíritus inmundos. Es gracias a su sacrificio en la cruz, que hoy tenemos potestad de hollar serpientes y escorpiones, los cuales representan con claridad a los demonios. Cuando Cristo habita en alguien, Satanás no tiene lugar para provocar sueños tormentosos. Es más, aunque no se haya sido responsable de abrirle la puerta al mundo de las tinieblas, el único escudo posible contra los ataques espirituales de este tipo es la fe en Jesucristo.

Efesios 6: 16

«Sobre todo, tomad el escudo de la fe, con que podáis apagar todos los dardos de fuego del maligno».

Haga hoy un análisis profundo de su vida, preséntese delante del Creador y ríndase por completo. Él, como dice la Palabra, tomará nuestras cargas y nos hará descansar, sin importar cuánto cansancio tenga por estar sufriendo este tipo de pesadillas (Mt 11: 28). Arrepiéntase de su maldad y aún la maldad de sus ancestros, le garantizo que esta sencilla fórmula le dará excelentes resultados.

A este rubro también se le debe agregar lo que Perry Stone en su libro *Cómo interpretar los sueños y visiones* denomina: «espíritus que gobiernan un territorio o región». Según plantea este autor, debido a su vasta experiencia como ministro itinerante ha logrado identificar los notorios cambios atmosféricos de índole espiritual, que se perciben sobre cada región. Cada vez que se trasladó de ciudad para predicar, podía percibir los cambios que existían en el mundo invisible y con ello también la influencia demoniaca que estaba sobre él, la cual en ocasiones también afectaba su descanso.

A veces esa opresión puede llegar a causar que la persona se despierte de noche y sienta un fuerte impulso hacia la oración. En otras, un ataque a la garganta podría ser la evidencia, como yo los he experimentado en viajes ministeriales. Es como si el principado que gobierna el territorio intentara hacernos sentir su presencia o someternos a su autoridad. Es oportuno señalar que estas situaciones no significan una posesión, sino más bien el anticipo de una batalla espiritual. Frente a una advertencia semejante es trascendental solicitar apoyo en oración de personas de confianza y contar con un equipo de respaldo intercesor que pueda ayudarnos a estar alerta de cualquier asechanza de Satanás y, sin duda, hay que tener muy presente que la guerra ya ha sido ganada por Cristo, por lo tanto, no existe razón para temer.

Cuando nos trasladamos al segundo tipo de fuente de las pesadillas mencionadas, encontraremos ciertas similitudes con las derivadas de la influencia satánica, puesto que las características de estos sueños son por lo general las mismas. La gran deferencia entre ambas se centra en la frecuencia y la intensidad. Una actividad constante de pesadillas o heridas autoinfringidas, por ejemplo, son demostraciones de una actividad demoniaca, más que otra cosa. Para determinar que una pesadilla proviene de nuestra propia humanidad, la podemos distinguir por sus dos vertientes posibles: el alma y la mente, las cuales a su vez son identificadas por los traumas y las preocupaciones al respecto.

Las situaciones traumáticas son parte de la vida de los mortales sobre la tierra. Como ya se mencionó con antelación, existen diversos tipos de ellas. Cada una de estas deja una marca en el alma, que es casi imborrable, a no ser que venga la intervención del Espíritu Santo. Esos daños, mientras no sean restaurados por el Señor, serán traídos a memoria mediante los sueños. Literalmente la persona es revictimizada. No siempre sucederá de una forma expresa, ya que en ocasiones el trauma se enmascarará. Por ejemplo, es en verdad frecuente que personas me pidan ayuda durante la impartición del seminario del *Laboratorio de sueños* por experiencias con cierto contenido sexual. En una gran cantidad de ocasiones, las pesadillas donde la persona es víctima de un fisgón o de palabras sucias son el resultado de algún tipo de abuso o violación sexual durante la infancia. No necesariamente aparece el rostro del agresor o el acto abusivo que se sufrió, puesto que la mente tratará de suprimirlo, pero el alma al no encontrarse sana lo termina reflejando de forma distinta.

El caso de Job, que ya fue citado en un capítulo anterior, es la mejor evidencia de lo que estamos expresando. Este varón valiente antes de ser restaurado por el Señor, experimentó toda clase de vicisitudes, que lejos de ser trivialidades fueron situaciones en realidad traumáticas. Sufrió toda clase de pérdidas: seres queridos, patrimonio, tierra y hasta la salud. Esa serie de calamidades lo llevaron a creer que al menos encontraría descanso en sus sueños, pero no fue así.

Job 7: 13-15 (Versión Kadosh):

«Cuando pienso que mi cama me confortará, que mi sofá aliviará mi queja, entonces me aterrorizas con sueños y me atemorizas con visiones. Prefiero ser estrangulado; la muerte sería mejor que estos huesos míos».

Es notorio que el cúmulo de traumas terminó afectando los sueños de Job con pesadillas. Él no estaba endemoniado ni tenía un pecado oculto del cual arrepentirse, por el contrario, fue por causa de su integridad que Satanás buscó zarandearlo. Esas pruebas tuvieron como consecuencia una serie de pesadillas de las cuales solo el Señor podría librarlo. Esa sanidad interior, que solo el Espíritu Santo puede darnos, es indispensable para no ser víctimas de este tipo de experiencias.

Con respecto a las preocupaciones, podemos señalar que son el resultado de una exacerbada inquietud por el futuro. Estar demasiado inquietos por resolver los problemas de la cotidianidad termina desembocando en pesadillas, que en realidad no son más que el reflejo de nuestras ansiedades. Soñar con las preocupaciones no tiene ningún mensaje profético, como lo vimos en el capítulo sobre los alterantes, debemos descartar ese tipo de experiencias relacionadas con la mente. Estar enfocados demasiado tiempo en una tarea o en resolver algún conflicto, genera que con facilidad esto irrumpa en el sueño, perturbándolo. La Escritura es contundente en señalar que aquella persona que se preocupa en exceso durante su vida diaria terminará teniendo pesadillas con ello (Ec 5: 3).

Para librarse de estos sueños provocados por las ansiedades y los traumas, el apóstol Pablo nos entrega una fórmula interesante:

I Tesalonicenses 5: 6-10 (Biblia de las Américas):

Por tanto, no durmamos como los demás, sino estemos alerta y seamos sobrios. Porque los que duermen, de noche duermen, y los que se emborrachan, de noche se emborrachan. Pero puesto que nosotros somos del día, seamos sobrios, habiéndonos puesto la coraza de la fe y del amor, y por yelmo la esperanza de la salvación. Porque no nos ha destinado Dios para ira, sino para obtener salvación por medio de nuestro Señor Jesucristo, que murió por nosotros, para que ya sea que estemos despiertos o dormidos, vivamos juntamente con él.

De forma curiosa, en este texto relacionado al sueño, Pablo solo señala dos partes de la armadura (Ef 6: 13-17) el yelmo, que cubre la cabeza y representa también la mente y la coraza, la cual protege el pecho y podría significar el alma. En sencillas palabras, se nos está apercibiendo de la necesidad de que antes de acostarnos nos protejamos de manera simbólica en las áreas que somos más sensibles mientras dormimos. No podemos ignorar esta advertencia del apóstol de los gentiles sobre la importancia de no descansar como el resto. Hay que ser conscientes de la importancia de resguardarnos mediante la oración en estas partes sensibles de nuestro ser para impedir que las pesadillas continúen.

Por último, en este rubro hablamos de los casos donde la persona tiene experiencias tan asombrosas de parte de Dios, que puede llegar a confundirlas con sueños malos. Quizás esta sea la excepción dentro de la regla para las pesadillas, ya que la mayoría de las veces que proferimos esa palabra con nuestra boca, lo hacemos para referirnos a algo negativo o que no nos agradó durante la noche. A pesar de ello, existen en la Biblia experiencias dadas de tal forma que dejan a los soñadores o videntes pasmados en lo absoluto. Sus espíritus son compungidos y sus mentes confundidas por la grandeza de la revelación que han recibido. Frente a esta clase de situaciones, una persona inmadura puede terminar creyendo que lo vivido es una pesadilla, cuando en realidad es una revelación divina.

La mejor representación de este tipo de situaciones la vemos reflejada en la historia del profeta Daniel, quien estuvo siendo impartido por el Espíritu para darle a conocer los acontecimientos de los últimos tiempos. Dejando de lado todo el legado profético maravilloso que el Señor le entregó, sus expresiones por lo sucedido no son para nada alegres ni tan siquiera positivas.

Daniel 7: 15, 28

A mí, Daniel, se me turbó el espíritu hasta lo más hondo de mi ser, y las visiones de mi cabeza me asombraron. (…) En cuanto a mí, Daniel, mis pensamientos me turbaron y mi rostro se demudó; pero guardé el asunto en mi corazón.

Lo que había presenciado el profeta, sin duda, no era cualquier cosa, él había sido testigo de una visión-sueño sobrenatural, la cual lo dejó bajo un estado de meditación muy profunda. Él a duras penas podía asimilarlo todo, ya que su entendimiento y espíritu habían sido estremecidos. A través de expresiones como «miraba las visiones de la noche, y he aquí una cuarta bestia terrible y espantosa». (Dn 7: 7), a lo cual se le une en los versos posteriores una descripción, donde se detalla que aquella criatura tenía cuernos con ojos y una actitud arrogante, no cabe duda de que Daniel fue testigo de algo monstruoso, que en su mente no tenía parangón.

Luego de leer todos los pormenores, quizá resulte difícil diferenciar una revelación divina como esta de una pesadilla. Al estudiar de manera profunda al profeta Daniel, nos damos cuenta de una constante: «el siguió mirando». A pesar de lo sobrecogedora que le resultaba la visión-sueño, el vidente continuó observando cada cosa que sucedía. Como ya lo he planteado antes. Al dormir o reposar, nuestro espíritu continúa alerta, por lo tanto, Daniel se aprovechó de esa condición para continuar captando la información que recibía, a pesar de que en ese instante le resultara desagradable. No se dejó vencer por el miedo, su espíritu, el cual se encontraba fortalecido, permaneció con sus sentidos sobrenaturales atentos para retenerlo todo. Descripciones como: «Mientras yo contemplaba», «estaba mirando hasta», «entonces quise saber la verdad» o «también quise saber». (Dn 7: 8-9, 19-20 VRV 1989), revelan que dentro de las posibilidades que tuvo el profeta, nunca estuvo el dejarse amedrentar. Es muy probable que su discernimiento y la tranquilidad de estar afirmado en Dios le permitiera saber desde el comienzo que la revelación provenía del Altísimo, por eso nunca se asustó.

Sobre esta misma actitud del profeta, Jim W. Goll en su libro *El vidente* comenta:

Sin dejarse impresionar por la visión de lo que el mal iba a hacer. Daniel siguió mirando para ver algo mayor, una revelación superior. Él no cedió a la tentación de la fijación de la revelación. Daniel no paró de mirar hasta que tuvo la visión del Hijo de Hombre y su reino extendiéndose sobre toda la tierra.

Continuar observando fue la clave que le permitió a Daniel darse cuenta de que aquello que iniciaba siendo una visión espantosa, terminaría con la coronación del «hijo de hombre», Jesucristo, sobre la maldad de la tierra. A pesar de que al inicio contempló a la bestia, no dejó que su carne lo atormentara, siguió adelante con la expectativa puesta en ver algo mayor.

Aunque esta última alternativa para la explicación de ciertas «pesadillas» a muchos les resulte improbable, estoy seguro de que a otros les será muy útil. Con frecuencia he tenido que atender personas que por causa del temor no permiten que un arrebatamiento espiritual o éxtasis espontáneo tenga lugar en sus vidas. Me ha tocado escuchar testimonios de creyentes que, en medio de su oración, el Espíritu Santo desea tomarlos para revelarles su conocimiento; no obstante, sus estereotipos teológicos o miedos internos los llevan a detener lo que está sucediendo. Su desesperación los induce a despertar o terminar lo que el Señor está gestando. Es muy probable que no se den cuenta en realidad de lo que impidieron porque su horror y sobresalto es mayor. Frente a esto es difícil encontrar una solución simple. Es necesario que el soñador logre madurar en su relación con el Espíritu del Señor, quien será el que ante todo le podrá dar seguridad frente a una experiencia genuina, aunque sea abrumadora.

Como consejos prácticos para combatir las pesadillas, Perry Stone recomienda tres acciones muy puntuales. Primero, establezca una atmósfera positiva en su habitación, algo que ya abordamos en las herramientas de interpretación con respecto a los devocionales nocturnos antes de dormir. En segundo lugar, renueve de manera permanente su mente y espíritu, tal como lo aconsejan los pasajes de (II Cor 4: 16 y Col 3: 10). Utilice la palabra como arma de batalla, llenarse de ella le ayudará en simultáneo a purgarse de los malos e impuros pensamientos, que podrían ser la raíz de sus pesadillas. Por último, Stone recomienda declarar palabras de descanso. Puede confesar las promesas del (Sl 4: 8), por ejemplo.

Es incuestionable que todo creyente debe acostarse a descansar bajo la premisa expuesta en la palabra que dice: «Cuando te acuestes, no tendrás temor, sino que te acostarás y tu sueño será grato». (Pr 3: 24). Cualquier situación que nos aleje de esa verdad debe ser sujeto de análisis, ser revisada con lupa para que no se le dé lugar a Satanás ni al tormento de la carne en nuestra vida. Nunca debemos olvidar que las pesadillas podrán llegar a presentarse en algún momento de nuestra vida, mas no podemos aceptarlas como parte de nuestra cotidianidad. Como hijos del Dios Altísimo, existe sobre nosotros una promesa inviolable: sobre nuestras vidas se derramará el Espíritu Santo, el cual nos dará profecías, visiones y por supuesto sueños divinos; esa debe ser la regla y no la excepción. ¿Los muertos se manifiestan?

Un tema muy profundo relacionado con los sueños, las pesadillas y aún las mismas visiones, es la aparición de personas muertas dentro de ellas. Son incontables las historias que he escuchado de personas que aseguran haber tenido experiencias, donde alguien que ya ha fallecido se les presenta. Un tema tabú para muchos y que la mayoría de los líderes prefiere sentenciar con los textos bíblicos que les prohibieron a los hebreos tener contacto con los muertos.

Si bien es cierto que es tajante la negativa del Señor sobre este tipo de prácticas paganas: «No sea hallado en ti (…) quien consulte a los muertos», (Dt 18: 10-11). «Hijos sois de Jehová, vuestro Dios; no os haréis incisiones ni os raparéis a causa de un muerto». (Dt 14: 1), existen diversas variables que necesitan ser aclaradas para entender de forma correcta el tema.

El primer punto se relaciona con lo que de manera estricta se denomina invocación a los muertos, lo cual la Biblia sin cuestionamientos censura. Encontramos el caso del rey Saúl, quien en medio de su desesperación por no tener respuesta divina a través de una vía correcta —sueños, profetas o el Urim— (I Sam 28: 6) termina buscando a una pitonisa, que practicaba estos ritos. «(…) He aquí que en Endor hay una mujer que sabe evocar a los muertos» (I Sam 28: 7 VRV, 1989). Esa desviación flagrante de Saúl trajo para su vida y descendencia más maldiciones que cualquier aparente beneficio. Luego de la sesión espiritista no vinieron a él respuestas, por el contrario, quedó en el absoluto desamparo.

A esta dinámica de contactar a los muertos se le llama nigromancia y se basa en la idea de que luego de que el espíritu abandonó el cuerpo de la persona, un médium se puede convertir en el receptor del conocimiento que existe en «en el más allá». En ocasiones esa supuesta revelación pertenece al futuro y en otras al pasado. Un gran porcentaje de quienes se han involucrado en estos ritos terminan satisfechos de su veracidad puesto que el intermediario, poseído por el «espíritu del difunto», revela información de la cuales difícil que pudiera tener conocimiento. De modo lamentable, la gente que cree en esto omite que los espíritus malignos son seres inmortales, presentes desde la fundación del mundo, y, por lo tanto, conocedores de una gran cantidad de información. Es evidente que los demonios utilizan todo su conocimiento acerca del muerto o sobre su pasado para asombrar a los incautos y el resultado tristemente es muy efectivo. Aseguramos entonces que esas manifestaciones no provienen de difuntos, sino de espíritus engañadores.

Como segunda posibilidad existen aquellas personas que luego de haber vivido la pérdida de un ser querido lo ven aparecer dentro de sus sueños. Situación que es muy frecuente y yo la considero normal. Hay que tener muy presente en estos casos que toda muerte de alguien cercano es dolorosa y hasta cierto punto traumática. Sin importar si es repentina o anunciada, la partida de alguien que amamos dejará un vacío inevitable, el cual intentará ser llenado por nuestra mente de forma espontánea. A causa de ello, muchas personas relatan experiencias donde ese padre, madre, esposa o esposo llega a despedirse durante la noche, lo cual no sucede en realidad, solo es parte de nuestra imaginación. La angustia frente a la duda de que haya tenido o no un final doloroso o la inquietud sobre su salvación podría ser apaciguada si en sueños esa persona no garantiza que «todo está bien».

Aunque sea cierto o no, las circunstancias que rodearon su muerte son inalterables y no vale la pena que nos atormentemos al pensar lo que habrá sucedido con ellos. Derivado de eso es que la mente puede intentar colaborar con la paz interior de quienes se han quedado en la tierra. Por ello es recomendable que, al haber tenido un sueño, donde exista la aparición de alguien que hace poco haya fallecido, lo descartemos como un sueño divino, es muy probable que sea resultado del trabajo de nuestro inconsciente tratando de liberarse.

Una tercera alternativa, que expongo por la experiencia de haber escuchado muchos relatos sobre el tema, se basa en que la mente del soñador utiliza la apariencia del fallecido para que se convierta en un representante simbólico. En otras palabras, el sueño no alude a un contacto directo con muertos, sino con lo que ese difunto representa para el soñador. Esto sucede en muchas ocasiones cuando existen faltas de perdón o traumas de la infancia. La persona sueña con alguien que ya murió y lo que su mente trata de expresar es que todavía existe un tema pendiente por resolver; no del muerto hacia el vivo, sino más bien lo contrario.

He identificado también que estos casos pueden presentarse cuando soñamos con gente que está viva, en especial figuras de autoridad. Dicho de otra forma, soñamos con personas cercanas, mas Dios no está tratando de darnos un mensaje para ellos ni con respecto a la relación que tenemos con ellos. El Espíritu Santo usa la representación simbólica de esa persona en nuestra vida para darnos una palabra. Es frecuente que los creyentes sueñen con los líderes de su iglesia, no porque el Señor esté revelando un mensaje profético para ellos o acerca de su vida, sino porque está tratando de comunicarse mediante el simbolismo de esas vidas para la nuestra.

La cuarta opción que deseo exponerle acerca de la aparición de muertos está relacionada con creyentes que están a punto de morir o al menos luchando por su vida de forma agónica. Hay muchos testimonios de quienes en medio de alguna de estas estas circunstancias vieron difuntos que partieron con Cristo. Se podría decir que ellos experimentaron algo semejante a lo que vivió Esteban justo antes de entregar su espíritu mientras era apedreado.

Pero Esteban, lleno del Espíritu Santo, puestos los ojos en el cielo, vio la gloria de Dios y a Jesús que estaba a la diestra de Dios, y dijo: Veo los cielos abiertos, y al Hijo del hombre que está a la diestra de Dios. (He 7: 55-56).

Los ojos espirituales de los creyentes pueden ser hipersensibilizados instantes antes de exhalar su último aliento para contemplar no solo la gloria de Cristo, sino también a los ángeles que los acompañarán en el camino o el lugar al que se están dirigiendo: el paraíso.

La vida del Señor está ahora sobre ellos, aunque todavía su espíritu se encuentra dentro de su cuerpo mortal, ya que su destino no está más en la tierra. Esa maravillosa variable puede cambiarlo todo y dar paso a que quienes se encuentran en esa etapa de transición puedan ver con sus ojos los que les espera; entre lo que podría estar a la perfección un encuentro con los santos. Es importante resaltar acá que bíblicamente el espíritu de un justo es llevado a lo que se describe en la palabra como paraíso (Lc 23: 43) o también llamado seno de Abraham en el contexto judaico, mientras que aquellos que lo hacen alejados de la verdad son confinados sus espíritus a una cámara debajo de la tierra (Ap 20: 11-14) denominada infierno. Por lo tanto, debo entender este caso dentro de los marcos correctos. No se avala el contacto con muertos en cualquier caso y menos lo que llamamos en primer lugar: invocación de muertos. Es el Espíritu Santo quien pudiera permitir que una persona abra sus ojos espirituales antes de partir a su presencia y al mismo tiempo que su boca sea capaz de describir lo que observa.

Concluyo sobre el tema, recordando la historia que Jesús narró sobre el hombre rico y Lázaro, el hombre pobre quien se encontraba cubierto de llagas (Lc 16: 19-31). Según lo explica Cristo, aquel hombre que hubo tenido mucha riqueza, al encontrarse pagando en los infiernos por su maldad, le solicitó al Cielo que enviara a Lázaro, quien ahora se encontraba en el paraíso, a advertirles a sus familiares del destino que les esperaba si no se arrepentían. Una demanda que tuvo la siguiente respuesta: «Si no oyen a Moisés y a los profetas, tampoco se persuadirán, aunque alguno se levante de los muertos». Queda entonces muy claro que la interacción entre los muertos y los vivos está, en lo absoluto, vetada por el Señor, quien en su infinita sabiduría nos envió los recursos necesarios para encontrar las debidas respuestas; no seamos negligentes en buscarlas en los sitios prohibidos. Cuando el sueño se va de nuestros ojos

Otro problema frecuente relacionado con el descanso es con precisión no conseguirlo. Hoy al igual que ayer se encuentran personas que no pueden conciliar el sueño. Por distintas razones, hay quienes de forma simple por más que lo intentan no logran dormir. Este problema puede prolongarse por una noche o durante muchos meses y hasta años a través del tiempo. De acuerdo a la medicina, el insomnio es un padecimiento médico que se presenta en tres distintos grados: transitorio, agudo y crónico.

El transitorio dura de días a semanas y puede ser provocado por otro trastorno, por los cambios en el entorno del sueño, por el tiempo de sueño, a causa de una depresión severa o por un estrés extremo. El insomnio agudo es el que se presenta cuando un individuo no puede dormir de manera consistente, bien sea por un período de entre tres semanas a seis meses. Por último, el trastorno crónico dura años, de forma práctica se vuelve una rutina para quien lo padece. Dentro de las consecuencias del insomnio se ubican la somnolencia, la fatiga muscular, las alucinaciones y el agotamiento mental, sin embargo, se ha descubierto que quienes padecen de insomnio crónico con regularidad están más alertas de lo normal.

A la hora de estudiar este fenómeno dentro de las Escrituras encontramos varias causales muy puntuales que nos podrían ayudar a descubrir cómo solucionarlo en nuestra vida.

a) Trabajo excesivo:

Es muy probable que los adictos al trabajo lleguen a padecer insomnio alguna vez. Proyectos pendientes, problemas por solucionar o conflictos con otros colaboradores de la empresa son situaciones que si no se logran manejar de manera correcta pueden causar una mezcla explosiva que estalle en forma de desvelo. El estrés acumulado y excesivo que generan estas situaciones puede volverse de forma fácil en un problema orgánico. Jacob, por ejemplo, fue testigo de ello.

Génesis 31: 40-42

De día me consumía el calor y de noche la helada, y el sueño huía de mis ojos. Así he estado veinte años en tu casa: catorce años te serví por tus dos hijas y seis años por tu ganado, y has cambiado mi salario diez veces. Si el Dios de mi padre, Dios de Abraham y Terror de Isaac, no estuviera conmigo, de cierto me enviarías ahora con las manos vacías; pero Dios ha visto mi aflicción y el trabajo de mis manos, y anoche te reprendió.

A pesar de que el Señor le dio una salida buena a todo lo que sufrió Jacob a manos del suegro, resulta evidente que aquel trabajo extenuante trajo sus consecuencias. Es triste imaginar cómo pudo haber vivido Israel durante esos veinte años al servicio de Labán. Con seguridad se la pasó pensando que en un solo suspiro le podrían quitar su esfuerzo de tanto tiempo. Quizá resulte tétrico, pero es cierto. Esas dos décadas, Jacob vivió imaginando que en cualquier momento le robarían todo, su empresa, sus esposas y hasta sus hijos. Una preocupación que terminó reflejándosele en la falta de sueño. Su problema no era la vagancia ni la falta de oportunidad laboral, su conflicto era pensar que nunca sería suficiente.

Es innegable la importancia de reconocer que el trabajo dignifica a los seres humanos y nuestro sustento depende de ello, pues la misma Biblia señala: «Si alguno no quiere trabajar, tampoco coma» (II Te 3: 12). Lo doloroso ocurre cuando la labor, que debe ser bendición, se convierte en una aflicción. Carece de sentido afanarse por las obligaciones diarias puesto que:

Salmos 127: 2 (Versión Kadosh):

«En vano te levantas temprano y retrasas el sueño, y trabajas arduamente para ganarte el sustento; porque a sus amados Él les provee, aun cuando duermen».

Aprensa a descansar y esperar en el Creador. Hay momentos donde nosotros somos los principales responsables de lo que sucede, aunque en muchas otras situaciones no podemos hacer nada con nuestra fuerza, es el respaldo del Señor el que no sacará adelante.

b) Malas decisiones:

Cuando nos equivocamos, nuestros errores de forma indefectible tendrán consecuencias, las cuales muchas veces no queremos soportar. Esas malas decisiones con mucha posibilidad afectarán a quienes estén a nuestro alrededor. A pesar de que sean elecciones del ámbito personal repercuten sobre los padres, los cónyuges y en especial sobre los hijos. En casos extremos hasta pueden verse involucradas personas desconocidas.

Una de esas pésimas elecciones le quitó el sueño a Darío, rey de Media y Persia, quien a través de engaños se vio forzado a meter al profeta Daniel en el foso de los leones. Aquel castigo injusto causaría la muerte de un hombre íntegro y una gran pérdida para todo el imperio. La narración de la historia es elocuente:

Daniel 6: 16-18

Entonces el rey ordenó que trajeran a Daniel, y lo echaron al foso de los leones. El rey dijo a Daniel: El Dios tuyo, a quien tú continuamente sirves, él te libre. Trajeron una piedra y la pusieron sobre la puerta del oso, la cual selló el rey con su anillo y con el anillo de sus príncipes, para que el acuerdo acerca de Daniel no se cambiara. Luego el rey se fue a su palacio, y se acostó en ayunas; no trajeron ante él instrumentos musicales, y se le fue el sueño.

Aunque Darío no podía dar marcha atrás en su edicto, no quería que Daniel muriera a causa de los leones. Era una contradicción enorme a la que se vio obligado a enfrentarse y como consecuencia no pudo descansar como era debido. Delante de este tipo de disyuntivas, la única solución es pedir sabiduría para que nuestras elecciones siempre estén guiadas por la mano del Todopoderoso. No resulte que un día, cuando menos lo esperemos, nos veamos delante de un callejón sin salida que nos robara el descanso.

c) Amor al dinero:

Cuando una persona está demasiado enfocada en lo terrenal, con frecuencia termina siendo presa fácil de sus preocupaciones. Ya sea que estemos pensando de forma constante cómo no perder, ganar más o mantener lo que tenemos en bienes, la ansiedad que esto produce puede traer como consecuencia la pérdida del sueño. «Dulce es el sueño del trabajador, coma mucho o coma poco; pero al rico no le deja dormir la abundancia». (Ec 5: 12). No es cuestión de ser mediocre o conformista, en lo absoluto; como hijos de Dios debemos siempre procurar la excelencia. A pesar de ello, la palabra también nos enseña que el amor al dinero es el comienzo de todos los males (I

Tim 6: 10). Como creyentes no podemos perseguir solo la prosperidad económica, debemos ir en busca del reino y ser conscientes de que todo lo demás vendrá por añadidura.

A través de los tiempos modernos se ha especulado sobre una plaga que afecta principalmente a las clases sociales más altas. Hombres, en especial, con fortunas multimillonarias se suicidan de forma casi inexplicable, al menos para el común de las personas. Muchos de ellos al entrar en un bache financiero con sus empresas no logran superar el trago amargo y se decantan por el suicidio. Casi como si fuera una especie de bacteria en su cerebro, algunas de las personas más adineradas del planeta han caído víctimas de su propia fortuna. ¿Cuántos otros en el mundo con menos dinero estarán sufriendo por sus pequeños capitales? No sea usted uno de ellos.

d) Pecado:

La maldad es sin duda la peor de las características del ser humano. La historia de los mortales está plagada de aberraciones, actos violentos, lascivos e irracionales. A pesar de la inteligencia que poseemos, nuestra inclinación hacia el pecado es un serio problema que ha puesto en jaque poblaciones enteras y hasta la misma naturaleza. Como consecuencia de todo eso, la conciencia se va cauterizando y el amor enfriando, condiciones que también provocan la pérdida del sueño.

Proverbios 4: 14-16

No sigas el sendero del perverso ni camines en la senda de los transgresores. En cualquier lugar que ellos hayan puesto su campamento, evítalo, no vayas allá, vuélvete de él y sigue de largo. Porque ellos no pueden dormir si no han hecho el mal, pierden el sueño y no pueden descansar.

Guárdese para el Señor, santifíquese delante de su presencia y busque todas las vías posibles para vivir de forma integral, eso alejará la posibilidad de padecer insomnio, culpa de algún pecado oculto.

e) Turbación de espíritu:

La palabra «turbación» puede parecernos un tanto negativa, pero no siempre se emplea en la Biblia con esa intención. En ocasiones, dentro de las Escrituras, se utiliza esta connotación para referirse al estado en el que queda el espíritu de una persona luego de haber sido visitado por el Señor como le ocurrió al sacerdote Zacarías cuando se le presentó Gabriel dentro del templo (Lc 1: 12). La misma descripción se emplea para referirse al estado de sorpresa que les produjo a los discípulos ver a Jesús caminando sobre las aguas (Mt 14: 26). Aquellas experiencias divinas turbaron el espíritu de sus testigos, de forma muy semejante a lo que le sucedió a Nabucodonosor:

Daniel 2: 1

«En el segundo año del reinado de Nabucodonosor, tuvo Nabucodonosor sueños, y se turbó su espíritu y se le fue el sueño».

Sabemos con claridad que el rey babilónico no era un profeta ni siquiera un buen creyente, pero su sueño sí provenía del Dios Eterno. Eso significa que, de forma perfecta, una vivencia de semejante calibre puede provocar una turbación tan profunda que se llegue a perder el sueño. Esta es quizá la única posible explicación positiva que encontramos a través de las Escrituras con respecto al insomnio y, vale destacar, que se dio por culpa de la incapacidad del soñador en entender y recordar lo que hubo pasado la noche anterior. Una condición que a muchos hijos de Dios les puede llegar a suceder.

El caso de Nabucodonosor se le puede unir, aunque no dentro de las mismas características, la historia del rey Asuero. Según cuenta la Biblia el gobernante de Media y Persia una noche «se le fue el sueño, y pidió que le trajeran el libro de las memorias y crónicas y que las leyeran en su presencia». (Est 6: 1). Si bien no se puede asegurar que perdió el sueño por una visitación divina, sí existí un propósito detrás de ello. Al sentirse aburrido, Asuero pidió que le trajeran los anales históricos, que sin saberlo incluían la historia heroica de Mardoqueo. El Señor tenía un plan detrás del insomnio del rey, salvar a todo Israel y honrar la fidelidad del primo de Ester.

Bajo estas condiciones podemos citar el verso que reza: «Sabemos, además, que a los que aman a Dios, todas las cosas los ayudan a bien, esto es, a los que conforme a su propósito son llamados». (Ro 8: 28). A pesar de que algo desagradable, como el insomnio, careciera de sentido para muchos, a los hijos del Señor les terminará siendo de bendición por más difícil que parezca. Sueño, pero no lo recuerdo.

Si coincide esta descripción con su situación es probable que le resulte familiar la frase dicha por Job: «Como un sueño se esfumará y no será hallado; se disipará como una visión nocturna». (Job 20: 8). Esta es quizá la afirmación más repetitiva que he escuchado cuando llevo a cabo los seminarios de *Laboratorio de sueños*. Las personas testifican haber soñado, aunque nunca recuerdan qué fue lo que vieron o en el mejor de los casos retienen una parte de la vivencia, pero otra no.

A través de la experiencia he logrado identificar diversas razones por las cuales una persona llega a enfrentar este problema. Con lo que voy a exponer no quiero decir que tengo la respuesta para todos los casos, aun así, creo poder abordar la explicación de la mayoría.

La principal razón y creo que sin duda la que atraviesan un amplio porcentaje de los sueños no recordados, tiene que ver con la ignorancia sobre el tema. Al estudiar y compartir sobre este tópico dentro de las iglesias, resulta evidente la poca información a las que los creyentes han sido expuestos sobre este asunto. Es prácticamente nula la noción de importancia que los sueños tienen dentro de la vida de los creyentes, algo que no ha ocurrido solo con esta generación, sino que sucede desde hace mucho tiempo. No sé desde cuándo, con exactitud, se le restó trascendencia dentro de la Iglesia a estas experiencias, aunque la Biblia está repleta de ellas, mas en algún punto de la historia se dejó de tener en cuenta a los sueños como vías en las que el Espíritu Santo podía hablarle al pueblo de Dios.

A partir de ese momento, los cristianos, tal vez buenos en su conocimiento y en sus prácticas, de forma paulatina fueron llevando los sueños a la irrelevancia. Eso dio como resultado que pocos les presten la atención que en verdad se merecen, como sucede hoy en muchos casos. De esa forma, al no considerarlos algo digno de interés, con facilidad la mente les desecha de la memoria. Es como si las personas predeterminaran su cerebro para eliminar lo que nos les interesa y al desconocer el valor real de estas vivencias, con simpleza se les cataloga como basura que debe ser desechada de forma rápida.

De esta situación se deriva otra explicación de por qué las personas no recuerdan lo que sueñan y tiene que ver con su capacidad interpretativa. En algunos de los casos, donde los creyentes tienen al menos la noción de que los sueños son formas en las que Dios habla, no gozan de las herramientas espirituales ni del conocimiento que les ayude a descifrarlas. Esas limitaciones, de forma irremediable, con el tiempo inducirán a la mente para que deseche los sueños, puesto que, aunque se sabe que son importantes no pueden dárseles ningún uso, ya que no se sabe cómo interpretarlos.

Usted puede llegar a tener una reliquia familiar valiosísima entre sus manos alguna vez, pero si no tiene la capacidad de identificarla como tal, muy probable la tendrá por desecho. Esa situación sostenida a través del tiempo deteriorará la capacidad retentiva del soñador. Si usted no logra darle significado o al menos sentido a lo que sueña es posible que continuará soñando, sin embargo, pronto lo olvidará, puesto que no le sirve de nada.

Otra condicionante que impide que las personas recuerden lo que sueñan es su vagabundería. Por supuesto, que hay creyentes que saben de la importancia de sus sueños y también tienen la capacidad de interpretarlos, mas les gana siempre su carne. Como lo mencioné en el capítulo sobre las Herramientas de interpretación, el primer paso para entender una experiencia visionaria es anotarla. A pesar de ser un ejercicio tan simple, la extensa mayoría de la gente que lo sabe no lo pone por obra. La disciplina que se necesita para despertarse y luego anotar todo lo que se vio durante la noche no es una habilidad fácil de cultivar. Lograr de manera sistemática documentar las revelaciones que Dios nos da requiere compromiso, entrega y en muchos momentos renunciar al descanso. Frente a este problema no hay muchos caminos alternos, la vida del cristiano está llena de sacrificios y este es uno más. Si alguien quisiera brincarse este paso, excusándose en su prodigiosa memoria, pronto caerá en lo mismo que el resto. La capacidad de recordar un sueño se debe en gran parte al adiestramiento que la mente ha tenido para identificar esa información como algo valioso, asignación que se puede afirmar cuando redactamos los sueños.

Benny Thomas en Explorando e interpretando sueños expresa que:

Algunas personas nunca se disciplinan para recordar un sueño cuando despierta. «No recuerdo mis sueños», se lamentan. ¿Cuál es la diferencia entre aquellos que recuerdan sus sueños y los que no? Aquellos que cultivan sensibilidad al Espíritu Santo cuando se levantan, regularmente recuerdan sus experiencias. Muchos de sus sueños son inspirados por Dios. Si no escriben esos sueños, olvidan detalles importantes, cruciales para interpretarlos. Otros tratan de recordar un sueño cada vez que despiertan. Anotan cada sueño y lo fechan diligentemente. Revisan esos sueños con frecuencia, repasando los sueños tenidos la semana pasada, el mes pasado, o tal vez varios meses atrás. Estas personas han descubierto la guianza divina que les llega a través de los sueños. Están desarrollando su destreza para entender lo que Dios les está diciendo. Ellos saben que es real. Ellos saben que funciona, y está produciendo altos dividendos en sus vidas.

Una cuarta explicación potencial de porqué un individuo no retiene lo que ha soñado está ligado a su carnalidad. Como ya se ha venido planteando de manera exhaustiva, cuando dormimos nuestro espíritu está alerta y nuestro cuerpo insensible a lo que le rodea. De igual forma, expliqué que es a través de los sentidos espirituales que logramos captar esos mensajes divinos. Cuando esas capacidades sensoriales, que todos tenemos, están aletargadas por el pecado puede suceder cualquiera de estas tres cosas: no se capta el mensaje a cabalidad, es imposible interpretarlo o al individuo le cuesta recordar lo que soñó. Aunque son consecuencias distintas, todas se relacionan con la falta de sensibilidad hacia el mundo espiritual provocada por el pecado.

Dentro de esta misma cuarta causa se ubican aquellos que no sueñan o no recuerdan sus experiencias, puesto que en el pasado ese era el canal a través del cual el Espíritu los redargüía. Es frecuente que durante etapas infantiles o de adolescencia el Señor le trajera convencimiento de pecado justo cuando iba a acostarse o durante sus sueños. Es probable que aun recuerde cómo usted se arrepentía, pedía perdón y luego oraba. Con el pasar de los años, esa dinámica pudo seguirse dando, pero en algún momento prefirió ignorarla, ya sea porque le resultaba más cómodo seguir pecando o porque se cansó de estarse arrepintiendo constantemente de sus errores. Si en algún punto todas estas variables se conjugaron en su vida es muy probable que sea la razón por la cual no recuerda o no tiene sueños. Su mente de manera inconsciente bloqueó la forma en la que el Espíritu Santo le estaba llamando la atención.

Una quinta explicación para quien no recuerda sus sueños puede estar ligada a la incredulidad. Existen quienes, aun recibiendo un seminario completo sobre el poder de los sueños en la vida de los creyentes, con simpleza no creen que Dios pueda hablarles a través de ellos. Se niegan a aceptar por un asunto doctrinal, que hoy el Señor siga hablando como en los tiempos de las Escrituras. Resulta entonces innecesario para la mente retener lo que haya sucedido en el sueño. Esta condicionante puede presentarse también en los inconversos, quienes por esa condición carecen de la revelación y la fe para darle sentido a sus experiencias nocturnas. Frente a ello, sus mentes serán incapaces de darle propósito a sus sueños, derivando entonces en el problema expuesto.

Por último, he identificado que algunas personas tienen dificultades para retener en los sueños en su memoria por culpa de algún trauma con pesadillas. De este tema también ya hemos hablado durante el capítulo por lo que no hay necesidad de profundizar, aun así, es bueno tomar en cuenta que esta puede ser la fuente del problema. Cuando la mente consciente recuerda el trago amargo que representó un sueño horrible o haber sido revictimizado mediante una pesadilla, lo más fácil es cerrarles el paso dentro de la memoria.

Hay tres razones básicas por las cuales alguien es víctima de estas manifestaciones, según lo explica Chuck Pierce en su libro *Cuando Dios habla:*

- Traumas con pesadillas del pasado.
- Incapacidad para interpretarlos.
- Incredulidad.

«Muchos no pueden oír la voz de Dios en sus vidas, y tampoco quieren, porque sencillamente no creen. Pueden que hayan sido salvos y que hasta oren de vez en cuando, pero realmente esperan poco o nada de ello».

Fuera de los rubros que he logrado identificar a través de la experiencia, podemos encontrar estudios científicos que también darían otra posible explicación a las pesadillas. Aclaro de antemano que, aunque existan respuestas clínicas, con ello no se anulan las explicaciones anteriores.

Según han descubierto investigadores, los seres humanos atraviesan diferentes etapas fisiológicas mientras duermen. En algunas de ellas se está profundamente dormido y en otras solo se recupera energía. Esos hallazgos han permitido concluir a la medicina que si el dormir del individuo es interrumpido en el ciclo de sueño profundo no recordará lo que soñó, pero si al contrario completa ese ciclo sin que nada ni nadie lo despierte, al día siguiente podrá reproducir, recordar y contar su sueño. Una situación que como muchos lectores confirmarán no siempre ocurre, puesto que hay personas que durante gran parte de su vida son incapaces de recordar sus sueños, clara evidencia de que no es un asunto físico, sino de otra índole.

Desde mi perspectiva, la ciencia puede explicar casos muy concretos donde la persona no puede recordar sus sueños, pero cuando es un patrón regular, es difícil determinar cuál es el problema con estos elementos expuestos. Debido a ello, insisto en la importancia de no aferrarse a lo natural, sino explorar las diversas razones que podría estar provocando esta situación, ya que, desde el punto de vista bíblico, todos los hijos de Dios debemos afinar esa capacidad. Abonado a la necesidad de interpretar lo que recibimos de parte del Señor. Resulta fundamental siempre tener la brújula calibrada con respecto a las promesas que nos entrega la palabra:

Hebreos 11: 6b

«Porque es necesario que el que se acerca a Dios crea que él existe y que es galardonador de los que le buscan».

Es impensable que una persona cuyo verdadero deseo sea agradar a Dios y conocerle en intimidad permanezca bajo estas aflicciones durante mucho tiempo. El mismo Espíritu Santo se encargará de madurar nuestros sentidos sobrenaturales para afirmar nos en el conocimiento de él y como uno de esos posibles frutos estará la retención en la memoria de lo que nos ha sido dicho en el corazón.

Delante de todas estas posibles aflicciones del sueño, expuestas en este capítulo, es indispensable recordar la premisa con la que comenzamos: Dios desea que tengamos sueños reparadores y que sean de bendición para nuestras vidas. Si existe algún problema que hoy esté aquejándonos, cuando dormimos no debemos aceptarlo como normal, ni lidiar con él en nuestra carne, podemos pedir ayuda celestial. La voluntad del Todopoderoso es que encontremos paz cuando vamos a descansar.

Es probable que si usted se identificó con alguno de los puntos señalados ya tenga bastante tiempo conviviendo con ese problema. Nunca olvide que las pesadillas constantes, el insomnio regular y la incapacidad de recordar los sueños no son parte del propósito del Señor para usted. No acepte más sufrimiento, ni continúe perdiéndose las bendiciones que el Padre celestial tiene para usted a través de los sueños. Acuda a su presencia, preséntese hoy mismo delante de su trono y lleve su causa ante los estrados judiciales del Eterno. Sin importar si la culpa es de un factor externo o de usted, él sin duda tendrá la respuesta justa.

CAPÍTULO XV
Aunque tarde se cumplirá

Uno de los versos más hermosos y alentadores que registra la palabra referente a los sueños y visiones está en el libro del profeta Habacuc. Según relatan las Escrituras, en el primer capítulo, el siervo de Dios clamaba con vehemencia delante del Eterno por una solución sobre las tribulaciones que atravesaba Israel. El pueblo vivía lejos de la justicia y las enseñanzas de Moisés. Las ciudades de la nación se habían convertido en guarida de ladrones, violadores y corruptos. Los hebreos le dieron la espalda al Señor y las consecuencias de ello estaban afectando aún a la gente justa. Es entonces que el profeta reclama la intervención divina, pide a Jehová que acuda en su auxilio, favoreciendo a las personas rectas.

Luego de una larga disertación Habacuc hizo un alto, detuvo su lengua y entendió que debía aguardar una respuesta, no una que viniera de su corazón, sino una que fuera dada por la boca de Dios. Es entonces que en el segundo capítulo el vidente nos transmite una increíble revelación:

Habacuc 2: 1

«En mi puesto de guardia estaré, sobre la fortaleza afirmaré el pie. Velaré para ver lo que se me dirá y qué he de responder tocante a mi queja».

Resulta impresionante la certeza de este varón, él estaba en lo absoluto convencido de que tendría una contestación, por lo tanto, debía estar atento a ella. Para el profeta no solo era un asunto de aguardar, además sabía que necesitaba esperar en el puesto de vigilancia como atalaya de la ciudad. ¡Impresionante! ¿Cuántas veces nos encontramos esperando una respuesta de Dios, pero sin estar en la posición correcta? Habacuc no se dio media vuelta y buscó su cama para esperar los argumentos del Cielo frente a su demanda. Él se ubicó primero en el sitio correcto (puesto de guardia), luego se afirmó (sobre la fortaleza) en él, a posterior empezó a sensibilizar su espíritu (velar para...) bajo la convicción de que su reclamo sería respondido, y, por último, comenzó un diálogo interno (qué he de responder...) sobre los posibles argumentos que presentaría frente a lo que Dios le iba a decir. Lo expuesto por Habacuc no es con simpleza una frase, es una cátedra profética.

Todo lo dicho se compagina de manera perfecta con lo mencionado por Job cuando señala que: «De una o dos maneras habla Dios, pero el hombre no le entiende». ¡Claro que no entendemos! La razón está en la postura que adoptamos cuando él nos está hablando. Aunque muchos tienen la convicción plena de que el Señor responderá, sus actitudes no lo reflejan, y aún peor, su espíritu no está listo para escuchar las palabras que le serán expuestas. Si bien toda pregunta merece una respuesta (Lc 11: 9-13), eso no significa que vamos a estar preparados para recibirla. Es como cuando un niño les pregunta a sus padres por la forma en la que los bebés vienen al mundo. Dependiendo de la edad de la criatura, los papás tendrán que analizar muy bien lo que le van a decir, porque como progenitores son los principales responsables de educar a su hijo en esa área, sin embargo, no de una forma que pervierta su mente infantil. Resulta entonces vital que, al solicitar una respuesta de Dios, de manera simultánea dispongamos nuestro espíritu para argumentos y formas en las que el Señor nos hablará.

Habacuc 2: 2 (VRV 1989):

«Entonces Jehovah me respondió diciendo: Escribe la visión y grábala claramente en tablas, para que corra el que las lea».

Después de ubicarse en la posición de atalaya, Dios respondió anticipándose a lo que todo vidente debe hacer. Él le ordenó primero al profeta que documentara cada detalle de lo que observara, le exigió que se concentrara en la revelación, no en su interpretación. El Espíritu mejor que nadie sabe de las limitaciones del ser humano, por ello le hizo saber cuán importante era que la experiencia pudiera ser retransmitida, no con necesidad entendida en ese instante. Y ojo, no solo era un asunto de escribir la visión, Habacuc debía lograr que la profecía fuera preservada para las futuras generaciones. El Todopoderoso a través de aquella experiencia le estaba dando un poderoso depósito de unción, el cual provocaría que, aunque transcurriera el tiempo, aquel que fuera expuesto a la lectura de esa revelación sería catapultado por Dios hacia su propósito. Sin duda el Padre celestial intentaba inyectarle convicción al profeta a través de la visión, pero al mismo tiempo le advertía que la palabra no solo sería para sus temporadas, sino también para muchas otras que vendrían después de su tiempo en la tierra.

Habacuc 2: 3 (Versión Kadosh):

«Porque la visión es para su tiempo dispuesto; habla sobre el fin, y no miente. Puede tomar un tiempo, pero espera por ella, ciertamente vendrá, no se demorará».

De forma deliberada, aun antes de mostrar la visión, el Señor busca crear expectativa en el corazón de Habacuc. Le da garantía de que todo lo que le será mostrado se volverá realidad algún día. No le da fecha ni hora, mas Jehová pone su sello real sobre la visión para su cumplimiento futuro. Le alienta a que mantenga la fe, a que se nutra de la misma revelación que recibirá, para que aún en los momentos de prueba y dificultad pueda salir airoso.

¡Increíble!

Habacuc 2: 4

«Aquel cuya alma no es recta se enorgullece; mas el justo por su fe vivirá».

Literalmente el Señor señala su revelación como el alimento del cual debemos nutrirnos los que le amamos y confiamos en él. Sin duda, hoy las Escrituras cumplen ese papel, pero paralelo a ellas corre esa revelación personal que cada uno recibe, como palabra rhema, la cual puede ser impartida mediante profecía, visiones, sueños o tantas otras formas maravillosas. Dios nos está enseñando una de las principales razones por las cuales él desata sobre sus hijos esta clase de experiencias, ya que crean expectativa de fe sobre el futuro prometido. Ayudan a que nos enfoquemos más allá de lo que enfrentamos en la actualidad y nos posiciona en lo que está por venir. Dejamos de caminar aferrados a lo humano, a nuestras posibilidades naturales, a los números terrenales y empezamos a depositar nuestra confianza en lo que él nos ha dicho. Mediante esa vía es que Habacuc es introducido al anunciarle el Señor que:

Habacuc 2: 12-14

¡Ay del que edifica con sangre la ciudad y del que la funda sobre la maldad! ¿No viene esto de Jehová de los ejércitos? Los pueblos, pues, trabajarán para el fuego, y las naciones se fatigarán en vano. Porque la tierra se llenará del conocimiento de la gloria de Jehová, como las aguas cubren el mar.

Aquellas palabras fueron como un bálsamo sanador para el profeta, quien había estado angustiado, clamando por un cambio en la condición de su nación. Él estaba por completo enfocado en el presente. Al ver las injusticias y las atrocidades que debían atravesar los israelitas a diario, Habacuc se había puesto en la brecha para interceder por los suyos, ante lo que Jehová le anunció que aquellos impíos tendrían su paga, pero también le profetizaba que un día su gloria colmaría la tierra. No puedo ni imaginar la enorme satisfacción que aquella revelación produjo en el vidente. Debe haber sido como el derramar de un balde con agua fría en medio de una travesía por el desierto. Esas palabras le volvieron a dar pulsaciones a un cuerpo, que sentía desfallecer en medio de la prueba.

Habacuc 3: 2

«¡Jehová, he oído tu palabra, y temí! ¡Jehová, aviva tu obra en medio de los tiempos, en medio de los tiempos hazla conocer; en la ira acuérdate de la misericordia!».

Fue tan extraordinaria la convicción que entró en el corazón del profeta sobre lo que sucedería, que cambió por completo su forma de orar. Durante los primeros versos del libro estuvo pidiendo juicio para los malos, no obstante, al darse cuenta de todo lo que vendría sobre ellos, cambió su perspectiva y empezó a clamar al cielo por misericordia. Un ejemplo increíble de la transformación que experimenta una persona luego de haber sido expuesta al conocimiento de Dios. ¡Extraordinario! Habacuc había llegado con una solicitud de desahucio para los malos y terminó compadeciéndose de ellos. Con probabilidad, la próxima vez que salió de su casa y los volvió a ver a la cara, ya no existía odio ni rencor en su contra, porque sabía cuál era su destino, ahora había empezado a amarlos y a buscar la forma de salvarlos.

Esa metamorfosis sin igual, que vivió el vidente, es la misma que cada creyente experimentará a partir del momento en el cual la palabra del Altísimo le sea revelada en persona. Los sueños junto a las visiones son uno de esos canales bíblicos, que el Todopoderoso empleará para conmover nuestro espíritu, sacarnos de nuestra condición y llevarnos hacia el desarrollo pleno de nuestro potencial. Permita que de hoy en adelante el Espíritu Santo lo visite, no importa cómo, solo déjelo actuar. Él se encargará de encausar los diseños que usted reciba. Nunca llegue a perder de vista que los planes que el cielo tiene para su vida son mucho mayores de lo que alguna vez llegará a imaginar. Jamás podremos estar a la altura de lo que el Señor podrá desarrollar en nosotros a través de sus palabras. Tenga siempre muy presente que cada vez que Dios desata sus pensamientos sobre la tierra jamás esa acción quedará sin cumplimiento. Cada cosa que usted reciba del Señor, tarde o temprano se cumplirá.

Isaías 55: 8-11

Porque mis pensamientos no son vuestros pensamientos ni vuestros caminos mis caminos, dice Jehová. Como son más altos los cielos que la tierra, así son mis caminos más altos que vuestros caminos y mis pensamientos más que vuestros pensamientos. Porque como desciende de los cielos, la lluvia y la nieve, y no vuelve allá, sino que riega la tierra y la hace germinar y producir, y da semilla al que siembra y pan al que come, así será mi palabra que sale de mi boca: no volverá a mí vacía, sino que hará lo que yo quiero y será prosperada en aquello para lo cual la envié.

Sobre el Autor

Pavlo Chaves es padre, esposo, comunicador de profesión, prolífico escritor y ministro con más de veinte años de trayectoria. Ha recorrido el continente americano y europeo como conferencista con un mensaje profético de avivamiento. Junto a su esposa Ester, comparte la responsabilidad de liderar una hermosa familia, cuyo fruto son sus hermosos hijos: Nathan Benjamín, Josué Israel y Danna Isabella.

Ambos desde su oficina en San José de Costa Rica han tomado múltiples asignaciones dadas por el Señor. Entre ellas, el desarrollo de múltiples capacitaciones en temas proféticos, un ministerio dirigido a mujeres, denominado: Leonas, y a levantar la red intercontinental de intersección: Shamar.

Parte de su legado ministerial es la redacción de seis libros, algunos traducidos al inglés y portugués. «Máximas del Profeta» es el primero de ellos, «Laboratorio de sueños» es el que mayor éxito en ventas ha tenido junto al diccionario «Elementos proféticos». También tiene dos libros dirigidos a mujeres: «Leonas» y «Enemigas de la serpiente». Por último, uno de sus libros se refiere a los ángeles y demonios: «Residentes Inmortales».

Parte significativa de su trabajo ministerial está en apoyar la labor que realiza su padre, el apóstol Rony Chaves. Él lo ha establecido como parte de su equipo ministerial, y como delegado apostólico en muchas asignaciones. Gracias a esa función, ha sido punta de lanza en el desarrollo de diversos proyectos trascendente como: Cumbres Apostólicas Internacionales, y giras de oración alrededor de países enteros.

Hoy, está enfrentando la asignación de su llamado con una firme convicción. Entiende que, la revelación profética es la llave que traerá la nueva reforma, que requiere la Iglesia para abrazar el último gran avivamiento antes de la Venida de Cristo. Su compromiso es total con ejercer la tarea del magisterio de la Palabra y la impartición profética en cada lugar, donde es invitado.

Cronología ministerial:

A finales de la década de los noventa, el hermano Pavlo Chaves, siendo un joven de apenas quince años, tomó el desafío de ser líder de adolescentes. Luego de desarrollarse como pastor juvenil por casi una década en su congregación, el hoy Centro Mundial de Adoración, Dios le abrió el mundo para predicar su palabra. En la actualidad, su mensaje busca diseminar el avivamiento en los corazones de la Iglesia.

Durante la década de los 2000, también se dedicó a prepararse académicamente. Logró graduarse como licenciado en Ciencias de la Comunicación Colectiva en la Universidad Internacional de las Américas con sede en San José, Costa Rica. Además, tiene un postgrado en comunicación Cristiana de la Universidad Latina de Teología con sede en California, Estados Unidos. Todo, sumado a varios cursos sobre producción audiovisual. Su pasión por la comunicación lo llevó a convertirse por más de doce años en el Codirector del principal medio de comunicación escrito a nivel cristiano de su país. Fue parte del equipo fundador del periódico «El Camino», el cual llegó a toda la nación. En la década posterior, fue parte de fuertes movimientos proféticos y de intercesión, los cuales le han permitido consolidarse como un maestro calificado para desarrollar varias escuelas ministeriales en distintas partes de América Latina. Es conocido como un conferencista internacional, que habla principalmente de la reforma de la Iglesia y el mover del Espíritu Santo.

En ese mismo lapso de tiempo empezó a levantar un ministerio que edifica a las mujeres del pueblo de Dios. Durante más de una década dirigió el Ministerio Shalom, el cuál adoptó su nuevo nombre (Leonas) durante la pandemia del Covid19. A través de este brazo ministerial ha desarrollado convocatorias en todo el continente latinoamericano, que han sido de alto impacto tanto espiritual como social.

En su etapa más reciente ha decidido abocarse a tomar la estafeta, que su padre le está dejando. Asumir el liderazgo del Centro Apostólico de Retiros Ministeriales en Heredia, Costa Rica es hoy uno de sus principales objetivos. Por esa causa, está al frente de la organización de múltiples Entrenamientos Proféticos Intensivos (EPI), que capacitan cientos de personas anualmente de forma tanto presencial como virtual.

Bibliografía

- Benny Thomas, Explorando e Interpretando Sueños, Madrid, España, Editorial Belmonte Traductores, 2013, ISBN 978-1-
- Chuck Pierce, Cuando Dios Habla, Lake Mary-Florida 32746, Editorial Cada Creación, 2006, ISBN 978-1-59185-940-6.
- Jane Hamon, Dreams and Visions (Sueños y Visiones), Ventura, CA, Editorial Regal Books, 2000.
- Jim W. Goll, El Vidente, Buenos AiresC1206AAA – Argentina, Editorial Peniel, 2004, ISBN 987-557-066-4.
- Perry Stone, Cómo Interpretar Los Sueños y Las Visiones, Lake Mary – Florida 32746, Editorial Casa Creación, 2011, ISBN 978-1-61638-315-2.
- David Wilkerson, La Visión, capítulo 3 "Una inundación de inmundicia", Editorial Vida, 1973.
- W.E. Vine, Diccionario Expositivo de Palabras del Antiguo y del Nuevo Testamento, Nashville, TN: Thomas Nelson, 1984.
- David Castro, Entendiendo Visiones Sobrenaturales de Acuerdo a la Biblia (Understanding Supernatural Visions According to The Bible), Brooklyn, Editorial Anointed Publications, 1944.
- Pablo Chaves, Máximas del profeta, San José-Costa Rica, Editorial Rhema, 2012, ISBN 978-9968-47-687-4.
- Pablo Chaves, Elementos Proféticos, 3era edición, San José Costa Rica, 2012.
- Sigmund Freud, Interpretación de Sueños, 2da edición, Buenos Aires & Madrid, Editorial Biblioteca Nueva, 2013, ISBN 978-84-460-3736-1.
- Robert Monroe, Journeys Out of the Body, Editorial Anchor Press, 1977, ISBN 0-385-00861-9.

- Erickh Fromm, El Lenguaje Olvidado, Introducción a la comprensión de los sueños, mitos y cuentos de hadas, 2012, Ediciones Paidós, ISBN 978-84-493-0762-1.
- Carl Gustav Jung, Correspondencia Sigmund Freud & Carl Gustav Jung, traducción Alfredo Guéra Miralles, Madrid España, Editorial Trotta, Anexo Obra completa de Carl Gustav Jung, 2012, ISBN 978-84-9879-331-4.
- Richard Foster, Celebration of Discipline, Editorial Harper & Row, 1978, ISBN 9780061800399.
- Nueva Versión Internacional, Editorial Sociedad Bíblica Internacional, Copyright© 1999.
- Traducción Kadosh Israelita Mesiánica DE ESTUDIO©, 1era edición, 2003, Autor YAHWEH Elohim Tzevaot, Diego Ascunce, Traductor.
- La Biblia de las Américas, traductor equipo de The Lockman Foundation. Editorial The Lockman Foundation, Copyright© 1986, 1995, 1997, P.O. Box 2279 La Habra, California 90631.
- La Santa Biblia Reina-Valera Actualizada, traductor Casiodoro de Reina y Cipriano de Valera, Editorial Mundo Hispano, Copyright© 1982, 1986, 1987, 1989, propietario Editorial Mundo Hispano, PO Box 4256, El Paso, Texas 79914. Anotaciones basadas en la Reina Valera de 1909.
- Versión Peshitta, Instituto Cultural Álef y Tau, A.C, 2066, Publicado por Broadman & Colman Publishing Group.

www.ingramcontent.com/pod-product-compliance
Lightning Source LLC
Chambersburg PA
CBHW071259110426
42743CB00042B/1101